그냥 우리

Just Us

An American Conversation

Copyright © 2020 by Claudia Rankine. All rights reserved.
Korean Translation Copyright © 2025 by Mirae Yang. This translation is published by arrangement with TC Agency and Graywolf Press. First published in USA.

이 책의 한국어 출판권은 티씨 에이전시를 통해 저작권자와 독점 계약한 리시올 출판사에 있으며 번역 저작권은 옮긴이에게 있습니다. 저작권법에 따라 한국 내에서 보호를 받는 저작물이므로 무단 전재와 무단 복제를 금합니다.

그냥 우리

미국의 대화

클로디아 랭킨 지음

양미래 옮김

PLAY
TIME

정의justice를 찾겠다고 저 밑까지 들어가 봤자 결국 발견하는 건 우리just us죠.
리처드 프라이어*

우리가 우리 자신을 규정할 때, 제가 저 자신을 규정할 때, 제 입장이 당신의 입장과 같든 다르든 저는 당신이 저와 함께할 수 없다며 배제하지 않습니다. 저는 함께할 수 있는 사람들의 무리를 확장해 나가고 있어요.
오드리 로드**

* 리처드 프라이어(1940~2005)는 미국 스탠드업 코미디언이자 배우다. 1975년 코미디 앨범 『…그게 내가 한 말인가요?』…*Is It Something I Said?*의 「그냥 우리」 트랙을 인용한 이 제사題詞는 소득세 탈루 혐의를 받은 프라이어가 판사에게 자신의 무고함을 호소한 상황을 유머러스하게 전하며 한 말이다. 여기서 '우리'는 흑인을 가리킨다.
** 오드리 로드, 『시스터 아웃사이더』, 주해연, 박미선 옮김, 후마니타스, 2018, 34쪽.

우리를 위해

차례

만약에	11
(무)경계 공간 i	21
진화	79
레모네이드	95
양팔을 벌린	111
딸	119
백인주에 관한 비망록	139
티키 횃불	153
백인 남성 특권에 관한 연구	173
키가 큰	183
사회 계약	189
폭력적인	203
소리와 분노	225
빅 리틀 라이즈	233
윤리적 외로움	245
(무)경계 공간 ii	275
호세 마르티	293
남자들이 원래 다 그렇잖아요	325
공모하는 자유들	341
미백	389
(무)경계 공간 iii	401
감사의 말	424
옮긴이 후기	426
이미지와 글 출처	432

일러두기

1. 인용문은 모두 옮긴이가 번역했습니다.
2. 본문의 주는 옮긴이 주입니다.
3. 원서의 이탤릭체는 기울임체로 표시했습니다.
4. 본문에서 옮긴이가 첨가한 내용과 인용문에서 지은이가 첨가한 내용은 대괄호로 묶어 표시했습니다.
5. 단행본, 잡지, 신문, 저널, 전시, 앨범, 방송, 연극에는 겹낫표를, 논문, 기사, 시, 노래, 사진 등에는 낫표를 사용했습니다.

만약에

i

변화를 부르짖는
유구한 호소가
변함없이 울려 퍼지기를
바란다는 것

그러면서도 변화를 부르짖는 그 호소를
괴롭힘으로 받아들인다는 것
그건 무슨 의미인가?

변화를 부르짖는 호소가 어째서 치욕,
참회, 처벌로 불리는가?

어찌하면 책망의 기색 없이

만약에

를 말할 수 있나? 처벌의 뿌리는

정화하겠다는 결의에 있다.
정화의 불가능성―그것이
혐오감을 불러일으키는 걸까, 변화를

부르짖는 호소가 아니라?

내가 내 반응을 기계처럼 측정하며 스스로 수위를 조절하고 있는 것
같다고 말할 때 내 목소리에는
체념이 흐른다. 속이 문드러지는 고통에 이제는 쏟아 내는 것 말고는
달리 방법이 없는 듯하고—

그래서 나는 질문하는 고독 속에서
마치 질문하는 방법을 아는 사람처럼 질문한다.
진실은 변하지 않는다. 누군가가 역사에 압도돼 나가떨어진대도
끄떡조차 하지 않는다.

나는 내 존재를 품어 나르는 컨테이너를,
모든 존재를 끌어안는 컨테이너를 지을 수 있지만, 우리는 결코
완전했던 적이 없다. 완전체였던 적이 없다.

당신이 신중히 고른 생각 속에서 나는, 무너지고 또
이해받지 못한 채로, 한 문장을
길게 늘여 쓰고 있다—여기, 나 여기 있다는 문장을
내가 당신을 알았기에, 영영 당신을 알 수 없기에,

나는 여기 있다. 무엇이
드러나건, 만약에,
내가 여기서 기다린다면, 당신을 기다린다면

만약에 속에서, 질문 속에서,
조건문 속에서,
명령문 속에서—만약에.

iii

만약에 차를 마시는 동안, 만약에 우리가 같이 걷는 동안, 만약에
안개가 기나긴 하품을 하는 동안, 만약에 기나긴 기다림이
이어지는 와중에, 만약에 무언가를 하는 도중에, 매일같이 우리를
순환하는 삶으로 데려가는 만약에라는 조건 속에 있는 동안, 만약에
회복력을 되찾는 동안, 만약에 무한함이 지속하는 동안,
만약에 평생을 대화로 보내는 동안, 만약에
의식이 명료한 와중에, 아무것도 변하지 않으면 어쩌나?

iv

만약에 당신이 변화보다는 구원을 책임져야 한다면 어쩌나?

만약에 구세주의 언어를 구사하는 당신이 그 저변에서 소용돌이치는
파멸의 원인이라면? 그래도, 그렇더라도, 좆된 건 아닌 건가?

당신은 말한다, 만약에 다른 백인들이 하지 않았다면… 아니
하긴 했어도 부족해 보였다면… 내가 했을…

만약에가 내 입술 사이로 비어져 나갈 때, 만약에가 소외된 자의
입 밖으로 발화될 때, 만약에—만약에를 반복하는 호소—는
그저 중언부언하는 말로 여겨질 뿐이고, 만약에

만약에 이것이 현실이면 어떻게 할 거냐고
핏대를 세우는 당신의 만약에는
시멘트처럼 단단하다.

v

우리가 계속 의식하고 싶은 것, 계속 알고 싶은 것, 그런 것은, 저마다
무어라 말하든, 과연 무엇인가, 나는 그래서 사랑하고 나는 알고
나는 움츠러들고 나는 질문을 받고 나도 질문을 하고 나는 반응하고
나는 냄새를 맡고 나는 느끼고 나는 생각하고 나는 말을 듣고 나는
기억하고 나는 보고 나는 하지 않았고 나는 생각했고 나는 느꼈고
나는 실패했고 나는 의심하고 나는 하고 있었고 나는 확신하고 나는
읽었고 나는 필요로 했고 나는 하지 않을 작정이었고 나는 그랬고
나는 하지 말아야 했고 나는 느꼈고 나는 할 수도 있었고 나는 절대
하지 않고 나는 확신하고 나는 질문하고…

당신이 말하고 내가 말한다 그런데 우리가
여기에 관해 말하고 있는 것은, 알고자

하는 것은 무엇인가?

vi

만약에 내가 당신에게 바라는 것이 새로운 것, 내 모든 질문에
대답하기 위해 새롭게 빚은 새로운 문장이라면,

우리 관계를 뒤흔드는 변화와 우리를 이끄는 단어들과
이것들을 지탱하는 사려 깊은 마음이라면. 나는 여기서,
뒷짐 지는 일 없이 이해해 보려 하고 있다. 내가 바라는 것과
내가 당신에게 바라는 것, 정의 그리고 그냥 우리를 위한 기회가

어째서 평행선을 달리는지를

(무)경계 공간 i

텍스트 "'셜리 카드'는 뭐고 어떻게 그걸로 정확한 피부색 균형을 판단했던 거죠?"

설명 및 출처 로나 로스, 「궁극의 기준, 셜리를 검토하며: 색조 균형, 이미지 기술, 인지적 공평성」, 『캐나다 커뮤니케이션 저널』: "역사적으로 스틸 사진 인화에서 말하는 '피부 색조 균형'이란 피부색과 뚜렷이 대비되는 선명한 색상의 드레스를 입은 '캅카스'(코카서스) 여성이 등장하는 표준 참조 카드를 기준으로 삼아 인화할 피사체의 피부 색조를 측정하고 조정하는 과정을 가리킨다. 캅카스 여성―업계 남성들이 색조 균형 시험 카드의 첫 모델 이름을 따서 '셜리'라고 칭한―의 밝은 피부 색조는 20세기 초부터 대부분의 북미 아날로그 필름 현상소에서 이상적인 피부 표준으로 간주되었고 계속해서 지배적인 규범으로 기능하고 있다."

에스텔 캐스웰, 「백인을 위해 만들어진 컬러 필름이 어두운 피부색을 가진 이들에게 한 짓」, 『복스』와 세라 루이스, 「사진에 내재한 인종적 편견」, 『뉴욕 타임스』도 참고하도록 한다.

2016년 미국 대통령 후보 경선 초기 무렵, 나는 갓 부임한 예일 대학교에서 진행할 백인성에 관한 강의를 준비하고 있었다. 오랜 세월 강의를 하는 동안 내가 가진 역사적 지식을 학생들과 공유한 경우가 많지 않았다는 사실을 깨달은 참이기도 했다. 어떤 학생은 "레드라이닝*이 뭐예요?"라고 물었다. "조지 워싱턴은 자기 노예들을 풀어 줬나요?"라고 물은 학생도 있었다. 또 어떤 학생은 "'셜리 카드'는 뭐고 어떻게 그걸로 정확한 피부색 균형을 판단했던 거죠?"라고 묻기도 했다. 하지만 도널드 트럼프의 선동적인 수사를 들으며 그해 봄 경선 기간을 보낸 나는 새로운 차원에서 강의를 진행해 보기로 했다. 그러면 대선 출마 선언 당시 트럼프가 한 발언의 뿌리를 이루는 오랜 역사를 내 학생들이 이해하게 될지 궁금했다. "멕시코 정부가 보내는 멕시코인들은 모범 시민이 아닙니다"라고 트럼프는 말했다. "멕시코 정부는 골칫덩이들을 보내고 있고 그 골칫덩이들이 가진 문제를 우리에게 떠넘기고 있습니다. 그자들은 약물을 가져오고 있어요. 범죄를 가져오고 있고요. 그자들은 강간범입니다." 이 발언을 들었을 때 나는 내 학생들이 미국 이민법 역사를 차근차근 살펴봤으면 했다. 그러면 현재 미국 정부가 등록 및 미등록 멕시코인을 대하는 방식을 지난 20세기에 아일랜드인, 이탈리아인, 아시아인을 대했던 방식과 연결 짓게 될지 궁금했다.

강의를 준비하면서 나는 백인성이 형성된 방식부터 찬찬히 뜯어보며 이해할 필요를 느꼈다. 시민권 획득 조건을 '자유 백인free white person인 외국인'으로 제한한 1790년 귀화법은 지난 수년간 변화를 거듭한 미국 이민법에 어떤 영향을 미쳤나? '자유 백인' 조건이 사라지기까지 어떤

* 금융 기관이 주로 흑인이 거주하는 특정 지역의 경계를 지도상에 붉은색으로 표시하고 해당 거주민을 대상으로 한 금융 서비스를 거부하는 인종 차별적 제도.

텍스트 "그러자 참신해 보이던 백인 작가들의 작품을 분석하고 로널드 레이건을 향한 백인의 지지를 시급히 이해할 필요가 결합해 '비판적 백인성 연구'가 언론의 관심을 받았고 대학에서도 미약하게나마 발판을 마련했죠."

설명 및 출처 대니얼 월리스, 「유엔 아프리카 대표들을 '원숭이'로 부른 로널드 레이건의 음성 파일 유출」, 『로이터』: "최근 공개된 1971년 음성 파일을 통해 로널드 레이건 당시 캘리포니아 주지사가 리처드 닉슨 전 대통령과의 전화 통화 도중 유엔 아프리카 대표들을 '원숭이'라고 칭하며 모독한 사실이 드러났다. 〔…〕 음성 파일에는 '아프리카에서 온 원숭이들, 그 망할 놈들을 보고 있으려니 말입니다'라며 닉슨의 웃음을 유도하고 '지금까지도 신발 신는 걸 불편해하잖습니까'라고 말하는 레이건의 목소리가 녹음되어 있다." 1984년 대통령 선거에서 레이건은 50개 주 가운데 49개 주에서 승리했다.

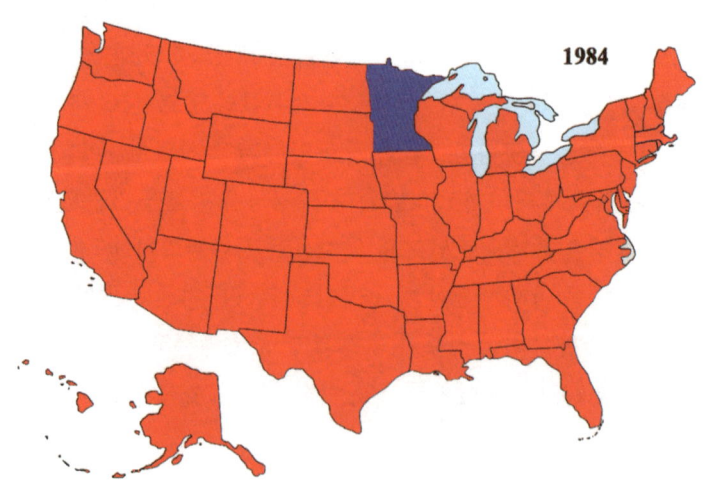

일들이 벌어졌던가? 남북 전쟁 후 결성된 KKK단은 어떤 궤적을 밟아 왔으며, 흑인의 자유를 제한하기 위해 남부의 여러 주에서 연이어 통과된 법, 즉 '블랙 코드'Black Codes와는 어떤 관계였나? 1921년 블랙 월 스트리트로 알려져 있던 오클라호마주 털사의 흑인 공동체를 파괴한 주체는 미국 정부였나?* 이탈리아인, 아일랜드인, 슬라브인은 어떻게 백인이 되었나? 사람들은 어째서 노예 제도 폐지론자들이 인종 차별주의자였을 리가 없다고 생각하는가?

나는 '백인성 연구' 분야의 사회학자, 이론가, 역사학자, 문학 연구자들이 점점 더 많이 내놓고 있는 작업을 학생들이 알았으면 했다. 토니 모리슨의 『어둠 속 유희: 백인성과 문학적 상상력』, 데이비드 로디거의 『백인성 임금』, 매슈 프라이 제이컵슨의 『이색의 백인성: 유럽 이민자 그리고 인종의 연금술』, 리처드 다이어의 『화이트』, 그리고 보다 최근작인 넬 어빈 페인터의 『백인의 역사』 등 백인성 연구의 초석을 이루는 작품들 말이다. 역사학자 로디거는 이 분야의 발전 과정을 내게 설명해 준 적도 있는데, 내 강의를 듣는 학생이라면 이렇게 정리할 것이다. "1980년대와 1990년대 초반 제임스 볼드윈과 토니 모리슨이 백인 정체성에 결부된 복잡성과 비용을 다루는 주요 작품을 출간했고, 이와 더불어 백인 작가와 활동가 들도 그와 유사한 역사적 질문을 던지는 새로운 작품을 내놓았습니다. 그러자 참신해 보이던 백인 작가들의 작품을 분석하고 로널드 레이건을 향한 백인의 지지를 시급히 이해할 필요가 결합해 '비판적 백인성 연구'가 언론의 관심을 받았고 대학에서도 미약하게나마 발판을 마련했죠." 이렇게

---

* 털사의 그린우드 지역은 아프리카계 미국인들이 기업을 세우고 번성해 '블랙 월 스트리트'로 불렸다. 그런데 흑인 소년이 백인 소녀를 강간하려 했다는 소문이 돌았고 이를 빌미로 1921년 5월 31일 백인들이 그린우드 지역을 약탈하고 방화를 저질렀다. '털사 인종 학살'로 불리는 이 사건으로 수백 명이 사망하고 부상을 입었다.

이 분야는 백인성을 '정상성' 및 '보편성'과 연결 지음으로써 세상 어디에나 존재하는 백인성의 제도적 권력을 비가시화한 백인성의 역사를 가시화하고자 했다.

내 수업은 결국 '백인성 구축'Constructions of Whiteness에 관한 수업이 되었고, 수업을 진행한 2년 동안 (그야말로 모든 인종, 젠더 정체성, 성적 지향을 아우른) 많은 학생이 미국 역사에 대한 인식 그리고 미국 역사가 백인성과 맺는 연관성을 주제로 캠퍼스에서 만난 백인이나 가족 구성원을 인터뷰했다. 일부 학생은 단순히 주변의 백인들이 그들 자신의 백인성을 어떻게 정의할지 궁금해했고, 일부는 자기 가족이 가진 인종 차별주의에 골머리를 앓다 못해 특징된 편견들이 어떻게 그리고 왜 형성되는지 이해하고 싶어 했다. 또 다른 일부는 백인들이 저들 삶에 품은 기대가 그들 자신의 삶에 미치는 영향을 보여 주고 싶어 했다.

그래서였을까, 언젠가 뉴 헤이븐의 집 뒷마당에 자리한 반원 모양의 오크 나무들을 가만히 응시하던 중 만약 백인 남자들에게 당신의 특권을 어떻게 생각하냐고 물으면 어떨까 하는 궁금증이 일었다. 나는—중년의 흑인 여자인—내가 낯선 백인 남자들에게 다가가 그런 질문을 던지는 모습을 상상했다. 질문을 받은 백인 남자들은 다양성 교육 시간에 한 여성 동료로부터 '백인 남성 특권'의 덕을 보고 있지 않냐는 말을 들은 인디애나주 플레인필드 소속 경감과 똑같은 반응을 보일까? 잔뜩 골이 난 경감은 그 여성 동료가 자신을 비방하며 인종 차별주의자로 몰았다고 고소했다. (고소당한 여성은 유급 휴직 처분을 받았고 그 징계 처분은 기록으로도 남아 있다.) 그렇다면 나도 그렇게 고소당하게 될까? 아니면 여러 사람을 붙잡고 백인 남성 특권에 대해 묻고 또 물어도 마치 내가 말 못하는 사람인 양 줄줄이

무시하고 지나가는 그들의 옆모습만 지켜보게 될까? 아니면 다들 내가 트레버 노아나 스티븐 콜버트, 첼시 핸들러* 쇼의 관계자고 그저 촬영 팀을 대동하는 걸 잊었나 보다고 생각할까? 현재 미국의 정치 풍토에 끈질기게 제기되는 비판은 우리가 평상시에 소통하지 않는 사람들과 대화를 나누어야 한다는 것인데, 나는 남편이 백인인 데다 온갖 낯선 사람과 손쉽게 가벼운 농담을 주고받는 사람임에도 백인 남자와는 말을 섞는 일이 없었다. 백인 남자들이 나를 시시한 잡담을 나눌 상대로 보는 경우가 드물었고 나 역시 그랬다. 백인 남자들과의 만남에 대한 내 공상이 별나 보일지라도 이제는 관계를 맺어 봐야 할 때일지도 몰랐다. 한번 시도해 보고 싶었다.

그렇게 몇 주가 흐른 뒤 불현듯 머릿속에 한 가지 사실이 떠올랐다. 내가 이동 중일 때, 즉 이곳과 저곳 사이나 어디론가 가는 길목이나 공중 등 본질적으로 그 어디도 아닌 곳에 붙들려 있을 때 일면식 없는 백인 남자들에게 둘러싸이곤 한다는 것이었다. 내 작품에 대한 이야기를 나누러 미국과 유럽과 아프리카 등지를 동분서주하던 나는 어느새 공항 라운지와 탑승구와 비행기 안에서 나와 몇 시간씩 붙어 있기 마련인 백인 남자들을 생각하고 있었다. 내가 보기에 각종 (무)경계 공간**에서 대기 중인 비즈니스 여행객 가운데 가장 많은 비율을 차지하는 존재가 이런 백인 남자들인 것 같았다. 물론 나도 그들과 같은 공항 라운지에 머물고 같은 비행기 일등석에 탑승했다. 그러니 내가 상대적으로 경제적 특권을 누리고 있다는 것도 일면

---

* 세 사람 모두 토크쇼를 진행하는 유명 방송인이다.
** (무)경계 공간 liminal space은 한곳에서 다른 곳으로, 이쪽 경계에서 다른 경계로 넘어가거나 무언가가 끝나고 다른 무언가가 시작되기 직전의 과도적 공간 같은 일종의 제3의 공간을 가리킨다. 출입구 같은 물리적 공간, 이별 같은 정서적 공간, 결정 같은 비유적 공간을 가리킬 수도 있다.

텍스트 미국 인구의 31퍼센트에 불과한 백인 남성이 지금도 선출직 공무원의 64퍼센트를 차지하고 있는 현실을 그는 알고 있었을까? 백인 남성은 400년 동안 미국 땅에서 거의 모든 권력을 거머쥐고 있었다.

팩트 체크 아마 그럴 것이다. 성찰적 민주주의Reflective Democracy 연구에서 업데이트한 수치에 따르면 미국 인구 중 백인 남성의 비율은 30퍼센트, 그들이 선출직 공무원에서 차지하는 비율은 62퍼센트다. 믿을 만한 연구 결과인 듯하다.

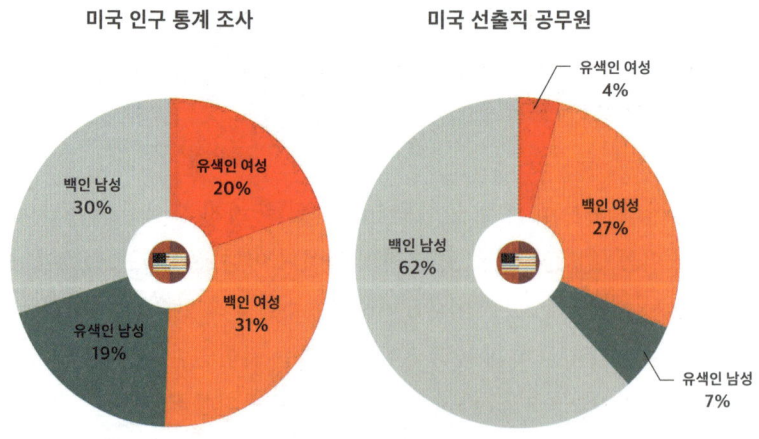

맞지만 당연히 내 비행기 푯값은 사회적 자본으로 헤아려지지 않는다. 미국의 문화적 관점에서 본 내 가치가 다른 무엇보다도 내 피부색으로 결정된다는 점을 나는 늘 인지하고 있었다. 그리고 내 주변의 백인 남자들 역시 자기 가치가 피부색으로 결정된다는 점을 인지하고 있었다. 그러니 백인 남성 비즈니스 여행객이라면 백인 특권에 관한 내 질문에 대답해 줄 수 있을지도 모를 일이었다. 나는 흑인 여자인 나로서는 이해하지 못하는 무언가가 분명 있으리라고 확신했다.

얼마 전 원하는 일자리에 지원했다가 고배를 마신 한 친구가 자기는 백인 남성으로서 이 세상의 별별 문제로부터 직격탄을 맞고 있다고 했다. 조상들이 저지른 죄에 대한 대가를 치르고 있다는 말이었다. 그는 그게 자기가 짊어져야 할 짐임을 이해한다는 사실을 내가 알아주기를 바랐다. 나는 그에게 노동 현장의 역사를 장기적인 시각에서 볼 필요가 있다고, 수 세대에 걸친 고용 관행이 초래한 불균형을 고려해야 한다고 말하고 싶었다. 그런데 그렇게 말한들 실제로 친구의 기분이 나아졌을까? 미국 인구의 31퍼센트에 불과한 백인 남성이 지금도 선출직 공무원의 64퍼센트를 차지하고 있는 현실을 그는 알고 있었을까? 백인 남성은 400년 동안 미국 땅에서 거의 모든 권력을 거머쥐고 있었다.

친구의 의도는 자신과 나를 얽어매는 미국의 복잡한 사회 구조를 이해하기 위해 애쓰고 있음을 전하려는 것이었고 나도 그의 진의를 모르지 않았다. 나는 친구에게 네가 일자리를 얻을 수 있으리라고 기대한 것이 네가 가진 특권을 보여 주는 증거일 수도 있지 않겠냐고 묻고 싶었지만 그가 취업 기회를 잃은 상황인 데다 내가 친구로서 해야 할 역할은 다른 반응을 보이는 것일 수 있겠다 싶어 그러지 않기로 했다.

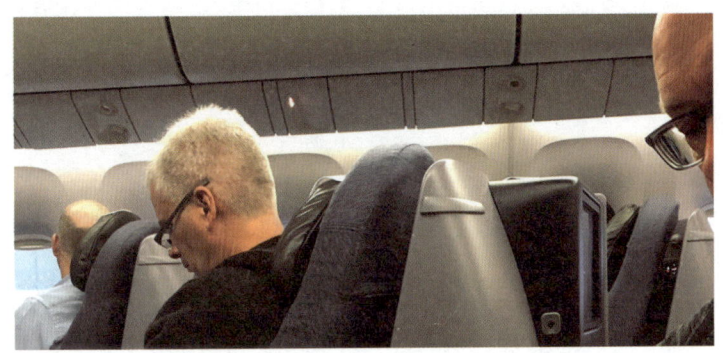

백인 남성 비즈니스 여행객들과 가벼운 대화를 이어 가다 보면
백인 특권을 어떤 식으로든 다르게 이해하게 될까? 그들이 어떤
존재인지에 따라 내 존재의 일정 부분이 결정됨에도 그들은 나라는
존재로 사는 것이 어떤 의미인지 알 도리가 없었고, 그들이 내
삶과 다른 이들의 삶에서 벌어질 수 있는 일의 상당수를 결정짓는
존재임에도 나는 내가 그들을 진정으로 이해하고 있다고 생각한 적이
없었다. 그런데 내가 나로서만, 의식적으로든 무의식적으로든 나를
겨냥한 무시와 소거와 무례와 학대를 주기적으로 감당해야 하는
사람으로서만 살아온지라 그런 의문은 가만히 내 안에 머물기만 했다.
늘 나는 망설였다.

미국을 횡단하는 비행기에 탑승하기 위해 줄을 서 있었을 때도, 한
백인 남자가 내 앞으로 끼어든 그때도 나는 망설였다. 그는 다른
백인 남자와 함께였다. "저기요"라고 내가 말했다. "저 줄 서고 있는
건데요." 그는 일행에게 "요즘엔 누가 일등석을 타는지 정말 알 수가
없다니까요"라고 말하면서 내 뒤로 자리를 옮겼다.

무례함과 민망함을 감추려는 방어의 일환으로 그런 말을 한 걸까

트레이시 블랙먼이 ✈️ 클리블랜드 홉킨스 국제 공항에서 샬럿으로 이동하고 있습니다.

2019년 5월 4일, 오하이오주 클리블랜드

#이륙
탑승 대기 줄에 서 있었다.
내가 첫 번째.
두 번째는 중동 출신 남자.
우리 뒤로 사람들이 줄줄이 섰다.
탑승하려는 찰나 중년의 백인 여자가 당당한 발걸음으로 내 옆에 오더니 "실례합니다"라면서 내 앞으로 갔다.

그러더니 바로 내 앞에 줄을 섰다. 그래서 물었다. 오늘 오후에 출발하는 비행기 일등석에 타시는 건가요? 그러자 그 여자는 미소를 지으며 "네"라고 대답했다.

나는 말했다. 저도예요. 그래서 말인데요, 실례가 안 된다면 묻고 싶네요. 제가 어때 보였길래 일등석 승객이 아닐 거라고 생각하고 이렇게 제 앞에 서신 걸까요.

여자의 얼굴이 붉게 달아올랐다. 나는 계속 말했다.

제가 옷을 편하게 입어서 그렇게 생각하셨나 싶었어요. 찢어진 청바지에 티셔츠를 입고 있어서 그런가 하고요. 이런 옷차림을 한 사람은 일등석에 타지 않을 거라고 생각하셨을 수도 있으니까요. 그런데 지금 보니 아주머니는 헐렁한 땀복 차림이네요. 그렇다면 그 이유는 아니라는 건데, 제가 일등석 승객이 아닐 거라고 생각한 이유가 뭐였을지 정말 궁금하네요.

"그냥 제가 미처 생각지 못했던 거예요. 죄송해요." 여자는 정신을 가다듬고 자리를 옮기려 움직이면서 말한다. 그러더니 내 바로 뒤에 선다.

나는 이게 무슨 상황인지 도통 모르겠다는 표정으로 중동 출신 남자를 쳐다봤다. 그가 어깨를 으쓱했다. 그래서 나는 큰 소리로 말했다. 저기, 선생님도 일등석 타시는 건가요? 겉모습만 봐서는 모르겠어서요. 그런데 저처럼 여기 서 계신 걸 보면 글을 읽을 줄 아시고 줄도 제대로 서 계신 것 같은데요.

자, 똑같은 상황이 반복된다. 여자가 가방을 챙겨 움직인다. 그러면서 몰랐다고 말한다.

몇 분 후. 여자가 다시 다가와 내 신발이 무척 귀엽다고 말한다. 본인이 잘못했다는 사실을 깨닫고는 자기가 정말로 관심을 쏟고 있다는… 내 신발에 관심을 쏟고 있다는 사실을 내가 알아주기를 바라는 것 같다.

분명히 말하겠다.
이런 뭐 같은 상황에 진저리가 난다.
그래도  나는  매  순간  가르칠  것이다  당신들을  !!!!!!

나는 일등석이며 뭐며 하는 거 자체를 좋아하지도 않는다. 그냥 내가 비행기를 자주 탄다고 일등석을 준 거다. 그래서 돈도 안 낸다. 그런데 이제부터는 계속 타야 할 것 같다. 저항의 의미로!!!

👍❤️😡 외 24명   댓글 4개 공유 3회

👍 좋아요   💬 댓글 달기   ↪️ 공유하기

아니면 나한테 웃자고 농담을 던진 걸까? 혹시 탑승구에서 줄을
서 있었는데 어느 백인 여자가 자기 앞으로 끼어든 일을 겪은 흑인
여자의 사례처럼 최근 소셜 미디어에서 공유된 수많은 이야기 중
하나를 이 남자도 접한 걸까? 그중에는 한 흑인 여자가 지금 자기도
줄을 서 있는 것이라고 말하자 백인 여자가 여기는 일등석 승객용
대기 줄이라고 대꾸한 사례도, 한 백인 여자가 아무렇지 않게
"실례합니다"라고 말하며 흑인 여자 앞으로 끼어든 사례도 있었다. 그
백인 남자는 그런 사례를 알고서 부러 그렇게 말한 걸까? 그런데 그는
웃고 있지 않았다. 그런 기색조차 없었다. 무표정이었다.

나중에 그 일에 대해 말하자 내 치료자는 남자가 자기 일행과
대화하다 뱉은 말이지 나더러 들으라고 한 말은 아닌 것 같다고
했다. 랭킨 씨는 그 남자한테 아무 의미도 없는 사람이잖아요,
라고 치료자는 말했다. 애초에 내 앞으로 끼어들 수 있었던 것도
그 때문이라고 했다. 확실치는 않아도 혹시나 그 남자가 민망함을
느꼈다면 그건 전적으로 그가 중요하게 여기는 사람, 즉 백인 남성
일행에게 자신이 어떻게 보일지와 연관되어 있을 것이라고 했다.
내가 그에게 상당한 의미를 가진 존재였으리라고 내 멋대로 착각한
것이라는 말이었다. 그런데 이런 말을 위안으로 삼아야 하는 걸까?
내가 그에게 의도적인 모욕 대상이 아니라 아무 존재감도 없는 사람인
편이 더 나은 걸까?

비행 중에 그 남자는 기내 수하물 칸에 넣어 둔 짐 가방에서 무언가를
꺼내거나 다시 집어넣으려 일어설 때마다 내게 시선을 던졌다.
그때마다 나는 책을 읽다 말고 고개를 들어 그와 눈을 맞추고 미소를
지었다. 진지하기만 한 사람이고 싶지 않았다. 나는 내 존재가
그에게 어떤 영향을 미치고 있을지 상상해 보려 했다. 백인 전용

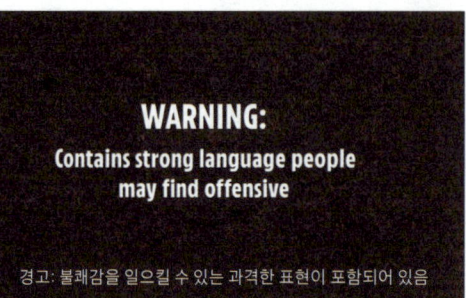

흑인 여자의 딸 당신 우리 엄마한테 소리 지르기만 해 봐.

백인 남자 당신이 뭔데 이래라저래라야. 내가 내리라면 내려야 하는 거야.

흑인 여자의 딸 아니, 우리 엄마는 안 내려! 〔승무원에게〕저기요, 이 사람 어떻게 좀 해 주세요. 저희 어머니한테 이렇게 무례하게 굴면 안 되는 거잖아요. 정말 무슨 이런 사람이 다 있는지. 늙어 빠진 놈팡이 주제에.

백인 남자 분명히 말하는데, 구역질 날 만큼 존나게 못생긴 당신 옆에 앉고 싶지 않으니까 다른 사람을 앉혀 달라는 거야.

승무원 실례합니다, 실례지만 손님, 다른 좌석으로 자리 옮기시겠어요?

백인 남자 이 여자 좀 다른 데로 데려가요. 사람이 예의가 있으면 다른 데로 가야지. 내 자리에 앉을 수가 없잖아요. 〔알아들을 수 없는 말〕

흑인 여자 〔승무원에게〕괜찮아요, 전 괜찮아요, 됐어요. 〔백인 남자에게〕몸에서 냄새나는데 샤워나 하시지.

백인 남자 분명히 말하는데, 순순히 안 일어나면 당신 밀어내서라도 자리 옮기게 만들 거야.

뒷자리 승객 그만, 그만, 그만 좀 하세요.

뒷자리 승객 그냥 이제 두 분 다 그만 좀 하세요.

백인 남자 〔흑인 여자에게〕나한테 그 좆같은 외국어로 씨불이지 마. 멍청하고 못생긴 젖소 같은 년.

뒷자리 승객 선생님, 그만하시죠.

백인 남자 이 못생긴 검둥이가 갈 때까지 계속 할 거요.

공간을 점유하는 백인의 특권에 관한 그의 서사를 분명 내가 어느 정도는 더럽혔으리라는 생각이 들었다. 1993년 『하버드 로 리뷰』에 게재되었고 내가 수업 시간에 다룬 적도 있는 「백인성이라는 재산」에서 셰릴 해리스는 "백인 지위에 뒤따르는 일련의 권한과 특권과 이득은 백인들이 보호하고자 하는 귀중한 자산이 되었다"라고 주장한다. 흑인이 본인 집에 들어가거나 본인 차에 올라타도 수많은 백인이 경찰을 부르는 행위는 바로 그런 특권을 독점하고 비백인을 배제하려 드는 태도에 뿌리를 두고 있다. 인종 프로파일링*도 인종에 따라 공간을 분리하는 정책 같은 또 하나의 제재 조치가 되고 있다. 해리스는 백인들이 그런 혜택에 얼마나 의존하고 있는지를 설명하면서 그들이 품은 기대가 미국 법률 해석에까지 영향을 미친 정도라고 말한다. 가령 '자기 자리 지키기' Stand your ground 법**에 따르면 백인은 비무장 흑인을 살해해도 두려움 때문에 어쩔 수 없었다고 주장할 수 있다.

비무장 흑인을 살해한 많은 미국 경찰이 일자리를 잃기는커녕 나중에 연금까지 챙겨 은퇴할 수 있었던 것도 바로 그런 두려움 덕분이었다. 몇몇 주에서는 유권자 등록법이 실질적인 짐 크로 법으로 활용될 여지도 있다. 해리스는 이렇게 쓴다. "미국 법은 백인성이 가져다주는 재산상의 이익을 인정해 왔다."

기내에 있는 동안 나는 내 앞으로 새치기한 남자의 백인성까지

---

* 인종을 바탕으로 범죄자를 추론하는 미국 경찰의 수사 기법. 범죄 통계상 유색인 남성의 강력 범죄율이 가장 높다는 이유로 관행처럼 행해졌으며, 흑인에 대한 차별적 불심 검문이나 검문에 불응한 흑인을 향한 폭력과 총격 등의 사건을 낳고 있다.
** 정당 방위를 인정하는 법 중 하나로, 타인의 폭력 등으로부터 방어할 필요성이 있다고 판단할 경우 물러서지 않고 물리력을 동원해 대응하는 것을 허용한다.

텍스트 '백인 특권'이라는 용어는 1988년 "내가 속한 집단에 인종적 우위를 부여하는 보이지 않는 시스템"을 규정하고자 한 웰즐리 칼리지 교수 페기 매킨토시가 대중화했다.

팩트 체크 사실이다. '백인 특권'이라는 용어는 매킨토시가 대중화하기 전부터 쓰였다.

설명 및 출처 시어도어 W. 앨런은 자신이 1960년대, 70년대, 80년대에 각각 '하얀 피부 특권', '백인종 특권', '백인 특권'으로 다양하게 칭한 현상을 분석했다. 이와 관련해 앨런의 『백인종의 발명』을 참고하도록 한다. 매킨토시 이전에 사용된 '백인 특권' 용어에 대한 면밀한 논의로는 제이컵 베넷, 「백인 특권: 개념의 역사」(조지아 주립 대학교 석사 논문, 2012), https://scholarworks.gsu.edu/history_theses/54를 참고한다.

아우르는 새로운 서사를 구축하고 싶었다. 백인성이 그의 모든 면을 설명하는 특성은 아닐지라도 백인성을 빼놓고는 그와 내가 공통적으로 인식하는 그라는 존재를 설명할 수 없을 것 같았다. 그의 무의식이 이해한 백인성은 내가 점유한 공간이 오로지 그만의 것이어야 한다고 말하고 있었다. 옛 서사의 각본을 그대로 따랐다면 나는 그의 무례함을 곱씹으면서도 그의 백인성은 의식하지 못했을 것이다. 그런데 무례한 남자와 무례한 백인 남자는 서로 다른 사고 과정을 거친다. 백인이 실제 흑인을 마주했을 때 흑인성에 관한 고정 관념을 어떻게든 감당해야만 자기 앞에 있는 흑인을 이해할 수 있듯, 나는 그 백인 남자에게 그와 같은 예의를, 다만 정반대 방식으로 갖추고 싶었다. 내가 그의 백인성을 인식한다는 것은 내 존재가 예기치 않게 그의 권위를 실추시킨다고 본다는 뜻이었다. 그가 실제로 자기 권위가 실추되는 느낌을 받았다면 참으로 안타까운 일일 터였다. 그런데 인종 위계 구조 속의 '고착 상태'stuckness가 대체 뭐길래 이쪽 하늘이든 저쪽 하늘이든 하늘은 중립적이라는 사실을 부인하게 되는 걸까? 나는 이것이 궁금했고 이 의문을 두고 대화를 나눌 방법을 찾고 싶었다.

'백인 특권'이라는 용어는 1988년 "내가 속한 집단에 인종적 우위를 부여하는 보이지 않는 시스템"을 규정하고자 한 웰즐리 칼리지 교수 페기 매킨토시가 대중화했다. 매킨토시는 자신이 백인이라는 이유만으로 위계적 권한과 정책의 혜택을 입었음을 이해했다. 개인적으로는 그가 '백인 특권' 대신 '백인 생명'이라는 용어를 썼으면 더 좋았겠다는 생각이 든다. '특권'은 백인의 인종적 우위가 오로지 경제 분야와만 연관되어 있는 듯한 인상을 주기 때문이다. 하지만 어떻든 간에 특권이라는 용어는 말 그대로 고착되었다. 「백인 특권과 남성 특권: 여성학 연구를 통해 알게 된 대응 관계들에 관한 개인적

화가 타이터스 카파의 작품 「반복의 오류(당신은 어디에 있습니까?)」.

기록」이라는 다소 장황한 제목의 에세이에서 매킨토시는 백인 특권이 작용하는 마흔여섯 가지 사례를 나열한다. "19번: 내 인종 때문에 법정에 서는 일 없이 권위 있는 남성 집단을 향해 공개적으로 발언할 수 있다." "20번: 곤란한 상황을 극복했을 때 내 인종에 명예로운 일을 했다는 말을 듣지 않을 수 있다." "27번: 소속 단체 회의에 참석했을 때 대체로 고립되고 어색하고 수적으로 압도당하고 내 의견이 전해지지 않고 거리감이 느껴지고 두려움이 엄습하는 감정 대신 결속감을 느끼며 집으로 돌아갈 수 있다." "36번: 하루나 한 주 또는 한 해가 안 좋게 흘러갈 때 내가 경험한 각각의 부정적인 사건이나 상황에 인종 차별적인 의미가 담겨 있지는 않은지 자문해 볼 필요가 없다." '이쯤이면 그림이 그려질 것이다'라는 의도 외에 매킨토시가 이 목록을 46번에서 길무리한 이유는 잘 모르겠다. 내 학생들은 46번까지 읽고도 각자가 경험한 사례를 손쉽게 덧붙일 수 있었다.

학생들과 나는 백인 다큐멘터리 영화 감독 휘트니 다우의 작품도 공부했다. 수년간 컬럼비아 대학교의 '혁신 이론 및 경험 연구를 위한 학제 간 연구 센터'INCITE 일원으로 활동한 다우는 대부분 백인 혹은 백인 혈통으로 구성된 850명 이상의 연구 대상자와 그들이 살았던 지역 사회에 관한 데이터를 수집했다. 그는 연구 대상자들이 들려준 백여 가지 이상의 구술사를 영화로 담았다. 그의 작품은 매킨토시의 에세이와 마찬가지로 백인 중심의 위계적 사고 방식의 평범함을 고찰하는 또 하나의 방식이었다. 나는 다우에게 백인 남성과의 대화에서 무엇을 배웠느냐고 물었다. 그는 "새로운 정보가 유입되는 상황에서 백인 남성은 자신들이 보기에 정당한 서사를 구축하려 애쓰고 있습니다. 지금까지 유지된 서사를 다시 구축하고 매만져야 하는데 아직 성과는 내지 못했고요"라고 대답했다. 그러고는 잠시 후 "저는 저도 이 백인 남성 집단에 포함된다고 생각해요"라고 덧붙였다.

"우리는 전형적인 백인 남성상의 붕괴를 목격하고 있어요. 거대한 무대에 선 개별 행위자들이 항상 집단 학살적인 정부의 지원을 등에 업고 있었음에도 우리는 자라는 동안 그런 이야기를 듣지 못했죠. 그래서 적응하는 데 애를 먹고 있는 거예요."

컬럼비아 대학교 웹사이트에서 열람 가능한 INCITE의 첫 보고서 『백인성을 대면하며』에는 미국의 역사와 경험 측면에서 매우 다양한 지식이 담긴 인터뷰가 수록되어 있다. 한 인터뷰 대상자는 이렇게 단언한다. "미국 최초의 노예 소유주는 흑인이었습니다. 그런데 그 사실을 아는 사람이 얼마나 되죠? 미국으로 온 노예들을 백인에게 팔아넘긴 건 흑인이었어요. 그래서 저는 백인이 다른 사람이나 다른 인종과 달리 특권을 누리면서 흑인에게 빚지고 있다고는 생각하지 않습니다." 이 대상자는 일체의 특권을 부인하지만 다른 대상자는 백인성 덕분에 미국에서 계층 이동을 할 수 있었다는 점을 깨닫고 있다. "아마도 제가 남자이기 때문에—구체적으로 언제 이 사실을 인식했는지 여부와 무관하게—특정 상황에서 어느 정도 지원을 받았을지도 모른다는 현실을 받아들여야겠죠." 그는 이렇게 덧붙인다. "사법 기관에 오래 있을수록 그리고 제 주변 세상을 더 많이 알게 될수록 제가 앵글로색슨 혈통이자 남자이자 미국 내에서도 시골에 가까운 지역에 사는 주민임을 깨닫게 되는데, 특히 시골은 기본적으로 백인 거주 지역인지라 확실히 제게 특혜로 작용하거든요." 다우의 말에 따르면 그는 일터에서 "진보적인 사고방식으로 인해 적잖이 따돌림을 당했다". 그런데 이 대상자가 자신의 특권을 인정하기는 해도 "아마도" 같은 단어와 "기본적으로 백인 거주 지역인지라"라는 문구는 그가 여전히 특정 상황에서만 자신의 백인 특권이 작동한다고 생각함을 드러낸다. 그런데 백인 특권을 온전히 이해하면 미국의 어느 지역에 살든, 어느 분야에서 일하든,

2009년 8월 퀸 메리 2호 여객선에서 이루어진 만티아 디아와라와 에두아르 글리상의 대화에서 발췌

만티아 디아와라 우리는 지금 퀸 메리 2호를 타고 사우샘프턴에서 뉴욕으로 가고 있는데요. 비행기를 타면 더 쉽고 빠르게 이동할 수 있는데 왜 배를 택하셨습니까?

에두아르 글리상 심장에 문제가 생긴 후부터 장거리 비행을 할 수 없게 되었습니다. 더욱이 파리에서 포르-드-프랑스까지는 여덟 시간 삼십 분이 걸리기 때문에 어쩔 수 없이 배를 타야 하는 처지인데 정기 운행을 하는 배는 퀸 메리 2호가 거의 유일합니다. 사실 참 애매모호한 문제입니다. 보통은 배를 쾌적함과 편안함의 상징으로 생각할 텐데 제게는 정반대거든요. 배는 잃어버린 시간, 떠나보낼 수도 없고 달아날 수도 없는 시간, 온갖 것에 얽매여 그 어디로도 도피하거나 도망갈 수 없는 시간을 따라잡는 것을 상징합니다. 제가 볼 때 배는 종류가 무엇이든 나 자신과 더 가까워질 수 있게 하는 반면, 비행기는 실로 나 자신에게서 분리되게 만듭니다. 비행기를 타고 있으면 나 자신이 아닌 다른 무언가가 돼 버리죠. 그리고 농담으로 하는 말인데―이런 농담을 하는 사람이 저뿐만은 아니지만―인간이 늘 새가 되기를 꿈꾸기는 해도 공중에 떠 있는 것은 정상적인 상태가 아닙니다. 그래서 저는 마르티니크나 뉴욕 등지로 가야 할 때마다 어김없이 이 배를 탑니다. (…)

만티아 디아와라 배는 A라는 지점에서 출발해 B라는 지점에 도착한다는 의미를 내포하고 있죠. 이 점에 비추어 보면 최초로 포로로 붙잡혀 배에 강제 승선한 아프리카인들에게는 배가 출발을 의미했을 텐데요. 선생님에게는 출발이 어떤 의미를 갖나요?

에두아르 글리상 제게 출발은 <u>단일한 존재가 되지 않고</u> 동시다발적으로 다양한 존재가 되고자 시도하는 순간을 의미합니다. 다시 말해 제게 모든 디아스포라는 단일성에서 다양성으로 이동한 사람을 의미합니다. 저는 이것이 이 세상에서 이루어지는 모든 이동의 중요한 부분이라고 생각하고, 반대편 해안에서 출발해 이곳에 도착한 후손인 우리가 세상 밖으로 나갈 수 있게 해 준 시작점인 단일성을 필사적으로 붙드는 것은 옳지 못하다고 생각합니다. 아프리카가 이 세상 곳곳에 존재하는―서구의 노예 무역을 통해 강제로 뿔뿔이 흩어져야 했던 디아스포라뿐 아니라 그에 앞서 존재한 모든 유형의 수백만 디아스포라까지 아우르는―온갖 디아스포라의 발원지였음을 잊어서는 안 됩니다. 아프리카의 사명 중 하나는 발전을 거듭하며 다양체Diversity로 변화하는 일종의 정초적인 통일체Unity가 되는 것입니다. 그리고 이를 제대로 생각하지 않을 경우 이 세상이 제 진정한 정체를, 다시 말해 다양성을 깨닫고 그 다양성을 있는 그대로 존중할 수 있도록 우리가 아프리카 디아스포라의 일원으로서 도울 방법도 이해하지 못할 것이라고 생각합니다.

수입이 얼마나 되든 단순히 백인이라는 이유로 보호와 우선권을 보장받으리라는 기대를 품을 수 있음을 깨닫게 된다.

나와 같은 비행기를 탄 백인 남자, 자리에서 일어날 때마다 자기 발부리에 챈 돌멩이라도 되는 듯 나를 빤히 쳐다본 그 남자에게 내가 화를 내 봐야 얼마나 낼 수 있었겠나? 나는 그 남자의 행동이 그가 사회화된 방식을 보여 준다고 생각했다. 그리고 내가 사회화된 방식은 그런 사람과의 만남에 여러 방면으로 대비하게 만들었다. 내가 그와의 만남에 위축되지 않은 이유는 내 흑인성이 "단일한 존재가 되지 않게" 해 주기 때문이다. 애초 서인도 제도 작가 에두아르 글리상이 사용했으나 내 경우에는 시인이자 비평가인 프레드 모튼의 최근작을 통해 다시 접한 이 문구는 흑인성에 관한 백인 남성의 고정 관념을 내가 거부할 수 있다는 사실, 백인 남성이 그런 고정 관념에 바탕해 말하고 있다 하더라도 나는 그것을 거부할 수 있다는 사실을 넌지시 알려 준다. 내가 바란 것은 탑승구에서 내 앞으로 끼어들었을 때 그 백인 남자가 무엇을 보거나 보지 못했는지를 알아내는 것이었다.

존재하는 것도, 내 존재의 결핍을 받아들이는 것도 쉽지 않은 일이다. 캘리포니아 대학교 어바인 캠퍼스의 아프리카계 미국학 학과장인 프랭크 윌더슨 3세는 역사적으로 흑인을 배척해 온 사회에서 내가 경험하는 '그곳에 있으나 있지 않은' 지위를 설명하기 위해 올랜도 패터슨이 사용한 사회학 용어 '사회적 죽음'을 차용한다. 치미는 분노―그리고 관대한 태도로 봐주자면 그 백인 남자가 그런 발언을 하게 만든 민망함―는 비가시적인 존재가 공간을 차지한 것에 대한 반응이었다. 공간 자체가 백인성의 특권으로 받아들여지는 것 중 하나인 터다.

항공사가 항공편 이용이 잦은 승객을 대상으로 줄 서기를 면제해 주기로 결정하기 전, 즉 지금 내가 누리는 혜택이 없었던 시절 다른 어느 도시로 향하는 다른 어느 비행기에 탑승하려 다른 어느 대기 줄에 서 있었을 때, 또 다른 백인 남성 무리가 내게 가까이 다가온 적이 있다. 나를 비롯해 이미 대기 중이던 십여 명 뒤로 가서 줄을 서야 한다는 사실을 깨달은 그들은 아무렇지 않게 우리 옆에서 자기들끼리 줄을 만들어 섰다. 나는 내 앞에 선 백인 남자에게 말했다. "아, 이제 백인 남성 특권이 절정에 다다랐군요." 그는 웃었고, 비행기에 탑승해 자기 좌석으로 이동할 때까지 내내 웃었다. 그는 내게 즐거운 비행 되시라고 말했다. 우리는 무언가를 공유하고 있었다. 그와 내가 공유한 것이 동일한지—이 세상에서 인종화된 존재로 살아가고 있다는 동일한 인식인지—는 알 수 없었지만 그렇게 점잔 빼는 방식으로 표현된 무지몽매는 그러려니 넘길 수 있었다.

줄 서기를 거부하는 양복 차림의 남자들을 목격하는 일은 (불쾌할뿐더러) 짜릿하고 놀랍기도 했다. 그들을 지켜보고 있자니 백인 남성 특권에 관한 즉흥 연극의 한 막을 관람하고 있는 듯했다. 나는 그 극을 감상했다. 그들 중 한두 명은 자기 자신의 대담함에 킥킥대며 웃었다. 탑승구 직원도 꽤 흥미로운 방식으로 체크인을 진행했다. 그 남자들이 새로 만든 대기 줄을 진짜 대기 줄과 하나로 합친 것이다. 내가 속한 줄에 서 있던 사람도 대부분 백인에다 남자였는데, 이게 맞는 처사인지 의아해하더니 곧 상황을 받아들였다. 그런 상황이 펼쳐지는 광경을 지켜본 후 나는 수업 시간에 예시로 쓰기 위해 기록을 남겼다. 학생들은 이 순간을 어떻게 해석할까? 어떤 학생은 그런 일이 벌어지게 내버려둔 백인 여성 탑승구 직원에게 분노를 느낄 것이다. 내가 남자 무리보다 여자 직원에게 분노하는 게 더 쉬운 이유가 무엇이냐고 물으면 어떤 학생은 그 여자가 자신이

가진 제도적 권력을 인식하지도 활용하지도 않았기 때문이라고 말할지 모른다. 지금까지의 수업 시간을 되짚어 보건대 백인 남학생은 탑승구의 그 남자들과 재빨리 거리를 둘 것이다. 백인성이 점유한 기본적인 위치를 가시화하려는 강의실에는 백인 연대가 자리할 공간이 없는 터다.

교사 입장에서 보기에 그 일화는 백인 특권에 대한 내 학생들의 인식 수준을 가늠해 볼 기회였다. 다른 백인들 역시 그 백인 남자 무리의 행동으로 피해를 입은 처지였기 때문이다. 모두가 피해를 본 듯한 상황이므로 학생들은 별다른 거리낌 없이 사회가 자행하는 '소수자 하대' 개념을 떠올릴 것이다. 하지만 일부 학생은 그 일화를 인종화가 아니라 젠더화가 불러일으킨 결과로 보고 싶어 할 것이다. 그러면 나는 그들에게 만약 흑인 남자 무리가 자신들의 권리를 행사하는 범위 내에서 그렇게 행동했더라도 나와 같은 줄에 서 있었던 백인 남자들이 아무 반응을 보이지 않았거나 탑승구 직원이 그 흑인들에게 문제를 제기하지 않았을 것 같냐고 물을 것이다.

질문하는 상황을 피하는 나 자신에게 점점 더 좌절감을 느끼고 있던 차에 '백인으로 살아가다 보면 인종 분리를 당연하게 여기게 된다'는 내용이 매킨토시 목록 47번에 올랐어야 하는 것은 아닌지 의구심이 들었다. 그냥 해, 라고 나는 나 자신에게 말했다. 그냥 아무 백인 남자한테 가서 당신이 가진 특권을 어떻게 생각하는지 물어보라고.

그다음 비행 때는 묻기 직전까지 갔다. 대부분 백인 남자로 구성된 무리에 낀 흑인 여자였던 나는 서로 근접한 동시에 분리된 공간을 제공하는 기내 좌석에 앉아 있었다. 여자 승무원은 내 주변의 모든 승객에게 음료를 가져다주는 동안 자꾸 내가 요청한 오렌지 주스만

잊어버렸다. 승무원이 깜박했다며 두 번째로 사과했을 때 나는 오렌지 주스는 설탕 덩어리일 뿐이고 어쩌면 암을 앓았던 내 몸을 배려해 주는 것일 수도 있겠다고 생각하면서 그냥 고개를 끄덕였다. 그러다 그 승무원이 세 번째에도 주스 한 잔 없이 내 자리를 지나치자 옆자리에 앉은 백인 남자가 승무원에게 말했다. "참 믿기지가 않네요. 제게 음료를 두 번이나 갖다줄 동안 이분에게 드릴 음료는 깜박하다뇨."

승무원은 곧바로 주스를 가져왔다.

나는 백인 남자에게 고맙다고 말했다. 그는 "저분은 승무원이 적성에 안 맞는 것 같군요"라고 말했다. 나는 "선생님 음료는 안 잊었잖아요. 선생님은 잊지 않았어요. 선생님은 아무 의미도 없는 이곳에서 아무것도 아닌 사람 옆에 앉아 계신 거예요"라고 대답하는 대신 "저보단 선생님에게 더 호감을 느끼나 보네요"라고 대답했다. 그는 내가 자신을 특별히 치켜세우는 줄 알았는지 얼굴이 붉어졌다. 나는 이 세상에서 백인으로 살아가는 것을 두고 농담한 건데 그가 그 의도를 이해했을까? 아니었던 것 같다. 붉은기가 목을 타고 올라와 양 볼까지 퍼져 나가는 동안 그는 쑥스러운 동시에 흡족한 표정을 지었다. 그러더니 그 민망한 흡족함이 달군 열기를 식히려는 듯 양손을 얼굴에 갖다 댔다.

"귀국 길이에요, 출국 길이에요?" 그가 화제를 돌리며 내게 물었다.

"요하네스버그에서 귀국하는 중이에요."

"정말요?" 그가 말했다. "전 조금 전까지 케이프 타운에 있었어요."

3 B.P. 7am 170/80

4 B.P. 180/90 7am.   3.45 pm 140/80
3-26? Crucial meeting with Min. KC.

5 Meeting with very important person — no politics discussed
B.P. 7am 170/100   3.45 pm 160/90

6 7am. 140/80   3.30 pm 160/90

7 B.P. 7am 148/80 .   3.30 pm 160/90.

8 Consultation with Ismail Ayob for ± 2 hrs.
B.P. 170/90 7.am.   3.45 pm 140/70.

9 Given R11·40 to Major Marais.

otograph Eric Reisinger

Week 27

Monday
Tuesday
Wednesday
Thursday
Friday
Saturday

넬슨 만델라의 주간 일정표. 매일 혈압을 측정한 시간과 혈압 수치가 적혀 있고, 몇몇 일자에는 약속 일정 등이 짤막하게 기록되어 있다. 그중 5일의 혈압 수치는 170/100이며, "아주 중요한 분과 만남—정치적 논의는 하지 않음"이라는 메모가 적혀 있다 그래서 날 변호하는군요, 라고 나는 옹졸하게 생각했다.

어째서 머릿속에 그런 생각이 떠올랐던 걸까? 나부터가 내 인종에 과도하게 휩쓸리고 있다. 이건 피할 수 있는 문제일까? 이게 문제이기는 할까? 내가 문제를 만든 걸까 아니면 문제가 내게 주어진 걸까? 넬슨 만델라가 프레데리크 빌렘 데 클레르크*를 만났다고 알려진 날 혈압이 170/100까지 치솟았다는 이야기가 떠오른다. 그건 소문일까 사실일까? 소문인지 사실인지 과연 누가 알까.

2B 좌석에 앉아 있는 남자를 쳐다보면서 내가 역사에서 점유한 위치로 인해 그가 가진 인간성을 백인 남성 우위의 증거로 치환해 버리고 있는 것은 아닐까 생각했다. 백인 남자들을 너무 내 눈에 비친 피부색만으로 판단하고 있는 걸까? 친구가 말했듯 백인 남자들은 이 세상의 별별 문제로부터 별수 없이 직격탄을 맞고 있는 걸까?

기나긴 비행 동안 나는 농담으로든 진담으로든 백인 남성 특권을 언급하지 않았다. 그 대신 우리는 남아프리카에서 쌓은 각자의 최근 추억을 두서없이 나누었고 그가 머물렀다는 리조트와 내가 체험한 사파리에 대해 이야기했다. 나는 요하네스버그에서 방문한 소웨토나 아파르트헤이트 박물관, 그리고 그 박물관이 상기시켜 준 앨라배마주 몽고메리의 린치 기념관Lynching Memorial은 언급하지 않았다. 이번만큼은 이 옆자리 승객이 자신의 백인성에 대해 먼저 이야기해 주었으면 했다. 이번 한 번만은. 더군다나 그가 갓 떠난 나라가

---

* 남아프리카 공화국의 전 대통령으로 아파르트헤이트 철폐에 기여해 노벨 평화상을 수상했다. 백인의 이해 관계에 대한 고려, 아파르트헤이트 철폐를 반대하는 세력으로부터의 저항, 아파르트헤이트 철폐 이후를 바라보는 상이한 전망 등으로 인해 넬슨 만델라와 갈등을 빚기도 했다.

남아프리카 공화국 요하네스버그에 위치한 아파르트헤이트 박물관 입구가 왼쪽은 백인용, 오른쪽은 비백인용으로 분리되어 있다.

남아프리카인 만큼, 제임스 볼드윈이 말하기를 "미국인들과 똑같은 망상에" 시달린 결과 "스스로 백인의 나라라고 여기게 된" 나라인 만큼 자신의 백인성을 생각해 보았으면 했다. 그러나 그는 미국이나 남아프리카에 존재하는 인종 관계를 화두에 올리지 않아야 우리가 서로의 대화 상대가 될 가능성도 커진다고 생각하는 것 같았다. 망상일지도 모르지만 나는 그렇게 느꼈다.

집에 도착해 공항과 비행기에서 경험한 일을 말해 주니 백인인 남편이 재밌어했다. "그냥 방어적으로 군 거야"라고 남편은 말했다. 그러고는 "백인의 취약성이지"라고 덧붙이며 웃었다. 지난 25년간 나와 함께 세상을 살아온 이 백인 남자는 본인이 자신의 특권을 이해하고 인정하고 있다고 생각한다. 확실히 그는 어떤 용어를 쓰는 것이 바람직한지 잘 알고 있는데, 다만 그렇게 서로 합의된 용어만 쓰다 보면 얼떨결에 진정한 인식의 순간에 다다르는 때를 놓치기도 한다. 그런 용어들—백인의 취약성, 백인의 방어적 태도, 백인의 전유—은 복잡하게 얽히고설킨 진실한 대화가 들어설 자리를 대체하는 경향이 있는 터다. 그날 남편은 대통령*에 대해 말하고 싶어 했다. "말하자면"이라고 그는 말했다. "비대한 특권을 등에 업은 적개심과 분노를 보여 주는 명백한 사례지. 진짜 권력. 진짜 영향력." 물론 틀린 말은 아니었지만 그는 자신이 가진 특권과 거리를 두는 '깨어 있는' 백인 남자들과 같은 입장이었다. 이를테면 본인은 이 세상에서 점하고 있는 지위에 무지하거나 방어적인 태도를 취할 만큼 어리석지 않다고 생각했다. 자기 자신이 백인 남성 우위 패턴과 무관하다고 여길 수 있는 능력은 두말할 필요도 없이 특권이다. 어쩌면 그게 안도감을 주는지도 모른다. 백인의 안도감. 왕국에서, 권력에서, 영광에서

---

* 도널드 트럼프를 가리킨다.

완전히 벗어나기란 불가능하다.

마침내 낯선 사람에게 백인 특권에 대해 단도직입적으로 물을
용기를 낸 것은 한 백인 남자와 공항 탑승구에서 나란히 앉아 있을
때였다. 비행기가 또 한 번 연착되어 짜증이 나 있던 그가 먼저 대화의
물꼬를 텄다. 우리는 답답한 심정을 풀어냈다. 그러다 그가 내게
어떤 일을 하느냐고 물었고 나는 글을 쓰고 가르친다고 대답했다.
"어디서 가르치세요?" 그가 물었다. "예일 대학교요." 내가 대답했다.
그는 아들이 예일 대학교에 진학하고 싶어 했지만 수시 전형에서
떨어졌다고 말했다. 그러고는 "다양성 카드를 손에 쥘 수 없는
상황에서는 만만치 않죠"라고 덧붙였다.

혼잣말이 입 밖으로 새어 나온 걸까? 주워 담을 틈도 없이 툭 튀어나와
버린 걸까? 이것이 백인 특권의 순진함인가? 내게 농담을 한 걸까?
내 면전에 대고 백인 특권의 깃발을 펄럭인 걸까? 왜 그쪽 아드님이
아무런 지연도, 중단도, 기다림도 없이 수시 전형에 합격하리라
기대하셨냐고 직접 물었어야 하나? 우리 주변에 앉아 있는 수많은
백인 남자의 백인 아들이 아닌 아무 유색인이 그쪽 아드님의 자리를
'가로챘다'는 건 어떻게 아시냐고 물었어야 하나?

나는 숨을 죽이고 있었던 것 같다. 일단 숨을 쉬자고 생각했다.

잠시 후 그는 "아이비 리그에 아시아인이 넘쳐 나요"라고 덧붙였다.
아마 그렇게 부연 설명을 덧붙인 이유는 자신이 지금 흑인이나 소수
집단 우대 정책과 관련된 자신의 망상인지 생각인지를 말하고 있는 게
아님을 확실히 하기 위해서였을 것이다. 그의 머릿속에 뭔가가 떠오른
것이다. 자기 옆에 앉아 있는 사람이 누구인지를 떠올린 것이다.

텍스트 『이색의 백인성』에서 역사학자 매슈 프라이 제이컵슨은 20세기에 19세기의 "켈트족, 히브리족, 튜턴족, 지중해족, 슬라브족"이 재통합된 과정을 설명한다.

설명 및 출처 제이컵슨은 '백인' 유럽인들이 서로 다른 인종 유형으로 분류되었던 19세기 후반부터 동일한 인종적 특징을 공유하는 사람들 간의 차이에 대한 인식이 급격히 줄어든 20세기 초중반에 이르는 이민 역사와 정책을 추적한다. 그는 이렇게 쓴다. "남부 흑인의 대이동을 비롯한 이민 제한은 미국의 인종 연금술racial alchemy에 변화를 가져왔고, 백인 아니면 흑인이라는 엄격한 이분법을 바탕으로 지배적인 인종 구성을 재분류하면서 켈트족, 히브리족, 튜턴족, 지중해족, 슬라브족 등 여러 인종을 캅카스인으로 통합했다."

그래서 나는 마침내 해 버렸다. 질문을 던진 것이다. "저는 전부터 백인 남성 특권에 대해 생각해 왔는데요, 혹시 선생님과 아드님이 가진 특권을 어떻게 생각하세요?" 전연 생뚱맞은 질문으로 들렸을 텐데도 그는 자연스럽게 대꾸했다.

"전 예외예요." 그가 말했다. "제가 가진 건 다 열심히 노력해 얻은 거거든요."

브렛 캐버노* 대법관이 대법원 인사 청문회에서 뭐라고 했던가? "저는 예일 법학 대학원 출신입니다. 미국에서 제일가는 법학 전문 대학원이죠. 제겐 인맥이 전혀 없었습니다. 대학에서 온몸이 부서져라 공부해 입학했던 겁니다." 그는 할아비지가 예일대 출신임에도 자기가 한 말이 전적으로 진실이라고 확신했다. 겉모습만 봐서는 판단할 수 없었지만 혹시 내 옆에 앉은 남자가 앵글로색슨 개신교도의 후손인 백인이 아니라 민족적 배경만 백인일지 궁금했다. 『이색의 백인성』에서 역사학자 매슈 프라이 제이컵슨은 20세기에 19세기의 "켈트족, 히브리족, 튜턴족, 지중해족, 슬라브족"이 재통합된 과정을 설명한다. 데이비드 로디거에 따르면 백인들은 1940년대 무렵 "다양한 민족 간의 혼인 양상과 냉전의 시급성을 감안해" 더 이상 백인 집단을 여러 계층으로 분류하지 않고 사회적으로 구성된 집단인 캅카스인으로 일체화하기 시작했다.

나는 그에게 말했다. "만약에 제가 경제적 부를 이어받은 세대들, 말하자면 메이플라워호가 남긴 부와 연줄이 궁금한 게 아니라고

---

* 도널드 트럼프가 앤서니 케네디 대법관 후임으로 임명한 대법관. 인사 청문회 과정에서 성 폭력과 성 추문 미수 폭로가 나와 파문이 일었다.

텍스트 내가 TSA의 입국 심사를 받느냐고 묻자 그는 "보통은 안 그래요"라고 대답했다.

설명 및 출처 「TSA 직원은 흑인 여성을 차별하지 않는다고 말하지만 전신 스캐너는 아닐지도 모른다」, 『프로퍼블리카』, 2019년 4월 17일: "지난 수년간 흑인 여성들은 공항 보안 검색대에서 과도하고 모욕적인 모발 검사를 강요당하는 일에 문제를 제기했다. 5년 전에 항의를 접수한 TSA는 모발 검사 담당 직원들에 대한 감독과 교육을 개선하겠다고 약속했다. 그러나 보안 검색대 직원과 무관한 또 다른 문제가 드러났다. 보안 검색 기계였다."

말한다면 어떻게 대답하시겠어요?" 그러려니 넘어가는 대신 하고 싶은 말을 했다. 내가 TSA의 입국 심사를 받느냐고 묻자 그는 "보통은 안 그래요"라고 대답했다. "글로벌 엔트리*로 입국하거든요."

"저도예요"라고 내가 대답했다. "하지만 여전히 중간에 가로막히죠." 인종 프로파일링이 얼마나 '임의적'으로 행해지고 있는지에 대해서는 그야말로 영원히 떠들어댈 수 있었지만 그날 그 문제까지는 건드리지 않기로 했다. 나는 "공공 장소를 이용할 때 왜 거기에 있느냐는 심문을 받지 않고 아무렇게나 드나드실 수 있나요?"라고 물었다. "부리나케 쫓아와서는 무슨 일이냐고 묻는 사람은 없나요?" 나는 내 질문에 대한 대답을 알고 있었지만 그럼에도 그냥 물어보았다. 그에게 유리하게 작용하는 역학 관계의 진행 속도를 늦추고 싶어서였다.

그는 내 의도를 알겠다고 말했다. 나는 "그건 제 의도가 아니라 우리가 처한 현실이에요"라고 말하고 싶었지만 매몰찬 힐난처럼 들릴 수밖에 없는 말인지라 막상 내뱉자니 입이 떨어지지 않았다. 나는 그와 계속 대화를 나누고 싶었고, 그가 내 인종과 젠더 때문에 나라는 사람과 내 질문—'인종 차별주의자'나 '성 차별주의자'라는 단어를 입 밖에 내게 만들 수도 있는—에 신중히 접근하고 있음을 알고 있었다. 피부색이 그토록 예언적인 힘을 갖고 있지 않으면 좋으련만.

우리의 대화는 이미 난파한 상태였으나 역사에 대한 우리의 서로 다른 입장을 들이밀며 찬물까지 끼얹고 싶지는 않았다. 이 낯선 남자와의

---

* 미국 교통 안전청TSA이 실시하는 미국 시민권자 및 영주권자를 위한 출입국 심사를 가리킨다. 글로벌 엔트리는 미국 시민권자, 영주권자, 외국인 모두 가입 가능한 사전 보안 수속 프로그램이며, 글로벌 엔트리에 가입하면 미국 공항 검색대를 자동으로 통과하는 TSA Pre 프로그램을 이용할 수 있다.

텍스트 '집'이라는 단어를 입에 담자마자 그는 다시 아들을 떠올렸다. 그는 아들의 절친이 아시아인인데 조기 합격인지 조기 입학인지 수시 전형인지를 통해 예일대에 합격했다고 말했다.

설명 및 출처 아네모나 하토콜리스와 스테퍼니 솔, 「소수 집단 우대 정책을 둘러싼 전투의 새로운 쟁점: 아시아계 미국인」, 『뉴욕 타임스』: "프린스턴 대학교의 연구 결과에 따르면 아시아인 정체성을 가진 학생은 백인 학생보다 SAT에서 140점 이상 높은 점수를 받아야 그들과 동일한 사립 대학 입시 기회를 얻는 것으로 밝혀졌으며, 이러한 차이를 혹자는 '아시아인 차별세'Asian tax라고 부른다."

명문 대학 입시 과정에서 백인이 유리한 위치를 점하고 있음을 보여 주는 증거로는 그러한 명문 교육 시설이 해당 학교 출신 가족을 둔 학생, 운동 특기자, 교직원 자녀 등을 선호하는 현상을 들 수 있다. 대니얼 골든이 2018년 7월 『프로퍼블리카』에 발표한 「하버드 대학교 소수 집단 우대 정책에 반대하는 투쟁이 어떻게 부유한 백인을 위협할 수 있는가」는 그러한 특별 전형이 일부 백인 지원자로 하여금 어떻게 하버드 대학교 입학 과정에서 유리한 위치를 점하게 하는지를 분석한다. 골든은 하버드 대학교 입학 허가를 받은 백인 지원자의 21.5퍼센트가 하버드 대학교 졸업생의 자녀이며 히스패닉, 아시아계 미국인, 아프리카계 미국인 지원자 중 하버드 동문의 자녀는 각각 7퍼센트, 6.6퍼센트, 4.8퍼센트에 불과하다고 보고한다. 골든은 듀크 대학교 경제학 교수 피터 아치디아코노의 연구를 참고해 이렇게 밝힌다. "종합해 보면 하버드 대학교는 6년이라는 기간 동안 직계 가족이 동문인 지원자 중 33.6퍼센트에 입학 허가를 내준 반면, 직계 가족이 동문이 아닌 지원자는 5.9퍼센트만 받아들였다."

또한 골든은 "운동 특기생 지원자의 입학률은 86퍼센트로 가장 높다. 하버드 대학교에 입학한 백인 학생 중 운동 특기자는 16.3퍼센트인 반면, 흑인 운동 특기자는 8.9퍼센트, 히스패닉 운동 특기자는 4.2퍼센트, 아시아계 미국인 운동 특기자는 4.1퍼센트다"라고 보고한다.

골든은 하버드 대학교가 교직원 부모를 둔 지원자의 46.7퍼센트를 합격시켰다는 사실도 지적한다.

대화에서 놀랄 만한 무언가를, 그 전까지는 알 수 없었던 무언가를 배우고 싶었다. 그러다 불현듯 머릿속에 한 가지 생각이 떠올랐다. 우리 사이에 신뢰를 구축할 만큼의 시간은 없었지만 사람은 누구나 자기 말을 들어 주는 사람을 좋아하지 않나. '귀국 길이에요, 출국 길이에요?'는 꼬치꼬치 캐묻는 느낌을 주지 않으면서 여행자들끼리 주고받을 수 있는 중립적인 질문이다. 그래서 그에게 그 질문을 던졌다. 그는 집으로 가는 중이라고 대답했다.

'집'이라는 단어를 입에 담자마자 그는 다시 아들을 떠올렸다. 그는 아들의 절친이 아시아인인데 조기 합격인지 조기 입학인지 수시 전형*인지를 통해 예일대에 합격했다고 말했다. 우리 둘 다 정확한 명칭을 알지 못했다. 나는 그가 아들을 어떻게 위로해 주었을지 궁금했다. 내게 그랬듯 '다양성 카드' 때문이라고 말했을까? 대학 입시 정책에 대해서는 더 이상 이야기하고 싶지 않았다. 다른 주제로 대화하고 싶었다. 하지만 어쩌다 보니 나는 낯선 사람 옆에 앉은 또 다른 낯선 사람이 아니라 예일대를 대표하는 사람이 되어 있었다.

나는 내가 할 일은 그저 듣는 것뿐이라고 스스로에게 상기시켰다. 그냥 듣자. 그는 무척 절실했고 아들의 불확실한 미래에 분명 무력감을 느끼고 있었다. 그러나 예일대를 후보로 둘 정도라면 그렇게 암울한 상황은 아닐 터였다. 그냥 생각을 말자, 라고 나 자신을 타일렀다. 부모 입장에서 생각하자. 사랑하는 사람 입장에서 생각하자. 백인 입장에서 생각하자. 운이나 경제적인 조건이 따르든

---

* 수시 전형early admissions에 조기 합격early action과 조기 입학early decision이 포함된다. 조기 합격은 구속력이 없어 복수의 학교에 원서를 쓰고 합격한 후에도 정시에 지원할 수 있으며, 조기 입학은 구속력이 있어 합격한 학교에 반드시 입학해야 한다.

말든 백인이 품을 수 있는 기대를 생각하자. 내 분노에 대해 생각하자. 부적절한 감정인가? 지금은 분노할 때가 아닐 수도 있는데. 백인 입장에서 생각하자. 내가 너무 속 좁게 구나? 모르겠다. 생각을 말자.

어째서 선생님 아드님이 아시아인 친구보다 예일대에 입학할 자격을 조금이라도 더 갖추고 있다고 생각했느냐고는 묻지 않았다. 그가 내 앞에서 본인 아들의 가치나 지적 능력을 방어할 필요성을 느끼게 만들고 싶지 않았다. 나는 그의 아들이 꿈을 펼치기를 바랐다. 정말 그랬다. 그의 아들이 내 강의를 듣는 학생이라면 그가 최대한 능력을 발휘할 수 있도록 도울 것이다. 그의 아들이 예일대에서 많은 성취를 이뤄 낼수록 나는 우리 둘 모두에게 더없이 기쁜 일이라고 생각할 것이다. 그의 아들이 다른 학생들 앞에서 자신이 예일대에 입학할 수 있었던 건 유치원 시절부터 자신의 지적 능력을 치켜세워 준 백인 선생님들 덕분이라고 말하면 나는 지금까지 그랬던 것처럼 중간에 끼어들어 이렇게 말할 것이다. "아니죠, 학생은 본인 힘으로 예일대에 입학한 거고 합격에 도움을 준 많은 요인을 이해할 능력을 갖고 있는 거예요."

대학 입시 과정은 무 자르듯 단정적으로 설명할 수 없다. 합격 기준이 불확실한 회색 지대가 방대한데, 제법 많은 백인이 입학 허가를 받지 못할 때조차 그 회색 지대는 백인 지원자에게 편향되어 있다. 그렇다는 사실을 우리는 알고 있다. 어쩐 일인지 나는 백인의 소유로 인식되는 공간과 자격에 대해 대화를 나누는 것이 갑자기 꺼려졌고 소수 집단 우대 정책에 대해서는 원컨대 한마디도 안 할 수 있었으면 했다. 그랬다가는 우리 둘 사이에 존재하는 공간이 나를 비롯한 흑인과 갈인으로 가득 찰 것이 뻔했다. 대신 나는 이렇게 말했다. "아드님이 어느 대학으로 진학하든 다 잘될 거고 5년쯤 지나면 이런

일은 기억도 나지 않을 거예요." 그 순간 극도의 피로감이 몰려왔다. 그리고 문득 우리가 백인 남성들이 상실했다고 느끼는 특권, 다시 말해 아무도 죽지 않은 백인의 삶을 논하고 있었다는 사실을 깨달았다. 나도 그가 백인 남성으로서의 특권을 상실했다고 느낀 원인 중 하나였을까? 그는 그렇게 생각했을까?

그 일이 있고 얼마 후 나는 또 비행기에 몸을 실었고 그때 내 옆자리에 앉은 백인 남자는 왠지 모르게 곧 친구 사이가 될 수 있을 것 같은 느낌을 주었다. 우리는 가을날 오후에 공놀이하듯 편안한 대화를 나누었다. 피부로 체감하는 실내 기온과 실외 기온이 돌연 똑같아지는 늦봄에 외출하는 기분이 들기도 했다. 그럴 때면 저항감이 누그러들고 양어깨가 가볍게 이완된다. 비유적으로 말하면 나는 유머 감각과 호기심과 열린 마음을 가진 옆자리 백인 남자와 함께 야외에서 달가운 시간을 보내는 중이었다. 그가 자신의 아내와 아들에 대해 말할 때면 그들을 향한 애정이 내게도 생생히 전달되었다. 그는 나와 같은 비행기에 몸을 싣고 있었지만 그와 동시에 가족과 함께였다. 그의 아버지는 학자였고 어머니는 위대한 여자였다.

제일 좋아하는 음악가가 누구인지 그가 묻길래 나는 코모도어스라고 대답했다. 기본적으로 애가인 「야간 근무」 때문이라고 했다. 그는 브루스 스프링스틴을 좋아하지만 「야간 근무」도 애호하는 곡 중 하나라고 했다. 우리는 같이 「야간 근무」를 따라 불렀다. "지금도 그의 목소리가 들려요. '아, 내게 말해 봐 / 그럼 무슨 일인지 알 수 있을 테니.'" 그가 스프링스틴 노래 중에서 아는 곡이 있는지 물었을 때 나는 솔직하게 모른다고 대답했다. 기억나는 것은 「아메리칸 스킨(41발)」뿐이었다. "이건 비밀이 아냐, 친구 / 그 아메리칸 스킨으로 살아간다는 이유만으로 죽임당할 수 있다는 거 말이야."

텍스트 이는 선의를 품은 백인들이 할 수 있는 말, 흑인 꼬마들과 백인 꼬마들이 '피부색이 아니라 각자의 성격'으로 평가받는 시대를 단숨에 소환할 수 있는 특권과 맹목적 욕망을 가진 백인들이 할 수 있는 말이었다.

팩트 체크 아래는 피부색을 보지 않는다는 수사의 사례들이다.

설명 및 출처 연방 대법원 존 할런 판사가 '플레시 대 퍼거슨' 사건* 판결에 있어 피부색을 보지 않는다고 호소한 사례: "백인은 자신들이 이 나라의 지배적인 인종이라고 생각합니다. 그리고 실제로 명성과 성취, 교육, 부, 권력을 휘어잡고 있습니다. 그래서 저는 백인이 위대한 유산을 충실히 받들고 헌법상의 자유 원칙을 굳게 지킨다면 이 상황이 영원히 지속되리라고 믿어 의심치 않습니다. 그러나 헌법의 관점에서 보면, 법의 눈으로 보면 이 나라에 우월하고 우세하고 지배적인 시민 계급은 존재하지 않습니다. 이 나라에는 카스트 제도가 없습니다. 우리의 헌법은 피부색에 따른 차별을 하지 않으며, 시민들을 나누는 계급을 알지도 못하고 용납하지도 않습니다. 시민권과 관련해 모든 시민은 법 앞에 평등합니다."

전 공화당 의장이자 조지 허버트 워커 부시의 1988년 대선 캠페인 매니저였던 리 애트워터가 1981년 녹음된 인터뷰(인종 차별적으로 들릴 만한 말을 쓰지 않으면서 인종 차별주의자들의 표를 얻는 방법을 공화당원들에게 설명하는 대목─옮긴이)에서 '피부색을 보지 않는 인종 이데올로기'를 넌지시 언급한 사례(가이 파둘라의 『피부색을 보지 않는 인종 프로파일링: 1974년부터 현재까지의 역사』에서 재인용): "저라면 이 문제를 (…) 심리학자의 입장에서 말하면, 사실 제가 심리학자는 아니지만, 인종 문제를 굉장히 추상적으로 다룰 겁니다. 예전에는 이렇게 말했어요. 아, 이 말은 어디서 인용하지 말아 주시고요. 1954년에는 '검둥이, 검둥이, 검둥이'라고 말했어요. 하지만 1968년 무렵부터는 '검둥이'라고 말할 수가 없게 됐죠. 상처를 입히고 역효과를 내니까요. 그래서, 음, 말하자면 강제 버스 통학제(학교 내에서 인종적 균형을 이루기 위해 주로 흑인이 사는 지역의 아이들을 주로 백인이 사는 지역의 학교로 통학시킨 제도─옮긴이)나 주州의 권리 같은 것에 대해 말하다 보면 이 문제를 점점 더 추상적인 문제로 만들게 돼요. 자, 요즘은 세금 감면에 대해 말하고 있잖습니까. 요즘 말하고 있는 것들은 전부 다 경제 문제인데 이렇게 하다 보면 결과적으로 백인보다 흑인이 훨씬 더 해를 입게 됩니다. (…) '우리는 이걸 감면하겠습니다' 같은 말은 강제 버스 통학제보다도 추상적이고 '검둥이, 검둥이' 같은 말보다는 훨씬 더 추상적이에요."

* 1892년, 흑인과 백인의 혈통을 이어받아 피부색이 흰 혼혈인 호머 플레시가 기차에서 백인에게만 허용된 일등석을 예매해 앉아 있다가 벌금을 물고 재판을 받았다. 1심 판사 존 하워드 퍼거슨은 플레시의 행동이 흑백 분리를 규정한 열차법 위반이라고 판결했다. 이에 플레시는 대법원에 항소했으나 1896년 최종심에서 '분리하되 평등하다'separate but equal를 이유로 퍼거슨이 승소했다. 이 판결은 1876년부터 1965년까지 인종 분리와 차별을 합법화한 짐 크로 법을 강화했다.

그 곡 가사를 알고 있었지만 따라 부르지는 않았다. 나는 그가 좋아한다고 한 스프링스틴 노래를 나중에 확인해 보자고 생각하며 머릿속에 곡명을 저장했다.

얼마 지나지 않아 그는 회사 내 다양성 부서에서 일하고 있다며 운을 뗐다. "아직 갈 길이 멀어요"라고 그는 말했다. 그러더니 그 말을 한 번 더 반복한 다음—"아직 갈 길이 멀어요"—"전 피부색은 보지도 않아요"라고 덧붙였다. 이는 선의를 품은 백인들이 할 수 있는 말, 흑인 꼬마들과 백인 꼬마들이 '피부색이 아니라 각자의 성격'으로 평가받는 시대를 단숨에 소환할 수 있는 특권과 맹목적 욕망을 가진 백인들이 할 수 있는 말이었다. "전 피부색은 보지도 않아요"라는 말을 듣자마자 나는 머릿속 비상 브레이크를 잡아당겼다. 피부색을 보지도 않는데 어떻게 다양성을 다룬다는 거지? 나로서는 의아할 따름이었다. 아내에게 어떤 여자와 좋은 대화를 나눴다고 할 건가, 아니면 어떤 흑인 여자와 좋은 대화를 나눴다고 할 건가? 도와주세요.

그나마 떠올릴 수 있는 대꾸는 "저는 흑인 여자가 아닌가요?"Ain't I a black woman?였다. 나는 공기 질을 검사하는 양 아주 천천히 그 질문을 던졌다. 소저너 트루스*의 말이 그의 귓가에 맴돌았을까? 아니면 그는 문법에 어긋난 내 문장이 흑인성을 드러내는 증거라고 생각했을까? 아니면 내가 흑인의 지적 능력에 대한 백인의 생각을 조롱하고 있다고 생각했을까? "선생님은 백인 남자가 아닌가요?"라고 나는 이어 물었다. "선생님 눈에는 안 보이나요? 인종을 볼 수 없다면 인종

---

* 1797년 미국의 한 네덜란드 지주 농장에서 노예로 태어나 19세기 동안 노예제 폐지론자이자 여성 인권 운동가로 활동한 아프리카계 미국인. 1851년 오하이오주에서 열린 오하이오 여성 인권 회의에서 「나는 여자가 아닌가요?」로 알려진 즉흥 연설을 했다.

현실을 직시하자. 나는 표식을 가진 여자이지만 모두가 내 이름을 아는 것은 아니다.

호텐스 J. 스필러스*

직업적으로 상당히 과소 평가받고 있다는 생각이 들기 시작하면, 그래도 나는 늘 몸집 큰 백인 남자로 사무실에 들어갔다는 사실을 떠올린다.
나는 단 한 번도 (심지어 내가 실제로 속하지 않은 곳에서도) 어딘가에 속해 있지 않다는 느낌을 받은 적이 없다.

알렉시스 오해니언**

* 흑인 페미니스트 연구자이자 미국 문학 평론가로 아프리카계 미국 문학과 아프로-비관주의에 관한 에세이로 잘 알려져 있다.
** 미국의 투자자로 소셜 미디어 사이트 레딧을 공동 창립했다. 테니스 선수 세리나 윌리엄스의 남편이기도 하다.

차별도 볼 수 없을 텐데요." 나는 그 문장을 반복해 말했다. 얼마 전 로빈 디앤젤로의 『백인의 취약성』*에서 읽은 문장이었다.

"이제 알겠네요." 그가 말했다. 진지한 어조였다. "제가 이거 말고 또 어떤 멍청한 소릴 했죠?"

"그게 다예요." 내가 대답했다.

나는 그가 현실이라고 주장하는 현실이 내 현실이 되지 않도록 맞섰다. 그리고 그런 순간을 내가 아무렇지 않게 넘기지 않아서, 짐짓 예의 바른 태도로 상대를 침묵하게 만드는 방식에 반기를 들 수 있어서, 그가 한세월 넋두리를 늘어놓는 일이 없어서 기뻤다. 그가 수동적인 태도로 나를 괴롭히지 않아서 기뻤다. 내가 처한 현실에 존재하는 혼란을 그가 받아들일 수 있어서 기뻤다. 그리고 바로 그런 식으로 우리는 터놓고 대화를 나누었다. 생각나는 대로, 평범하게, 지칠 때까지, 여기보다 덜 인종 차별적인 곳에서 살고 싶다는 간절한 소망을 한가득 품은 채로.

그런 대화를 나누고 오래 지나지 않아 그가 내게 연락을 해 왔다. 아내와 함께 내 저서 한 권을 읽었다고 했고, 우리는 부부 동반으로 만날 계획을 구상했다. 그러나 일정이 좀처럼 맞지 않아 시간만 흘러갔다. 그 후 나는 백인 남자들에게 그들이 가진 특권을 물었던 일에 관한 글을 썼고 그 글을 그에게 보내 주었다. 그와 나눈 대화를 세세히 기록했음을 알리지 않은 채로 발표하고 싶지는 않았다. 그

* 로빈 디앤젤로, 『백인의 취약성: 왜 백인은 인종주의에 대해 이야기하기를 그토록 어려워하는가』, 이재만 옮김, 책과함께, 2020, 87쪽.

글을 보내면서 혹시 정정하고 싶은 내용이 있냐고 물었다. 그는 이런 답장을 보내왔다.

"전 피부색은 보지도 않아요"라는 제 말에 선생님이 이의를 제기했을 때 저는 선생님이 어떤 의미로 그러신 건지 이해했고, 선생님의 솔직함에 감사했고, 제 말을 다시 곱씹어 보게 되었고, 선생님이 옳았다는 사실을 깨달았습니다. 제 말에 선생님이 보인 반응은 용기 있고 또 관대한 행동이었습니다.

그날 비행 이후 저는 우리가 나눈 대화를 많이 생각했습니다. 사실 얼마 뒤에는 제가 고향에 대해서도 말실수했다는 걸 깨달았습니다. 왜 그랬는지는 모르겠습니다. 분명 의도적인 건 아니었고 그 순간에는 그게 제 솔직한 생각이었던 것 같습니다. 그런데 선생님과의 대화를 곱씹고 나니 분명히 보였습니다. 저희 동네에는 흑인 꼬마들과 백인 꼬마들 사이에 별다른 긴장감이 없었다고 말했죠(저는 1980년대와 1990년대 초반 노스이스트 교외의 중산층 거주지에서 공립 학교를 다니며 성장했습니다). 그런데 그들 사이의 긴장이 눈에 띄지 않았다기보다는 그 사실을 잊고 싶었던 것 같습니다. 다시 생각해 보면 어디에나 긴장이 흐르고 있었기 때문입니다. 저는 고등학교를 졸업한 지 25년이 넘었고, 대학 여름 방학 때와 대학 졸업 후 몇 개월을 제외하면 그 후로 그곳에 산 적도 없습니다. 어쩌면 우리 삶에 늘 스며들어 있던 긴장이라 굳이 생각해 보지 않았던 것 같습니다. 논란의 여지 없이 추잡한 사건들, 이를테면 대학 신입생 시절 대수학 시간에 제 앞에 있던 한 백인 학생이 밤에 '(인종 차별적 표현) 놈들' 보러 대학 농구 경기장에 갈 거냐고 물은 일 따위만 예외적으로 기억했고요. 흑인 학생과 백인 학생이 주먹다짐을 한 경우는 두 건 정도밖에 기억나지 않지만 주로 백인 학생이 흑인 학생에게 잔혹하게

루비 세일즈와 조너선 대니얼스의 사진. 루비 세일즈는 아프리카계 미국인으로 시민권 운동을 위해 투쟁했고, 1965년 셀마 몽고메리 행진에도 참여했다. 세일즈와 함께 활동한 시민권 운동가 조너선 대니얼스는 1965년 특별 카운티 보안관 톰 콜먼이 세일즈에게 총을 겨누었을 때 세일즈를 구하려다 대신 총에 맞아 즉사했다.

굴었고 누가 말 한마디라도 잘못하면 언제든 그런 일이 벌어질 수 있었습니다. 저희 집안과 제 가족은 (심지어 지중해와 동유럽 국가에서 건너온 1세대 및 2세대 이민자인 친척들도) 그런 주먹질과 거리가 아주 멀었습니다. 하지만 돌이켜 보면 주변에서는 늘 그런 일이 벌어지고 있었죠. 선생님과의 대화에서 있었던 무언가가 저로 하여금 그 사실을 깨닫게 해 주었다는 점이 참 새삼스러울 따름입니다.

그의 답장을 읽고 또 읽는 동안 나는 내가 그의 유년기 시절 고향에 관한 이야기를 그 자체로 진실로 여기지 않고 그의 백인성을 설명하는 진실로 받아들였다는 사실을 깨달았다. 사회 정의 활동가 루비 세일즈라면 '백인성 문화'라고 칭했을 것에 관한 진실로 받아들였던 것이다. 그가 통합된 삶을 살지 못했다는 사실은 흑인들이 어떤 취급을 받는지 알아도 그의 마음속에 중요한 동요가 인 적이 일평생 한 번도 없었음을 의미했다. 무언가를 기억하지 못한다는 사실은 내 생계에 지장을 주지 않는 사건이라면 내 마음을 어지럽히지 않는다는 의미일 수도 있다. 그리고 바로 이것이 얼마만큼의 재산을 갖고 있는지 혹은 갖고 있지 못한지와 무관하게 백인 특권을 정의하는 현실이다. 애팔래치아에서건 뉴욕 5번가에서건 내가 처한 불안정한 현실은 타인과 공유되지 않는다. 내 비행기 말동무가 사실을 잘못 전한 것은 맞지만 그런 사실이 자기 삶에서 가진 의미를 잘못 전한 것은 아니었다. 그가 그 순간에는 정말 그게 사실이라고 생각했다는 점을 나는 믿어 의심치 않는다. 그리고 우리가 대화를 나눈 이후 그의 삶에서 억압되어 있던 현실이 그런 사실들의 허구성, 즉 그 자체로 하나의 진실인 허구성을 눈앞에 들이밀기 시작했다는 점도 믿어 의심치 않는다. 그는 내 존재를 받아들임으로써 인종 차별을 외면해 온 백인으로서의 일생에 껄끄러운 인종 관계가 끼어들도록 수용했다. 친구나 동료의 인종 차별적인 발언에서부터 비무장 상태의 흑인을

죽음으로 몰고 간 대부분의 경찰에 대한 무죄 판결, 그리고 더욱 구조적인 인종 차별적 관행까지 용인하는 행태가 명확하게 드러내 주듯 백인들은 흑인의 생명도 중요하다는 점을 여전히 망각하고 있으며, 앞으로도 망각을 거듭한다면 억눌러 온 기억이 자기를 덮쳐 오는 순간 매번 흠칫하고 말 것이다.

진화

인종 차별 반대 활동을 백인들이 가로채고 있다고 한 흑인 친구가 말한다. 진담일까? 그는 단지 경제적인 측면을 문제 삼는 것이 아니다. 백인 여자 강사를 섭외할 수 있는 상황인 경우 친구는 백인의 공간에서 다양성 워크숍을 진행해 달라는 요청을 받지 않는다. 나는 농담을 섞어 그에게 묻는다. 흑인이랑 같이 그동안 요구해 온 게 그거 아니야? '백인을 가르치는 건 우리 일이 아니다'라는 말을 그동안 얼마나 지겹게 들었던가. 그런데 친구와 마찬가지로 나도 인종 관계와 인종 차이는 내가 조금도 가담하고 싶지 않은 무지의 역학ignorant dynamic보다 훨씬 복잡한 것이라고 생각한다. 우리는 어떤 일이 벌어지고 있는지 다 알고 있다고 생각하지만 이렇게 모든 것이 얽히고설킨 상황에서 상대방을 움직이는 동기가 무엇인지 진정으로 아는 게 과연 가능할까? 나는 내 인생, 내 생계, 내 삶의 가능성이 백인들이 기꺼이 외면하는 특정 사안들을 더 많이 아는 것에 달려 있음을 안다. 다양성 워크숍이 진행되는 공간에 흑인이 한 명도 없을 때 과연 누가 이 현실을 대변하게 될까? 나는 친구가 한 말의 요점을 이해한다.

친구와 대화를 나눈 그날 나는 백인 여성 친구에게 백인들은 각자가 가진 인종 차별주의를 두고 어떤 대화를 나누냐고 묻는다. 그런 대화 자체를 안 하지, 라고 친구가 대답한다. 친구는 그래도 그게 백인들이 구조적 인종 차별주의와의 결탁에 맞서 지구력을 기르는 방식이라고 생각한다. 하지만 정책, 특혜, 감시, 무시 등을 통해 유색인에게 가해지는 폭력에 계속 무지하도록 만드는 문화 속에서 사회화되는 한, 백인들은 사소하게는 일상에서 바람직하지 않은 말과 행동을 반복하게 된다. 각각의 백인이 인종 차별주의적인 결정과 배제의 제도화에 관여하든 아니든, 백인의 사회화 과정은 근본적인 차원에서 유색인에게 영향을 미친다.

텍스트 모두가 백인인 공간이 이미 존재하므로 인식 제고는 그런 곳에서 진행해야 한다.

팩트 체크 그렇다. 인종 분리에 관한 아래 자료를 참고하도록 한다.

설명 및 출처 "모두가 백인인 공간"과 관련해서는 크리스 잉그러햄, 『백인의 4분의 3에게는 비백인 친구가 없다』, 『워싱턴 포스트』를 참고하도록 한다. 이 기사는 백인의 75퍼센트가 "소수 집단은 한 명도 없이 전적으로 백인으로만 구성된 소셜 네트워크"를 갖고 있다고 밝힌 연구를 소개한다. 2017년 퓨 연구소의 보고에 따르면 최근 혼인한 백인 중에서 파트너가 백인인 경우는 89퍼센트였다. 미국에는 거의 100퍼센트 백인으로만 구성된 군county도 존재한다. 퓨 연구소에서 발표한 또 다른 연구 결과에 따르면 "대부분의 흑인과 아시아인 성인은 가족이나 친구와 대화할 때 적어도 가끔은 인종이나 인종 관계가 화두에 오른다고 말하는 반면(각각 63퍼센트와 66퍼센트), 백인과 히스패닉 성인 중에서 그렇다고 말하는 비율은 절반 정도다(각각 50퍼센트와 49퍼센트). 미국 내 인종에 따른 공간 분리에 관한 최근 데이터를 개괄하고 싶을 경우 「미국은 그 어느 때보다도 다양해졌지만 여전히 분리되어 있다」, 『워싱턴 포스트』를 참고할 수 있다.

역사적 관점에서 보면 연방, 주, 지역 차원에서 오랫동안 지속된 인종 분리주의 정책과 법률이 오늘날에도 피부로 체감할 정도의 영향을 끼치고 있다. 주거 문제와 관련해 리처드 로스스타인의 『법의 색』에 따르면, 현재 주거 관련 인종 분리는 "개개인의 의도치 않은 선택에 따른 결과가 아니라 (…) 미국의 모든 대도시 지역에서 노골적으로 인종을 분리한 공공연한 공공 정책이 불러온 결과"다. 로스스타인은 심지어 정부가 인종 분리를 주도하지 않았더라도 "다른 요인들—개인적인 편견, 백인의 교외 이주, 부동산 중개업체의 계략, 고객의 거주지를 바탕으로 한 은행의 금융 차별, 소득 격차, 자발적 인종 분리self-segregation—이 여전히 작용했을 테지만 이것들이 표출될 기회는 훨씬 적었을 것이다"라고 주장한다.*

텍스트 그런 공간에서 진행되는 대화는 표면상 백인 중심의 위계적 사고 방식을 부활시키지 않으면서 백인성을 다뤄 보려 하지만, 사실상 백인의 불편함과 통합보다는 백인의 편안함을 우선시하지 않아? 그게 문제야?

설명 및 출처 통합에 관한 더 폭넓은 논의로는 철학자 엘리자베스 앤더슨의 『통합이라는 명령』 참고.

---

* 리처드 로스스타인, 『부동산, 설계된 절망: 국가는 어떻게 승자가 정해진 게임을 만들었는가?』, 김병순 옮김, 갈라파고스, 2022, 6쪽.

백인 중심의 위계 구조를 부활시키는 결정이 매일 이루어지고 있음을 감안하면, 백인 문화의 우월성을 유지하는 데 관여하지 않는 이들이 백인 문화를 인식하지 못하는 이들을 위해 그것을 가시화해 보여 주는 것이 좋을 것이다. 모두가 백인인 공간이 이미 존재하므로 인식 제고는 그런 곳에서 진행해야 한다.

그런데 백인들이 백인성에 대해 터놓고 말할 수 있게 허용하는 대화가 인종이 분리된 공간에서 시작되어야 한다는 게 아이러니한 것 같아, 라고 나는 친구에게 말한다. 그런 공간에서 진행되는 대화는 표면상 백인 중심의 위계적 사고 방식을 부활시키지 않으면서 백인성을 다뤄 보려 하지만, 사실상 백인의 불편함과 통합보다는 백인의 편안함을 우선시하지 않아? 그게 문제야? 인식은 일상 부분 주변 환경의 영향을 받아 형성되잖아.

친구는 내 관점이 "가혹"하다고 말한다. 그런데 백인인 누군가가, 심지어 인종 차별 반대 운동을 하는 사람이더라도, 백인 연대야말로 자신이 바라는 세상을 조직할 방법임을 재확인시켜 주는 말을 곳곳에서 듣는다면 백인만을 위한 세상이 자신의 잠재력을 최대로 발휘할 수 있는 세상이라는 생각을 과연 거부할 수 있을까? 그런 세상이 자연스럽고 옳다고 어찌 느끼지 않을 수 있겠나? 가혹한 거, 맞다. 아이러니한 거, 그것도 맞다.

친구와 대화를 나누고 얼마 지나지 않았을 때 백인 남성 친구가 다양성 워크숍에 참가한다. 교직원을 위한 워크숍이 진행되는 동안 그는 미쳐 버리겠다고 말하는 듯한 표정의 이모티콘을 보낸다. 나는 그가 워크숍이 끝났다고 알려 주자마자 전화를 건다. 워크숍을 진행한 사람은 두 명의 백인 여자였다. 워크숍에 참가한 전체 교직원 중

시나리오

- 아프리카 예술을 가르치는 수업에서 학생들에게 다음 이미지를 보여 준 다음 그 이미지를 어떻게 생각하는지 묻습니다. 그러자 한 학생이 "원숭이처럼 생겼다"라고 대답합니다. 그 학생의 대답을 듣고 일부 학생은 웃음을 터뜨리는 반면 일부 흑인 학생은 심란하고 속상해 보입니다.
- 학생의 대답을 당신은 어떻게 생각합니까?
- 이와 같은 상황에 당신은 어떻게 대응할 것입니까?

흑인은 한 명뿐이었다. 참가자들에게는 수업 시간에 인종 차별 문제가 불거지는 가상의 상황이 시나리오로 주어졌다.

시나리오는 이렇다. "아프리카 예술을 가르치는 수업에서 학생들에게 다음 이미지를 보여 준 다음 그 이미지를 어떻게 생각하는지 묻습니다. 그러자 한 학생이 '원숭이처럼 생겼다'라고 대답합니다. 그 학생의 대답을 듣고 일부 학생은 웃음을 터뜨리는 반면 일부 흑인 학생은 심란하고 속상해 보입니다."

워크숍 참가자들은 흑인과 원숭이를 비교하는 것이 농담이라고 말한다. 농담은 어떤 순간, 어떤 감정, 또는 인종 차별적인 분위기를 인정하거나 인정하지 않기 위한 목적으로 활용될 수 있다. 농담이야. 기분 풀어. 농담은 어떤 대상과 거리를 두는 동시에 그 대상을 장악할 수 있게 해 준다.

워크숍 참가자 중 "백악관에 다시 세련되고 아름답고 품위 있는 영부인을 모시게 되면 아주 속이 후련할 텐데. 하이힐 신은 유인원 보는 거 아주 지긋지긋하다"라고 쓴 패멀라 램지 테일러의 페이스북 게시물을 언급하는 사람은 아무도 없다.

텍스트 흑인을 원숭이와 비교하는 것은 (⋯) 매우 유구하고 간편한 형태의 인종 차별 중 하나다.

설명 및 출처 철학자 찰스 밀스와 사회학자 불프 훈트가 공동 편집한 '유인원화'simianization에 관한 책은 특히 흑인과 유인원의 비교에 초점을 두는 형태의 인종 차별인 비인간화를 다룬 논문 모음집으로, 이와 같은 인종 차별의 현대 사례와 관련 역사를 제시한다. 전 BBC 라디오 진행자인 대니 베이커의 2019년 트윗은 이 책에 사례로 포함되지 않았다. 해당 트윗에서 베이커는 왕자비가 혼혈아를 출산한 것을 언급하며 아래 사진을 첨부했다.

흑인을 원숭이와 비교하는 것은 암묵적으로 백인 우월주의를 드러내는 매우 유구하고 간편한 형태의 인종 차별 중 하나다. 『새터데이 나이트 라이브』 출연진이었던 레슬리 존스는 참다 참다 이런 트윗을 남겼다. "있죠, 난 유인원 소리를 들었고, 자기들 엉덩이를 찍은 사진을 받았고, 심지어는 내 얼굴에 정액을 묻힌 사진까지 받았어요. 난 인간이 뭔지 이해해 보려고 애썼어요. 더는 못 하겠네요."

워크숍 시나리오에 그런 비교 상황을 삽입한 사람은 백인이었을까? 이 문장에서 내 강조점은 '사람'이 아니라 '백인'에 있다. 시나리오 작성자가 누구였는지보다 중요한 것은 '원숭이'라는 단어가 쓰였다는 사실이다. '원숭이'는 '원숭이'로 불리는 사람에게서 인간성을 지우려는 시도인 터다. 플로리다 주지사 론 디샌디스는 2018년 주지사 선거 기간에 "원숭이처럼 망치지"monkey this up 말라고 말했고, 디샌티스 본인은 부인했지만 우리 모두 그의 말에 담긴 역사적 의미가 흑인 후보에게 투표하지 말라는 것임을 이해했다.

이론가 벤저민 엘리너 애덤은 '진화'라는 용어를 구글에 검색하면 백인 남성의 신체가 진화의 정점을 상징하는 그림이 제시된다고 지적하면서 이렇게 "백인성과 인간성을 연결 짓는 방식은 인종학에, 그리고 식민주의와 노예제와 인종 학살에 대한 윤리적 정당화에 뿌리를 둔다"라고 말한다. "백인들은 몹시 중요한 인간적 특성으로 간주되는 신체와 행동을 지닌 전형적인 인간상으로 백인을 제시함으로써 백인 우월주의를 정당화했고 지금도 계속해서 정당화하고 있다." 그러므로 흑인과 관련된 맥락에서 '원숭이'라는 단어를 쓰는 것은 백인을 진화의 정점에 놓는 행위며, 이는 제임스 볼드윈이 「제임스 볼드윈, 미국에서 백인으로 살아가는 것의 문제를 논하다」라는 인터뷰에서 "백인은 스스로 문명인이 되기도 전에

텍스트 이론가 벤저민 엘리너 애덤은 '진화'라는 용어를 구글에 검색하면 백인 남성의 신체가 진화의 정점을 상징하는 그림이 제시된다고 지적하면서 〔…〕

설명 및 출처 연구자 모니크 스콧은 『박물관에서 진화를 다시 생각하다: 기원으로서의 아프리카를 상상하며』에서 19세기 다윈주의자들의 담론부터 역대 인류가 일렬 종대로 행진하는 모습을 최초로 제시한 F. 클라크 호웰의 1965년 작 『초기 인류』(타임라이프 북스 발행)에 이르는 설명들이 인류의 선형적 진화 과정을 삽화로 제시했다고 논한다. "초기 진화론 서적, 신문, 전시 등에 실린 이미지를 보면 인류 진화라는 개념이 처음으로 구체화될 때부터 그런 식의 시각적인 진보 서사도 〔…〕 '진보의 행진' 이미지도 함께 제시되었음을 알 수 있다."

「제임스 볼드윈, 미국에서 백인으로 살아가는 것의 문제를 논하다」(1985) 인터뷰도 참고한다: "미국인이 일반적인 의미에서의 변화를 말할 때 그 변화가 진정으로 의미하는 것은 진보입니다. 그리고 미국인이 진보를 말할 때 그 진보는—그들 자신도 그런 의미로 한 말임을 모르지만—얼마나 빨리, 어느 정도까지, 얼마나 근본적인 차원에서 흑인이 백인이 될 수 있는지를 의미합니다. 백인은 자신들이 변화라고 부르는 것을 상징하는 유일한 모델 역할을 속절없이 받아들이고 있습니다."

흑인을 문명화하려 했습니다"라고 말했듯 어리석은 짓에 불과하다.

워크숍 시나리오를 구성하는 구조 자체가 인종 차별적이라면, 시나리오와 함께 제시된 질문들은 눈속임인 걸까?

다양성 워크숍 시나리오는 흑인의 두상을 보고 "원숭이처럼 생겼다"라고 말한 학생의 인종을 논외로 삼지만 그에 의문을 던지는 참가자는 단 한 명도 없다. 유용한 정보일 수도 있지 않은가. 백인일까? 아시아인일까? 라틴엑스*일까? "일부 흑인 학생은 심란하고 속상해 보입니다"라는 문장에 드러나듯 흑인 학생은 흑인이라는 인종적 표식을 가진 존재이기 때문에 나는 그 학생이 흑인은 아니었으리라고 추측한다. 백인 학생 또는 아시아인 학생이나 라틴엑스 학생이나 아시아계 흑인 학생이나 라틴엑스계 흑인 학생이나 원주민 학생 등등이 "원숭이처럼 생겼다"라는 말을 듣고 심란해하고 속상해하는 상황은 상상조차 불가능한 것일까? 백인 학생이 그런 말을 듣고 심란해하고 속상해하는 시나리오는 존재하지 않으니 백인 학생이 그런 상황에서 어떤 괴로움이든 느낀다면 그건 가식적이고 일시적이며 아무 실천도 촉발하지 않는 감정이라고 이해해야 할까?

친구의 말에 따르면 워크숍에 참가한 백인 교직원들은 '농담을 한 학생'(성별이 뭐건 아무튼 백인이었을까?)의 언행을 좋게 해석해 주어야 한다는 입장이다. 참가자 중 유일한 흑인인 남성 교직원은 그 학생이 아무 의도 없이 그런 말을 했을 수도 있다고 말한다. 흑인 교직원 또한 그 학생(성별이 뭐건 아무튼 백인이었을까?)의 행동을

---

* 라티노/라티나를 대체하는 젠더 중립적 표현으로, 기존의 이분법적 범주에 포함되지 않는 새로운 정체성을 표현하려는 목적으로 LGBT 공동체, 학계, 사이버 공간 등에서 주로 사용되고 있다.

텍스트 백인이 자신의 백인성을 보지 못한다면 어떻게 백인성에 대해 말할 수 있을까? 그 학생은 백인이었을까? 시나리오를 작성한 사람은 누구였을까? 다양성 교육에는 우리가 우리 자신을 볼 수 있게 하는 교육이 포함되지 않는 걸까?

설명 및 출처 다양성 교육의 역사와 관련해서는 2007년 『미국 사회학회지』에 게재된 「주식 회사 미국의 다양성 관리」를 참고하도록 한다. 다양성 교육은 연방 정부와 계약을 체결한 사업체들로 하여금 차별 철폐를 위한 소수 집단 우대 정책을 의무적으로 따르게 만든 존 F. 케네디의 1961년 행정 명령을 기점으로 시작되었다. 2005년 기준으로 대기업의 65퍼센트가 다양성 교육을 제공했다.

기꺼이 선해하려는 것이다.

내 백인 친구는 워크숍을 진행하는 두 명의 백인 여성이 어떤 말을 할지 궁금해하며 기다렸다. 그들은 아무 말도 하지 않았다. 보통 다양성 교육을 신청하는 당사자인 관리자 직급의 백인 여성들이 무슨 말이든 할 만한 상황이었지만, 진행자들은 손을 든 참가자들에게 발언 기회를 준 후 바로 다음 단계로 넘어갔다. 내 친구는 그제야 끼어들어 학생의 말이 그냥 농담일 수는 있어도 그것이 인종 차별적인 농담이라는 사실에는 변함이 없다고 지적했다. 여러분 모두 그 말에 아무런 악의가 없다고 생각하는 거라면 어떤 점에서 악의가 없다고 생각하는 거죠? 친구가 물었다. 흑인 교직원은 다른 교직원들의 말에 동조했던 태도를 전환해 내 백인 친구를 지지하며 맞아요, 당신 말이 맞아요, 라고 덧붙였다. 그제야 다른 교직원들도 그 학생(성별이 뭐건 아무튼 백인이었을까?)을 따로 불러서 일러 주는 게 좋겠다고 말했다. 나는 "따로 불러서"라는 말에 대해 곰곰 생각했다.

학생을 따로 부르는 조치는 문제적인 발언을 교실 밖에서 해결해야 할 문제로, 학생의 언행을 사적인 문제로 축소해 버리며, 그 학생(성별이 뭐건 아무튼 백인이었을까?)이 다른 사람들에게 불러일으킨 정신적 고통은 헤아려 볼 문제로 다루지 못한다.

친구가 말해 준 그날 오후 다양성 교육의 외연에는 한 가지 질문이 남아 있다. 백인이 자신의 백인성을 보지 못한다면 어떻게 백인성에 대해 말할 수 있을까? 그 학생은 백인이었을까? 시나리오를 작성한 사람은 누구였을까? 다양성 교육에는 우리가 우리 자신을 볼 수 있게 하는 교육이 포함되지 않는 걸까? 단순히 흑인의 억울함을 달래기 위한 교육인 걸까?

제임스 볼드윈의 「백인의 죄책감」 중에서

종종 궁금했다. 나를 즐겁게 하는 궁금증은 아닌데,
그냥 미국 백인들이 서로 어떤 대화를 나눌지 궁금했다.

그것이 궁금한 이유는 그들이,
뭣 때문이건, <u>내게는</u> 딱히 할 말이 없는 듯하기 때문이며,
그래서 나는 그들이 내 피부색을 보면 말을

삼키게 되는가 보다고 결론 내렸다. 내 피부색이
극심한 불쾌감을 불러일으키는 거울 역할을 하는 듯한데,
당신들은 눈에 보이는 것도 보지 못한다고

힘주어 말하다 보면 어마어마한 양의
에너지가 소진된다. 이런 것은 당연하게도 완전
쓸데없는 짓이다. 그들은 눈에 보이는 것을 <u>정말</u> 보기 때문이다.

그리고 그들이 보는 것은 소름 끼치도록 억압적이고
피비린내 나는 역사, 전 세계가 알고 있는 역사다.
그들이 보는 것은 그들 자신을 위협하는 끔찍하고

지속적인 현재이며 그들은 이 현재에 대해
불가피한 책임을 짊어지고 있다.

그러나 그들은 대체로 현재를 바꿀 에너지를
갖고 있지 못한 듯하니,
굳이 기억하려 하지 않는 편이 나을지도 모른다.

그렇다면 그들은 서로 대화를 나눌 때
그저 안심되는 말만 하는 건가?

그럴 가능성은 희박해 보이지만, 한편으로는,
너무나도 그럴 법하다.

통화를 마친 후 나는 현관으로 가서 문을 열었다. 잔디가 낙엽으로 뒤덮여 있었다. 분명 아름다운 광경이었지만 낙엽은 썩고 있었다. 썩는 낙엽을 빤히 쳐다보면서 나는 몇 주 전 어느 백인 여자가 내게 했던 말을 떠올렸다. "전 80년대부터 인종 차별 반대를 위해 힘써 왔어요. 하지만 당신에게 해 줄 말이 있다면, 달라진 게 없다는 거예요." 순간 나는 진심으로 폭소했다. 그야말로 온몸으로 웃어대자 백인 여자도 나를 따라 웃기 시작했다. 우리는 뭐 때문에 웃었던 걸까? 공기가 삽상했다. 나는 현관문을 닫고 책상으로 돌아와 볼드윈의 에세이 일부를 행과 연으로 나눠 보며 시간을 허비했다.

레모네이드

텍스트 그 대신 인터넷에서 보건 통계 결과를 찾아보니 나는 이미 죽었어야 마땅하지만 [⋯] 말을 과장된 투로 늘어놓는다.

설명 및 출처 질병 통제 예방 센터CDC의 보고서 「흑인 여성과 백인 여성의 유방암 비율」에 제시된 다음 내용을 참고한다: "흑인 여성과 백인 여성의 유방암 발병률은 거의 동일하지만 흑인 여성의 유방암 사망 비율이 더 높다."

"1991년부터 2013년까지를 기준으로 했을 때 흑인 여성은 백인 여성에 비해 유방암 발병률은 낮고 사망률은 높았다. 해당 기간에 백인 여성의 유방암 발병률은 감소했고 흑인 여성의 발병률은 다소 증가하는 추세를 보였다. 현재는 흑인 여성과 백인 여성의 유방암 발병률이 거의 동일하다."

"흑인 여성과 백인 여성, 특히 젊은 흑인 여성의 유방암 사망률은 감소하고 있다. 그러나 흑인 여성의 유방암 사망률은 백인 여성에 비해 40퍼센트 높다."

금발인 부부 상담사의 원래 모발 색은 분명 짙은 갈색이다. 머리칼을 노랗게 물들임으로써 한 발짝이라도 가까워지려 했던 것이 상담실 밖에서 받고 싶은 인정이었을까 아니면 상담실 안에서 필요한 친근감이었을까? 상담사에게 나는 상담실 밖에서 만날 만한 사람일까 아니면 안에서 만날 만한 사람일까? 상담실에서 남편과 나란히 앉아 있는 동안 나는 맞은편의 상담사에게 이런 생각을 조금도 내비치지 않는다. 그 대신 인터넷에서 보건 통계 결과를 찾아보니 나는 이미 죽었어야 마땅하지만 21세기에 걸맞게 유독한 화학 요법 약물을 복용하고 방사선 치료를 받으며 1년간 구역질을 하고 났더니 좀 괜찮아졌다는 말을 과장된 투로 늘어놓는다.

원래 내 마음속에는 일시적인 두려움이 잠긴 미몰다 가는 노벨만 존재했지만 임박한 죽음이 위협해 온 후로는 그 자리에 떡하니 대저택이 들어섰다. 새로운 현실에 순순히 순응해 사는 동안 나는 3개월 주기로 혈액 검사를 받았다. 암이 재발했음을 알리는 단백질 세포 수치가 높아졌으려나? 세포 수는 일정하게 유지되고 있었다. 그러다 남편과 함께 차를 타고 병원에 가던 어느 날, 나는 어거스트 윌슨의 희곡 『펜스』를 각색한 영화에서 덴절 워싱턴이 분한 인물이 된 기분을 느끼며 은유가 현실이 될 수도 있는 법이니 내게 남은 시간이 끝나기 전에 나를 웃게 해 줄 파트너를 찾아야겠다고, 내게 남은 시간이 얼마인지는 평생 알 도리가 없지만 어쨌든 그래야겠다고 과속하는 차 안에서 다급히 남편에게 말했다. 웃음기 하나 없이 내뱉은 말이었고, 그런 만큼 내 요점은 분명했다. 그리고 그것이 우리가 20년 내내 공동 작업을 하고 영화를 만들고 아이를 양육하고 개와 산책을 하고 소설을 돌려 읽고 저녁 만찬에 사람들을 초대하며 여느 부부와 다를 바 없는 결혼 생활을 하다가 결국 부부 상담사를 찾아가게 된 계기였다.

자료 제공: 레지널드 시브룩스

수십 년의 세월을 함께하는 동안 남편과 나는 미국 시민들이 겪는
인종 차별을 다루는 예술 작품을 창작하며 대부분의 시간을 보냈다.
우리는 비무장 흑인을 상대로 한 경찰의 총격 사건들을 연구했고,
대량 투옥*에 힘을 실은 입법자와 판사를 추적했고, 흑인 아이들이
사법 당국으로부터 동물보다 못한 취급을 받는다는 내용의 기사를
공유했으며, 한 흑인 소녀가 백인 남성인 학교 전담 경찰관에 의해
교실 한복판에 내동댕이쳐졌을 때와 텍사스주 매키니에서 열린
수영장 파티에서 한 흑인 소녀가 땅바닥에 내리꽂혔을 때는 부끄러운
줄도 모르고 눈물을 흘렸다. 백인들이 매년 하루가 멀다고 우리가
빤히 듣고 있는 자리에서도 터무니없는 인종 차별적 발언을 하면
우리는 그걸 들으며 눈길을 주고받았다. 그리고 그런 모든 발언을
어떻게든 일관된 서사의 이미지의 틀 속에서 이해해 보려 했다. 관점
같은 도저한 문제와 돈 같은 세속적인 문제를 두고 다투기도 했다.
수년간 우리는 미술관에서 수 킬로미터를 걸었고 영화관에서 수
시간 동안 앉아 우리가 하는 일을 더 잘할 방법을 고민했다. 그리고
각자가 공들이며 분투하는 일을 도왔고 각자가 거둔 성취에 기뻐했다.
불평등에 직면하면 남편이 나를 진정시켰고 관료주의에 가로막히면
내가 남편을 진정시켰다. 그렇게 수년이 흘렀다.

우리가 결혼 생활을 끝내지는 않겠지만 이번만은 방향을 바꾸자고,
우리 인생의 방향을 바꾸자고 나는 남편에게 제안했다. 남편은
상담사에게 내가 지난 수개월 동안 자신에게 비수를 꽂는 말들을
던졌다고, 그중에서도 최악은 당신은 키도 크고 눈도 파랗고 체형도
썩 괜찮은 중년의 백인 남자니 미국에서 나를, 흑인 여자를 대체할

---

* 많은 사람을 투옥해 되도록 오래 교도소에 가두는 것을 범죄 예방을 위한 최선의
방법으로 여기는 형법 원칙 중 하나.

상대를 찾는 데 전혀 문제가 없을 것이라며 이혼이라는 자유로 당차게 나아가라고 떠민 때였다고 말했다.

상처가 되는 말이었다고 상담사는 생각한 것 같았지만 그건 내 말이 진실이 아니어서가 아니라 남편이 내 말에 상처받았다고 말해서인 듯했다. 이렇게 감정에서 사실을 분리하는 능력이 상담 시간에 배우게 되는 것 중 하나다.

서른에 만난 남편은 인종 차별이 낳을 수 있는 일을 충분히 인지하는 진중한 사람이었다. 그를 처음 알게 된 것은 그 누구도 처해서는 안 될 환경에서 살아가는 아프리카계 미국인 아이들을 담은 그의 사진 작품을 통해서였다. 그는 미국의 인종 정치와 사법 제도를 나보다 더 다채롭고 명확한 관점에서 이해하고 있었다. 그에게는 백인의 반흑인 인종 차별주의가 작동하는 방식을 납득시킬 필요도, 보여 줄 필요도, 설명할 필요도 없었다. 그는 모욕을 곧장 모욕으로 알아들었다.
안도감이 들었다. 그의 존재가 안도감을 주었다. 과잉 형량을 받은 청소년들을 만나러 처음 교도소에 방문할 때도 그는 나와 함께했다. 그는 경제적 특권이나 합법적 접근권을 동원하지 않고도 자신이 만난 사람들의 삶에 변화를 일으켰다. 그는 친구로서 방문했다. 그를 통해 나는 그저 자기 모습을 드러내고 자신이 목격한 것을 사진으로 담는 것이 어떤 의미를 갖는지를 배웠다.

본인이 가치 있는 존재라고 생각하지 않으시나요? 상담사는 이 세상에서 흑인 여자가 어떤 취급을 받는지 한 번도 목격한 적 없는 사람처럼 묻는다. 물론 가치 있다고 생각하죠, 라는 대답을 천천히 내뱉으면서 나는 질문의 의도를 파악할 시간을 번다. 저는 제 얘기를 하고 있는 게 아니에요. 제가 혼자 저를 지지하거나 저와 결혼하거나

저를 통합할 수 있는 게 아니잖아요. 나는 그렇게 말하면서 상담사가 다음 말을 고를 시간을 벌어 준다. 남편분께서 아내분을 얼마나 가치 있다고 생각하는지 모르시나요? 그게 상담사가 고른 말이다. 알겠어요, 내가 말한다. 하지만 제 남편도, 이 사람이 어떤 사람이든 간에, 어쨌든 백인들의 미국에 속해 있지 않나요?

당연히 아니다. 하지만 당연한 것조차 역사 속에 존재하므로 아닌 동시에 맞기도 하다. 상담사가 해야 할 질문은 흑인을 겨냥한 백인의 분노와 폭력, 그리고 백인의 그런 행동을 구성하고 후원하고 지지하는 민주주의 체제에 함께 관심을 가져야만 근심 없는 사랑이 가능하다고 생각하느냐는 것 아닐까. 나는 나 자신이 종속된 상황을 들여다보는 데 능숙한 사람이 아니며 거기서 즐거움을 느끼지도 않는다. 어쩌면 이런 얘기를 해 볼 수도 있었겠다. 그런데 가만 생각해 보면, 나는 남편의 백인성을 들먹임으로써 내가 죽거나 떠날 때 남편이 무얼 잃든 다시 돌려받게 될 것임을 상기시키려 했던 것 같다. 어쩌면 이런 말을 하려 했던 것일지도 모르겠다. 당신이 이겼어. 당신이 이길 거야. 암은 내가 지고 있음을 의미하며 설령 내가 암을 소재로 던질 만한 농담거리를 찾아낸다 해도 지는 사람은 여전히 나다. 당신이 이겼어. 모르겠어? 하지만 암과 맞서 싸우거나 시간을 상대로 협상을 벌이는 상황에서는 아무도 이기지 못한다.

남편에게 어떤 말이 가장 상처가 됐을 것 같냐고 상담사가 내게 물었다면 남편과 다르게 대답했을 것이다. 주변 사람들의 결혼 생활을 통해 이미 목격했듯 내가 한 말은 그저 진실 같았기 때문이다. 다만 기억을 찬찬히 돌이켜 보면 그렇게 남편의 백인성을 직접 겨냥하는 말을 내뱉은 건 사실 그때가 유일했다. 백인들이 백인으로 불리는 것을 좋아하지 않는다는 건 이미 알고 있었으니 나는 남편에게 상처를

주려고 그 말을 했던 걸까. 지난 수개월간 내 입 밖으로 튀어나온 수많은 말이 싸움을 걸듯 거칠기는 했으니까. 내 진정한 속내가 무엇이었는지를 판단하는 문제에 있어서는 그 누구보다도 내가 가장 부적합한 사람임을 인정하지만, 그럼에도 내가 했던 말을 다시 또다시 곱씹어 보면 여전히 그게 진실 같다는 생각이 든다.

상처와 역사가 중심 서사를 이루는 비욘세의 앨범 『레모네이드』는 부정不貞을, 장장 400년 세월의 인종 차별주의를, 초토화된 흑인 가정에 인종 차별이 미친 영향을 다루는데, 이 중 그 무엇도 전적으로 우리 부부의 문제라고 할 수는 없지만 그럼에도 여전히 나는 그 앨범에서 위안을 얻는다. 혹시 이 '비주얼 앨범'이 흑인의 사랑도 다루고 있어 그런 걸까? 아니, 흑인의 사랑이 아니라 그냥 사랑인가? 비욘세는 어떻게 모든 역사가 자신의 결혼 생활에 훼방을 놓았는지 파악하기 위해 우리네 삶을 줌 아웃 기법으로 들여다보았고 그 방법은 틀리지 않았다. 흑인 여자로서 백인 남편과 꾸린 내 결혼 생활 또한 삶을 더욱 고단하게 만드는 인종 차별적인 미국에서 펼쳐졌다. 뉴욕과 뉴저지에서(우리가 남부에 거주한 기간은 1년밖에 되지 않는다) 남편과 차를 타고 이동하던 중에 경찰의 제지를 받아 차를 세운 뒤 우리가 어떤 사이인지 대답해야 했던 적이 수없이 많다. 남편은 그냥 들어가는데 나는 입구에서 가로막히는 장소도 무수히 많았던 데다, 우리가 어떤 관계든 결혼한 사이는 아닐 거라고 생각했는지 우리 둘 사이에 끼어들어 남편에게 추파를 던진 백인 여자들도 있었다. 그럴 때마다 우리는 그냥 그 자리에서 웃고 말았지만 내가 원한 건 그런 웃음이 아니었다.

우리의 웃음은 이 세상이, 그리고 이 세상을 이루는 구조물들이 저 혼자서 계속 지껄이는 순간에 터져 나왔다. 그 웃음은 툭 튀어나오는

에밀리 디킨슨의 사진

반응이었고 어리석은 언행과 폭력이 익숙하다는 듯 끄덕이는 고갯짓이었다. 얻어맞는 기분을 느끼면서도 상황을 이해하기 때문에 짓는 웃음이었다. '어쩌겠어?'와 '맙소사'를 뜻하는 웃음이었다. 우리는 우리가 본 것, 우리가 아는 것, 우리가 경험한 것을 두고 웃었고 그렇게 웃는 것에서 그칠 뿐 어떤 말이든 덧붙이는 경우는 거의 없었다. 우리의 삶, 우리의 결혼 생활, 우리의 협동은 이런 세상에서 쌓아 올려지고 있었다.

우리를 결합시킨 구조가 없었더라도 사랑과 웃음이 싹틀 수 있었을까? 내가 내 삶을 저버리는 일은 절대 없을 테지만 가끔은 그러고 싶기도 했다는 말을 과연 누구에게 할 수 있었을까? 고통이 있다—너무나도 절대적인—본질을 집어삼키는 고통—*이런 말을 내가 과연 누구에게 할 수 있었으며, 말한들 위협으로 혹은 벌받고 싶다는 욕망의 표현으로 해석되지 않을 도리가 있었을까? 그래서 기억은 어슬렁거리고—가로지르고—덮쳐 버린다—그렇게 말하는 것 자체가 내게는 살아갈 숨통이, 그리고 아마도, 어쩌면, 폭풍우가 몰아치는 어느 밤에 대해 농담도 던질 수 있는 숨통이 되리라는 말을 과연 누구에게 할 수 있었을까? 자, 떠나기 좋은 날이 왔네요, 라고 상상 속 인물이 말할 것이다. 이런 사랑은 방어할 필요가 없는 사랑, 다가올 내일들에 대해 담담하게 유머를 던질 수 있는 사랑일 것이다. 미국의 어느 땅에서건 이런 사랑을 한다는 건 어떤 느낌일까?

이 미국 땅에서 우리는 아직도 우리 자신의 대화와 우리 자신의 말도 안 되는 논리와 우리 자신의 간절한 소망에서 터져 나오는 웃음을,

---

* 이 구절과 다음 문장에 인용된 구절은 에밀리 디킨슨이 쓴 시 「고통이 있다—너무나도 절대적인」의 대목이다.

〔우리가〕 계속 함께하는 한 우월한 지위와 열등한 지위가 존재할 수밖에 없고, 여느 사람과 마찬가지로 저도 백인종이 우월한 지위를 부여받는 것에 찬성합니다. 이 기회에 말하자면, 저는 백인이 우월한 지위를 차지해야 한다는 이유로 흑인이 모든 것을 부정당해야 한다고 생각하지 않습니다. 저는 제가 흑인 여성을 노예로 삼고 싶어 하지 않으면 분명 아내로 삼고 싶어 할 것이라는 생각을 이해할 수 없습니다.

에이브러햄 링컨

어떤 사람을 진정으로 알거나 적어도 우리가 구축한 개별적인 경로를 이해함으로써 서로 결속하고자 애써야만 존재 가능한 현실에서 제자리를 찾는 웃음을 얻지 못했다. 시인 에리카 헌트는 사랑을 "내가 나 자신을—미래에—더 발명할 수 있도록 돕는" "일종의 면밀한 독해"라고 설명한다. 이는 내가 지금껏 찾은 것 중에서 가장 실현 가능한 사랑에 관한 정의다.

당신의 경험을 구성하는 현실이 이렇다고 지적하면 사람들은 상처를 받아요, 그 현실이 그들이 느낀 감정적 현실과 동일하지 않으니까요, 라고 상담사는 그날 우리 부부에게 일깨워 주었다. 우리 삶을 이루는 구조물은 우리가 소속되어 살고 있는 혹은 맞서고 있는 이미 완성된 구조물이다. 그러나 나는 감정이 구조물을 변화시킬 수 있음을 깨달아 가고 있다. 많은 백인 남자가 자신을 장교, 신사, 돈 드레이퍼 등의 이미지로 떠받쳐 주는 사회에서 아직 만난 적은 없어도 만날 가능성이 있는 모든 연령대의 아무 여자를 비롯해 원하는 것을 상당수 취할 수 있다 해도, 상담사가 넌지시 전했듯 그게 내가 사라진 현실에 남편이 망연자실하지 않으리라는 의미는 아니다.

그리고 맬컴 엑스가 암살당하기 전에 말했듯, 비욘세가 '비주얼 앨범' 『레모네이드』에서 우리에게 상기시켰듯, 흑인 여자가 미국에서 가장 경멸받고 보호받지 못하고 무시당하는 존재라 해도, 내가 죽어 가고 있었을 때 그랬던 것처럼 내 삶에서 유머가 사라진대도, 그게 내가 소멸하리라는 의미는 아니다. 냉엄한 현실을 감당하며 살아가는 일에 대해 짚고 넘어갈 것이 있다. 어떤 현실은 재미있지 않다. 그 현실은 내게 주어진 시간이 많든 적든 웃어넘길 수 없는 매우 중요한 진실들로 구성되어 있다.

양팔을 벌린

우리는 희뿌연 장막을 통과해야만 한 명의 인간 대상에 도달할 수 있다. 백색이 그 사이에 끼어들어 있다. 우리를 향해 다가오는 대상을 계속 주시하기란 좀처럼 쉽지 않다. 나는 어떤 이미지를 부드럽게 만든다는 것이, 마치 기억 속에, 미래의 기억 속에 있는 이미지처럼 부드럽게 만든다는 것이 어떤 의미인지 생각한다. 필터가 우리의 동공을 뒤덮고는 우리가 가진 검고 동그란 구멍이 빛을 향해 열려 있을 때조차 일종의 백내장처럼 작용한다. 시야는 부옇고, 모든 해석은 정보에 기반하거나 기반하지 않은 예상과 추측일 따름이다. 들여다볼수록 두 눈은 초점을 맞추려, 하나의 서사에 열중하려 애쓴다. 명확한 서술형 문장 하나를 빚으려면 전력을 다해야 한다. 그런데 이때 한 여자가 흡사 유팅져럼 모습을 드러낸다. 백색의 복판에서 살아가는 한 흑인 여자가 중심을 차지하고 선다.「양팔을 벌린 여자」라는 사진 제목은 사진 속 여자가 무얼 하고 있는지를 면밀히 살피게 만든다. '양팔을 벌린'outstretched이라는 표현은 과장된 듯하면서 흥미롭게 느껴지며, 여자가 자기 앞에 놓인 미래를 향해 양팔을 벌리고 있다는 점에서 낙천적인 분위기도 풍긴다. 여자는 무얼 증명하고 있는 걸까? 시간의 한계가 결국 인간의 한계로 밝혀질까? 한때 나는 시간의 흐름을 변화로 착각했다. 언어의 부자유함을 부주의하게 적용한 결과였다. 백색에 바탕을 둔 '수사' 修辭들은 무자비한 혼란을 낳았다. 심지어 지금까지도, 수년이 흐른 뒤에도, 수년이 흘러도, 사진 속 세상에서 여자는 기다린다. 여자의 양팔이 옆구리에서 약간 들려 있는 듯하다. 사진에 양팔의 움직임이 포착되어 있다. 혹시 이 사진은 제목이 말하는 움직임이 발생하기 직전의 순간을 반영하고 있는 건가? 사진에 포착된 순간이나 사진의 제목을 통해 우리가 알 수 있는 건 무엇인가? 양팔을 벌린 자세가 갈망의 대상을 호출하는 방법일지 궁금증이 일기 시작한다. 여자의 양팔은 자신이 도달할 어딘가를 향해 열려 있다. 여자의 시야에

텍스트 시체의목장이다. 시체의목장은 사전에 등재된 단어가 아니다. 이 단어를 처음 들은 게 언제였던가? 시체의목장이라는 단어도 존재하지는 않아도 말해진 적은 있고 지금도 재현되고 있는 무언가다.

팩트 체크 그렇다. 이 용어는 사전에 등재되어 있지 않지만 조엘 맥스위니가 아래와 같이 정의한 바 있다.

설명 및 출처 조엘 맥스위니, 「시체의목장이란 무엇인가?」: "내가 처음 시체의목장에 대해 쓴 것은 2011년 1월이다. 시체의목장은 일종의 정치적-미학적 영역이며, 여기에서는 인류가 약탈을 저질렀다는 사실이 유독하고, 변이를 겪고, 비정상적이고, 극적이고, 해로운 영향과 결과로 가득 찬 '자연'을 경험하는 행위와 분리될 수 없다. 시체의목장은 비이성적 영역이고, 시대 착오적이고, 시시때때로 과거를 회상하며, 합리성과 선형성, 원인과 결과라는 계몽주의 관념이나 데카르트 좌표를 따르지 않는다. 시체의목장은 인간 중심주의를 따르는 대신 벌레와 바이러스와 잡초와 곰팡이 등이 취하는 비인간적 양태에 관심을 둔다."

가까워지고 있는 대상은 무엇일까? 갈망이 백색으로 흘러넘친다. 사진가 폴 그레이엄이 설명하기를 미국 도시 풍경을 담은 이 사진 속에는 "우리의 시야에서 편집되어 사라진" 한 흑인 여자가 있다. 사진은 그레이엄의 연작 '미국의 밤'에 포함된 작품이다. 내가 이 사진에 결부시킨 갈망은 백인 사진가에게서 비롯한 갈망일지도 모른다. 사진을 뒤덮은 희뿌연 안개는 사진가가 자신의 시야 밖에 존재하는 미국 풍경을 백인 남자를, 백인을 염두에 두고 포착하려 한 시도의 산물일지도 모른다. 아니면 모든 사람을 염두에 둔 걸까? 노출 과다를 통해 사진을 더 오랫동안 바라보게 만드는 식으로 그레이엄은 우리가 우리 자신의 보지 못함을 자발적으로 극복해야 한다고 말한다. 그는 바라봄으로써 알게 되는 것이 얼마나 어려운 일인지를 전달하고 싶어 한다. 사진 속 여자는 개를 산책시키고 있는 걸까? 개처럼 보이는 건 가방이다. 손잡이가 보인다. 여자는 양손을 자유롭게 하기 위해 가방을 땅바닥에 내려놓았다. 기다릴 준비를 마친 상태다. 사진가가 시선을 거두면 여자는 피사체가 아닌 존재로서 뭔가 다른 행동을 할 수도 있다. 아니, 어쩌면 우리가 상상하는 민주주의 체제 속에서 영원히 야외에 머물 수도, 백인 사진가가 생각하는 흑인성을 입증하면서 영원히 거리에 붙박일 수도 있다. 혹시 셔터가 닫히고 나면 곧장 버스가 도착하려나? 그런데 여자가 서 있는 잔디에는 정류장이 없다. 잔디는 자연이 아니다. 잔디는 마른 풀밭이자 여러 기반 시설 사이, 차선들 사이, 아무 곳도 아닌 곳과 여기 사이, 남자와 여자 사이, 남자와 나 사이, 나와 당신 사이에 놓인 중앙 분리대다. 잔디는 인종화된 울타리다. 시체의목장necropastoral이다. 시체의목장은 사전에 등재된 단어가 아니다. 이 단어를 처음 들은 게 언제였던가? 시체의목장이라는 단어도 존재하지는 않아도 말해진 적은 있고 지금도 재현되고 있는 무언가다. 나는 태어났다. 아무 의미도 없는 노예 서사 속에서. 아무 의미 없이. 나는 태어났고,

백인의 삶이 필연적으로 제거라는 문제를 불러일으키는 탓에 백인성이 제거했고 제거하고 있고 제거할 것을 사진가가 눈으로 볼 수 있도록 지금 이 사진의 복판에 재현되고 있다. 시체의 목장 말고 다른 단어들도 있다. 호스, 개, 대학살, 투옥, 암살, 장벽, 이민, 무슨 일이시죠? 여기서 뭐 하시는 거죠? 여기 사십니까? 신분증 좀 보여주시죠? 여기가 당신 집입니까? 이 여자가 선생님 아내입니까? 여자의 형상을 하고 있으면 진짜 여자인가? 인간으로 존재하고 있으니 나는 인간 존재인가? 양팔을 벌린? 그럴 리가. 삶이 수 초, 수 분, 수 일, 수 주, 수 달, 수 년, 수십 년 단위로 주욱 늘어나는 동안 나는 꼿꼿이 서 있다. 때는 1619년이었다. 8월이었다.* 나는 서서히 눈앞에 펼쳐지는 영상을 응시하며 앉아 있었다. 삶. 백인싱에 괸힌 영화. 집에 경보가 울린 것이 바로 그때였다. 나는 경보음을 따라 대서양으로 갔다.

---

* 아프리카에서 생포된 흑인들이 1619년 8월 미국 동부 버지니아주의 포인트 컴포트 해안에 도착했다. 이 흑인들은 노예로 팔렸고 이로써 미국에서 노예 제도가 시작되었다.

딸

펜실베이니아주 피츠버그의 유대교 회당 '생명의 나무'

내 딸을 위한 세상, 진심으로 그런 세상을 바라는 나는 올해 들어 가장 부정한 생각을 품고 있다. 백인 학생 비율이 압도적으로 높은 딸의 고등학교에서 가을 학기 학부모 교사 회의가 열리는 시기가 찾아왔고, 나는 딸의 백인 아버지인 남편 혼자 그 회의에 참석한다면 교사들의 무의식에 자리한 인종 차별적 편견이 나라는 존재에 의해 자극받아 내 딸을 겨냥하는 일은 없으리라고 생각한다. 신이시여. 신이시여. 신이시여.

얼마 전 백인 테러리스트가 유대교 회당에서 벌인 총기 난사로 열한 명이 사망한 사건이 있었다.* 작년 여름 샬러츠빌 거리에는 "너희는 우리를 대체하지 못해, 유대인은 우리를 대체하지 못해"라는 구호가 울려 퍼졌다.** 민족주의자 대통령은 이를 두고 "양쪽 모두 아주 훌륭한 사람들"이라고 평했다. 어느 백인 민족주의자가 흑인 전용 교회에서 입장을 거부당한 뒤 크로거 매장에서 흑인 두 명을 총기 살해한 일도 있었다.*** 이매뉴얼 아프리칸 감리교 감독 교회에서 성경 공부 중이던 아홉 명이 "슬픈 눈"의 소유자라고 묘사된 백인 우월주의자에 의해 총기 살해를 당한 후 흑인 전용 교회들이 줄줄이 전소되고 있으며,**** 한 미국인 테러리스트가 주요 언론계 인사와 민주당원 사무실에 파이프

* 2018년 10월 27일 펜실베이니아주 피츠버그에서 발생한 사건. 피츠버그 주민이었던 범인 로버트 바우어스는 "모든 유대인은 죽어야 한다"라고 외치며 건물로 난입했다고 알려져 있다.
** 2016년 2월, 남북 전쟁 당시 노예제를 옹호하며 남부군을 이끈 총사령관 로버트 에드워드 리(1807~1870)의 동상 철거 결정이 내려졌다. 그리고 2017년 8월, 백인 우월주의자들이 리의 동상이 세워진 샬러츠빌에 모여 '우파여 결집하라' 행진을 진행하며 구호를 외쳤다. 이에 맞서 거리로 나온 이들은 "나치는 안 돼, KKK단도 안 돼"라고 대응했다. 로버트 E. 리 동상 철거와 관련한 추가 내용은 162쪽 참조.
*** 2018년 10월 25일 켄터키주 루이빌에서 발생한 사건으로 범인은 당시 51세였던 그레고리 부시였다.
**** 2015년 6월 17일에 발생한 사건으로 범인은 당시 21세였던 딜런 스톰 루프였다.

폭탄을 부친 일도 있었다.* 그리고, 그리고, 또 그리고. 빗발치는 폭탄처럼 한바탕 증오 편지가 날아든 후 우리 집에는 경보 장치가 설치되었다. 이 장치는 나를 안심시키는 동시에 내전이 한창일 때 요새 속에서 살아가고 있는 듯한 느낌을 준다. 집배원이 방문했을 때 마침 우리 집에 들른 한 친구는 우편물을 집 안에서 열어 보지 말라고 말한다. 내가 딸에게 이 세상을 물려주고 싶다면 그래야 한다는 건가?

또 다른 백인 친구는 나를 극단주의자로 생각하는 자신의 백인 친구들 앞에서 늘 나를 방어하는 입장에 놓인다고 말한다. 어째서일까? 내가 백인을 백인이라고 불러서일까? 비무장 흑인이 우리네 길거리에서 총 맞아 죽지 않기를 바라서? 아니면 흑인 소녀들이 학교 전담 경찰관에 의해 교실 한복판에 내동댕이쳐지거나 땅바닥에 내리꽂히지 않기를 바라서? (지금까지 기록으로 남은 사건 대부분을 백인 경찰관이 저질렀다.) 대체 그게 무슨 말이야? 나는 친구에게 묻는다. 날 방어하지 마. 인간으로 살겠다는 게 문제가 아닌 이상 그러지 마. 다른 사람들이 그냥 자기 삶을 살 수 있기를 바라는 게 문제가 아닌 이상 그러지 마. 우리가 그냥 계속 살아갈 수 있기를 바라는 게 문제가 아닌 이상 그러지 마.

학부모 교사 회의에 가지 않고 집에 있고 싶은 욕망이 이는 것도 당연하다. 회의에 참석할 생각만 해도 불안에 휩싸이고 복잡한 생각의 구덩이에서 허우적거리게 되니까. 하지만 어떤 마음과 어떤 생각이 찾아오든 내 딸을 가르치는 교사들을 만나지 않을 수는 없다. 학교 체육관에 들어서자 내 백인 남편은 유색인 교사가 한 명도 보이지

---

* 2018년 10월 23~24일에 일어난 사건으로 폭탄은 버락 오바마 전 대통령과 힐러리 클린턴 전 장관의 자택으로도 보내졌다.

텍스트 딸을 가르치는 백인 교사들과 마주 보고 앉은 나는 미소를 짓고 고개를 끄덕이지만 내가 진짜 원하는 것은 교사들에게 자신의 무의식에 자리한 불가피한 인종차별주의와 잠재적인 편견을, 즉 우리가 사는 세상, 우리 딸을 위한 세상이 되기를 바라는 바로 그 세상에서는 도무지 피할 수 없는 그런 것들을 진지하게 생각하고 있는지 물어보는 것뿐이다.

설명 및 출처 『교사의 기대치가 가지는 힘: 인종 차별적 편견은 어떻게 학생의 성취를 저해하나』에서 세스 거센슨과 니컬러스 파파저지는 ("10학년 학생 집단을 10년 동안 추적"했으며 학생에 대한 교사의 기대치를 확인한 설문 조사 결과를 포함한) 2002년 교육 종단 연구를 활용해 "학생들의 조건이 비슷할 때 미국 교육자 집단의 대다수를 차지하는 백인 교사들이 흑인 학생에게 품는 기대치가 백인 학생에게 품는 기대치보다 낮다"는 사실을 밝혀냈다. "이는 특히 유색인 학생의 성취를 향상시키기 위해 목표로 삼아야 할 조치는 교사의 기대치를 높이고, 인종적 편견을 제거하고, 보다 다양한 교직원을 고용하는 것이라는 사실을 입증한다." 두 저자와 스티븐 B. 홀트가 『이코노믹스 오브 에듀케이션 리뷰』에 발표한 논문 「누가 절 믿죠?: 학생-교사의 인구 통계학적 조화가 교사의 기대치에 미치는 영향」도 참고하도록 한다.

않는다고 말한다. 내가 어떤 생각을 하고 있는지를 남편에게 말해 준 적이 없기에 남편의 염려는 나와 관련되어 있을 수도 있고 아무 관련이 없을 수도 있다.

우리 집에는 "누군가가 어떤 말을 하든 그 사람은 바로 그 말을 하고 있는 것이다"라고 적힌 이브 파울러의 작품이 걸려 있다. 그 사실을 잊지 말자는 의미로 걸어 두었다. 남편이 하고 있는 말은 무슨 말일까? 남편이 자기 머릿속에 떠오른 명료한 생각을 충분히 곱씹는다면 백인 교사들의 인종 차별적인 편견을 자극할 일이 없도록 그냥 집에 있어야 할 것 같은 내 좆같은 기분을 똑같이 느낄까? 내 존재가 충분히 대변되고 있지 않으니 내가 집으로 돌아가기를 바랄까? 자기 존재가 과하게 대변되고 있다는 느낌을 받고 있나? 그건 어떤 느낌일까? 스스로의 백인성에 파묻히는 느낌일까? 아니면 그저 문제 해결에 몰두하고 있는 걸까? 뭐가 어떻든 남편 또한 여러 감정을 느끼고 있다. 그런데 남편이 염려하는 대상은 이 세상일까 아니면 이 특정한 장소일까? 둘 다일까?

신이시여. 우리가 본 흑인 교사는 두 명뿐이다. 그중 우리 딸을 가르치는 교사는 없다. 딸은 자기 반을 좋아하고 자기를 가르치는 교사들을 높이 평가한다. 그렇군요. 그렇군요. 딸을 가르치는 백인 교사들과 마주 보고 앉은 나는 미소를 짓고 고개를 끄덕이지만 내가 진짜 원하는 것은 교사들에게 자신의 무의식에 자리한 불가피한 인종 차별주의와 잠재적인 편견을, 즉 우리가 사는 세상, 우리 딸을 위한 세상이 되기를 바라는 바로 그 세상에서는 도무지 피할 수 없는 그런 것들을 진지하게 생각하고 있는지 물어보는 것뿐이다. 내 입안을 한가득 채우고 있는 말. 나를 질식시킬 것 같은 말.

그리고 그건 젊은 아프리카계 미국인 세대가 이〔통합이라는〕임무를 달성하도록 강요받았다는 사실을 의미합니다. 그리고 우리는 이 젊은이들을 안전하지 않고, 모욕적이고, 구조적으로 자아를 말살하는 곳으로, 토니 모리슨이 "저기서는 우리 아이들을 사랑하지 않는다"라고 말한 곳으로 보낸 것입니다. 젊은 아프리카계 미국인 세대는 버려진 기분을 느꼈고, 이 젊은 세대가 느낀 감정, 즉 버려졌다는 감정에 의해 젊은 아프리카계 미국인 세대와 기성 아프리카계 미국인 세대 사이에 점점 틈이 벌어지고 있습니다. 그리고 젊은 세대는 이해하지 못합니다. 우리가 왜 그들을, 이 젊은이들을 아무런 보호막도 없이 그런 곳으로 보냈는지를.

루비 세일즈*

---

* Krista Tippett, "Ruby Sales: Where Does It Hurt?", *On Being Project*, September 15, 2016, https://onbeing.org/programs/ruby-sales-where-does-it-hurt/.

내 딸을 가르치는 모든 백인 교사가 나와 남편에게 궁금한 점이 있느냐고 묻는다. 오로지 한 가지 질문만이 우리 사이에 살아 숨 쉰다. 오로지 한 가지 질문만이 관심을 갈구하는 아이처럼 내 옷자락을 잡아당긴다. 나를 안심시켜 줘. 해 봐. 어서. 해 봐. 만약 백인의 DNA에 내가 알고 있는 우리의 공유된 역사로부터 백인성을 방어하다 못해 아예 반역사적인 태도까지 취하는 것이 포함된다는 사실을, 그리고 모든 문제를 경제적 또는 보편적 차원의 문제로 규정하면서 마치 그렇게 하면 인종 차별이 사라질 수 있는 양 구는 것이 포함된다는 사실을 알면 이 교사들은 과연 어떤 말을 할까? 어떤 말을 할 수 있을까? 저는 제가 백인이고 따님이 혼혈이고 어머님은 흑인이라는 사실을 알고 있어요. 만약 우리가 그런 식으로 대화를 시작한다면 그다음은 어떻게 될까? 저도 알고 있고 가끔은 생각… 어떻게 생각하시죠? 아니 그보다 중요한 건, 생각하고 있지 않을 때는 어떻게 생각하시나요?

주변을 둘러보던 나는 온 사방을 차지한 백인 학부모들에 대해 이런 궁금증을 품는다. 이 중 한 사람이라도 백인 교사들이 자기 자녀의 인종을 과하게 대변하고 그럼으로써 백인 우월주의와 백인 중심의 위계적 사고 방식을 공고히 하고 있다고 걱정하고 있을까? 이 중 한 사람이라도 백인 교사들이 백인성을 지나치게 대변하면서 우리 모두를 지배하는 인종 차별적인 구조를 강화하고 있다고 염려하고 있을까? 여기서 난 뭘 하려는 걸까?

내 딸이 고등학생 시절 내가 마주했던 것과 똑같은 순간들을 감당하고 있는지 나는 알지 못한다. 딸은 어떻게 하고 있을까? 딸은 내가 아닌데. 여태껏 내가 한 말, 여태껏 딸이 읽은 책을 고려해 본다면 지금 내 딸이 살아가고 있는 시간은 어떤 시간인 걸까? 어째서 나는 내 무가치함을

1954년 연방 대법원은 피부색을 이유로 학생들의 교육을 분리하거나 차별해서는 안 된다는 판결을 내렸다. 이에 따라 1957년 아칸소주의 리틀 록 고등학교에도 최초로 흑인 학생 아홉 명이 입학했고 이들은 '리틀 록 나인'Little Rock Nine으로 불렸다. 사진 중앙의 엘리자베스 엑퍼드는 리틀 록 나인 중 한 명으로 백인들의 야유와 항의를 받으며 등교했다.

공고히 하는 체계적인 구조를 호의적으로 받아들이지 못했던 걸까? 난 무얼 봐야 하는 걸까? 딸이 교실에서 자기 자신으로 존재할 수 있는 공간을 제공받으리라는 믿음을 가지려면 나는 어떤 감정을 느껴야 하는 걸까?

내 마음이 조금이라도 편해지려면 뭐가 필요할까? 나와 남편에게 다가와 교직원 집단의 다양성이 부족한 것 같다고 염려하는 백인 학부모들? 나와 남편에게 다가와 이런 모습을 보여 드려 유감이라고 말하는 교직원들? 어쩌면 나는 답을 모르기 때문에 답을 모르는 것이라고 진심으로 믿고 싶은 건지도 모르겠다. 어쩌면 나는 이 거대한 체육관 어딘가에, 내가 상상하는 가능성에 빈틈이 존재한다고 믿고 싶은 건지도 모르겠다. 나는 내 딸을 위한 세상을 바라고 있다.

고등학교와 대학교 시절 내 주변에는 나를 돕기 위해 발 벗고 나선 교사들이 꼭 몇 명씩은 있었다. 그분들은 전부 내가 다닌 가톨릭 학교와 사립 대학의 백인 교사였다. 그런 교사를 한 명만 만나도 충분하다는 생각은 경험에 근거한 논리거나 상황상 운이 따른 결과다. 그런데 나를 지지한 교사가 한 명 있었다고 치면, 다른 두세 명 정도는 눈길조차 주지 않는 식으로 나를 대했다. 십 대 시절의 나는 그런 행동을 사적으로 받아들이지 않았다. 그건 하나의 관찰 대상이었다. 지금 와 그때를 돌이켜 봐도, 허공을 향해 뻗은 내 손을 못 본 체하고 내 존재를 아예 없는 셈 친 교사들의 무시나 무관심을 나는 '백인들이 원래 그렇지'라며 수동적으로 받아들였다. 그들에 대한 반응보다는 본능에 가까웠다.

나는 장성한 세 혼혈아를 둔 백인 친구에게 혹시 아이가 학교에서 어떤 대우를 받을지 걱정한 적은 없냐고 묻는다. 친구는 솔직히

텍스트 젠트리피케이션이 진행된 그 지구에서 (…) 백인 학부모들은 현재 백인 학생 수가 압도적으로 많은 공립 중학교에서의 인종 통합 계획에 반대했다.

설명 및 출처 뉴욕 지역에서 진행된 젠트리피케이션을 추적한 2006년 퍼먼 센터Furman Center의 연구에 따르면 할렘의 3구역과 그 인근 지역, 해밀턴 하이츠, 맨해튼빌, 웨스트 할렘 등에서 아시아 및 히스패닉 인구와 더불어 백인 인구가 55퍼센트 증가했다. 반면 흑인 인구는 41퍼센트 감소했다.

마이클 W. 크라우스, 줄리언 M. 러커, 제니퍼 A. 리처즈, 「미국인은 인종적, 경제적 평등을 오해한다」, 『미국 국립 과학원 회보』: "우리의 연구 결과는 미국인이 인종에 기반한 경제적 평등을 대체로 오해하고 있음을 시사한다. 실제로 우리의 연구 결과를 보면 사람들이 대체로 현재의 평등 수준을 과대 평가한 탓에 인종적, 경제적 평등 면에서 실제보다 더 많은 성과를 이루어 냈다고 보는 조직적인 경향이 드러난다. 현재의 인종적, 경제적 평등을 과대 평가하는 경향은 백인과 흑인 모두에게서 관찰되지만, 오해의 수준은 지위에 따라 상당한 차이를 보인다. 예컨대 소득 분포를 기준으로 했을 때 고소득 백인이 저소득 백인 및 흑인에 비해 현재의 인종적, 경제적 평등을 더 과대 평가하는 것이다. 또한 이 연구 결과는 현대 사회에서 인종이라는 요소가 계속해서 경제적 성과를 좌지우지하고 있음에도 사람들이 이를 부인하거나 이에 무지한 상태로 남게 하는 동기와 구조적 요인이 인종적 평등을 과대 평가하는 경향을 낳았을 수도 있음을 시사한다."

교사가 아이를 "혼내지" 않을까 하는 걱정만 들었다고 말한다.
그러면서 "이 까다로운 아이를 이해해 줄까 싶었어"라고 설명한다.
여자 고등학교인 미스 포터스 스쿨을 다닌 친구는 그 당시 교사들이
백인이었다는 점을 생각해 본 적이 없다. 또한 자신의 혼혈
아이들이 흑인으로 간주됨에도 학교 교직원과 학생 중 백인 비율이
압도적이라는 점을 걱정한 적도 없다. 친구는 기억을 되새겨 보니 한
교사가 아이를 몇 살 때 입양했냐고 물은 적이 있다고 말한다. 그 백인
교사는 아이들의 아버지가 흑인일 가능성을 상상할 수 없었던 것이다.
친구의 아들은 또 다른 교사가 자기 엄마에게 "이 아이는 금발이
아닌데 어떻게 어머님 아들일 수 있죠?"라고 물었던 일을 기억하고
있다. 친구는 곰곰 생각하다가 내가 순진했던 것 같네, 라고 덧붙인다.

내 딸이 다니는 학교에 다양성이 부족한 상황을 두고 다른 백인
학부모들이 나와 같은 우려를 품으리라 생각했다니 참 부질없게
느껴진다. 민족주의자 대통령이 집권한 상황에서 내 백인 친구 중
상당수가 자신의 백인성과 결부된 문제들을 이제라도 어떻게든
해결해 보려 애쓰고 있다는 사실을, 아주 사소하게는 노예 소유주의
손에 자란 백인의 손에 자란 백인의 손에 자란 백인의 손에 자랐다는
것이 혹은 그렇지 않았다는 것이 어떤 의미인지를 이해하려 애쓰고
있다는 사실을 알면서도 나는 자꾸 심통을 부리고 있다. 현실이
이러한데 어퍼 웨스트 사이드와 사우스 할렘에서 3구역 공립 학교를
두고 논쟁이 벌어진 것에 놀랄 이유가 뭐 있겠는가. 젠트리피케이션이
진행된 그 지구에서 '깨어 있는' 백인 학부모들은 현재 백인 학생 수가
압도적으로 많은 공립 중학교에서의 인종 통합 계획에 반대했다.
성취도 평가 점수가 표준보다 낮고 무상 및 저가 급식 제공 대상인
학생들에게 학교 정원의 25퍼센트를 할당함으로써 학생 집단의
다양성을 강화하려 한 계획에도 많은 백인 학부모가 분개했다. 자신의

텍스트 통합 계획은 성취도 평가 점수가 낮은(인종에 기반한 경제적 불평등 소리가 들리지 않나) 아이들에게 더 나은 자원을 갖춘 학교에 입학할 기회를 제공해 준다.

설명 및 출처 크리스티나 베이가, 「어퍼 웨스트 사이드 중학교 통합을 위한 또 다른 계획, 일각의 지지는 받고 있지만 익숙한 난관에 봉착해」, 『초크비트』: "일반적으로 다양성이 학생들에게 도움이 되는 것으로 알려져 있음에도 […] [공립 학교 84의 한 학부모는] 수준이 다른 학생들을 섞어 놓았을 때 부정적인 영향이 발생했다고 밝힌 연구를 언급했다. '연구에 따르면 통합은 효과가 없을뿐더러 사실상 역효과를 낳을 겁니다'라고 그는 말했다. '저는 학급의 다양성을 강요하고 획일적인 접근법을 취하는 것이 해롭다고 생각합니다.'"

텍스트 백인이 아닌 아이는 아이로 보지 못하는 백인들의 무능을 보고 있으면 솔직히 흑인의 인간성에 대한 사람들의 태도에 모종의 변화가 생기리라는 희망이 깡그리 사라진다.

설명 및 출처 줄리엣 후커, 「흑인의 저항 / 백인의 불만: 상실에 근거하지 않은 백인의 정치적 상상력이 내포한 문제」, 『사우스 애틀랜틱 쿼털리』: "백인 시민이 가진 정치적 상상력은 상실 경험이 아닌 다양한 형태의 백인 우월주의에 바탕을 두고 있으며 […] 이는 결국 흑인의 이익을 백인의 손실로, 그리고 단순한 손실이 아닌 패배로 보는 왜곡된 형태의 인종 차별적 정치 수학을 낳았다. 결과적으로 백인의 지배가 위협받아 백인의 특권이 위기에 처하면, 많은 백인 시민이 흑인의 고통을 인정하지 못하거나 인정하기를 꺼릴 뿐 아니라 이에 대한 대응으로 백인의 피해 의식을 동원한다."

자녀가 정원 초과로 입학하지 못할 수도 있다고 우려한 그들은 말도 안 되는 계획이라며 노발대발했고 이런 분노는 통합 계획을 지지하는 교장을 통해 세상에 알려졌다. 놀라운 사실은 교장이 학부모들의 행동에 놀랐다는 것이다. 교장은 자신이 어떤 사람들을 상대하고 있다고 생각했던 걸까?

통합 계획은 성취도 평가 점수가 낮은(인종에 기반한 경제적 불평등 소리가 들리지 않나) 아이들에게 더 나은 자원을 갖춘 학교에 입학할 기회를 제공해 준다. 보도에 따르면 한 백인 학부모는 준비가 덜 된 학생들이 지역 공립 학교에 입학할 경우 '가면 증후군'*을 갖게 될 것이라고 주장했다. 설마 아이들이 백인 행세를 하리라고, 혹은 똑똑한 척을 하리라고 생각한 걸까? "학업, 인종, 경제 등 근거가 무엇이건 분리 조치는 아이들에게 좋지 않습니다"라고 어느 교장은 주장했다. "우리가 서로를 가족으로 여기면 내 집에 사는 내 아이뿐 아니라 모든 아이에게 최선의 이익을 가져다줄 방법을 모색하지 않겠습니까." 『뉴욕 포스트』 보도에 따르면 또 다른 백인 학부모는 "뉴욕에 정말 괜찮은 중학교가 여럿 있는데 오로지 부유한 아이들만 입학할 수 있게 해서는 안 됩니다. [...] 하지만 학교 통합은 무서운 일이에요. 그게 정답이라 해도, 그래도 무섭다고요." 그 학부모는 비백인과 가까워지는 상황을 위협으로 여기는 걸까?

백인이 아닌 아이는 아이로 보지 못하는 백인들의 무능을 보고 있으면 솔직히 흑인의 인간성에 대한 사람들의 태도에 모종의 변화가 생기리라는 희망이 깡그리 사라진다. "그냥 애들일 뿐이에요"라는

---

* 자신의 성취가 노력이 아닌 운으로 이룬 것이며 그동안 주변 사람들을 속여 왔다는 생각에 불안을 느끼는 상태.

텍스트 우리는 "노예제의 사후 세계"가 되풀이되고 끈질기게 존속하는 현실에서 몸부림치는 슬픈 족속인 셈이다.

설명 및 출처 사이디야 하트먼, 『어머니를 잃고: 대서양 노예의 길을 따라가는 여정』: "만일 노예제가 미국 흑인의 정치적 삶을 구성하는 문제로 끈질기게 존속하고 있다면, 그 이유는 지난날에 대한 고물 수집가적인 집착이나 너무나도 오랜 세월에 걸친 기억이 안기는 부담 때문이 아니라 수 세기 전에 뿌리내린 인종적 미분학과 정치 산술에 의해 흑인의 삶이 여전히 위협받고 폄하당하는 현실 때문이다. 이렇게 한쪽으로 치우친 삶의 기회, 의료와 교육에 대한 제한된 접근성, 조기 사망, 투옥, 빈곤 등은 노예제의 사후 세계다. 그리고 나 또한 노예제의 사후 세계다."

말은 "흑인일 경우는 제외하고 말이에요"라는 무언의 말과 나란히 공존한다. 이 양가적인 생각은 우리가 상상할 수 있는 것보다도 많은 백인 그리고 경제력 덕분에 백인 우월주의와 반흑인 인종 차별주의에 점점 동일시할 수 있게 된 많은 '예외적인' 유색인이 보이는 정중함의 이면에 살아 숨 쉬고 있다. 흑인과 갈인의 빈곤을 부끄러워하는 흑인들도 있다. 이는 백인의 차별적인 시선으로 세상을 바라보고, 자신들이 점한 예외적인 지위가 대체로 사회적 약자인 흑인 계층에 의해 더럽혀져 위태롭다고 인식하는 터다. 우리는 "노예제의 사후 세계"가 되풀이되고 끈질기게 존속하는 현실에서 몸부림치는 슬픈 족속인 셈이다.

또한 표준화된 특수 목적 고등학교 입학 시험 SHSAT*을 대체하고 뉴욕의 어느 중학교에서든 우수한 성적을 거둔 학생이 학비가 무료인 특수 목적 고등학교에 입학할 수 있게 해 주는 법안은 뉴욕 상원의 문턱도 넘지 못했다. 일라이자 셔피로와 비비언 왕의 보도에 따르면 "일부 아시아계 가구는 뉴욕 시장의 계획이 현재 특성화 고등학교에서 과반수를 차지하는 저소득 아시아계 학생들에 대한 차별이라고 주장했다". 셔피로와 왕은 2019년 스타이브슨 고등학교의 입학 가능 정원이 895명이었으나 입학생 중 흑인 비율은 고작 7퍼센트였음을 지적했다. 이렇게 보면 저소득층에 속하는 흑인과 히스패닉 학생들은 중학교 및 고등학교의 인종 분리 조치와 관련된 논의에서 아예 없어도 무방한 존재로 취급당하는 듯하다. 흑인과 갈인 학생을 통합하는 정책에 많은 백인 학부모가 어떤 입장을 취하는지는

* 뉴욕시에는 총 9개교의 특수 목적 고등학교 가운데 SHSAT만으로 신입생을 선발하는 학교가 8개교 있다. 그러나 이러한 학교 입학생 가운데 흑인과 라틴계 및 저소득층의 비율이 낮아 SHSAT 입학 제도의 유지 여부를 둘러싼 논란이 지속되고 있다.

텍스트 그는 백인성이 짐 크로 법처럼 작동하는 상황에 계속 기민하게 반응할 수 있는 사람, 백인성과 완전히 동일시되지는 않는 사람이다.

팩트 체크 맞다. 교육과 짐 크로 법의 연관성을 참고하도록 한다.

설명 및 출처 프레더릭 더글러스*가 신원 불명의 누군가에게 부친 편지(필사본):

친애하는 선생님께
1887년 11월 23일 워싱턴 D.C.

먼저 회신이 늦어 죄송합니다. 선생님의 편지에 답장하기에 앞서 신중히 살펴볼 부분이 있었습니다. 제가 확인한 바에 따르면 흑인 변호사는 남부 법원에서 개업을 할 수 있으며 저는 그 사실을 기쁜 마음으로 받아들이고 있습니다. 남부 대중의 민심에 아주 대단한 혁명적 변화가 있었음을 암시하는 일이기 때문입니다. 저는 남부 학교에서 특권과 관련해 어떤 인종 불평등이 있는지 아직 알지 못합니다. 다만 일부 남부 주에서는 흑인 학교에 지정된 수업 시간이 백인 학교에 비해 적습니다. 그리고 흑인 학교 교사가 백인 학교 교사만큼 급여를 받는 주는 단 한 곳도 없다고 들었고 제 생각도 그러합니다. 개인적인 소견입니다만, 남부 흑인 학교의 백인 교사는 학생들에게 별다른 관심을 보이지 않습니다. 이상한 일은 아닙니다. 그 교사들은 흑인의 진보와 발전에 관심이 있어서라기보다는 필요에 의해 부임한 측면이 크니 말입니다. ("하지만"을 쓰려다 지운 흔적) 다만 모든 교사가 그렇다는 의미가 아니고 버지니아주에서 제가 직접 관찰한 교사들만 염두에 두고 드리는 말씀입니다. 켄터키주에서는 법률상 흑인 아이들에게도 교육 면에서 동등한 혜택이 주어져야 하는데, 다른 주들에서도 마찬가지일 수 있습니다. 선생님께서 물어보신 이 주제와 관련된 정보는 교육부에서 전부 제공해 줄 수 있으리라 생각합니다. 우리의 잘못들은 이제 모두가 볼 수 있는 성문법이 아니라 동료 인간에 대한 정복과 지배에 관한 생각을 아직 버리지 못한 이들의 비밀스러운 관행에 남아 있는 것 같습니다.

존경을 담아

프레더릭 더글러스
1887년 11월 23일 시더 힐 아나코스티아 D.C.

＊ 1818년 메릴랜드주 시골에서 흑인 어머니와 백인 아버지의 혼혈아이자 노예로 출생했다. 1840년대부터 노예제 폐지 운동 연사로 활동을 시작했고, 1845년 노예 경험을 기록한 『미국 노예, 프레더릭 더글러스의 삶에 관한 이야기』를 출간해 미국 전역에 큰 반향을 일으켰다. 책뿐 아니라 신문과 잡지 등을 통해서도 노예제 폐지를 설파했고, 남은 생애 동안 노예제 폐지론자로서 노예 해방에 기여했다.

이미 알려진 사실이지만, 이제는 일부 아시아인 학부모까지 대개 백인들이 일삼는 인종 차별적인 수사와 입장을 동원하고 있다.

3구역 논쟁에서 어퍼 웨스트 사이드 학교 교장이 보여 준 신중함은 어쩌면 우리 아이가 살아가는 세상에서 나와 남편이 찾아 헤맨 예기치 못한 선물일지도 모른다. 그는 백인성이 짐 크로 법처럼 작동하는 상황에 계속 기민하게 반응할 수 있는 사람, 백인성과 완전히 동일시되지는 않는 사람이다.

우리가 딸에게 바라는 것은 뭘까? 아마도 그건 공감적 상상력을 바탕으로 이 세상과 협상하는 능력일 것이다. 나와 남편이 체육관으로 발걸음을 옮긴 이유는 뿌리 깊은 인종 차별적 제도들이 재확인되고 그 증거가 우리 눈앞에 펼쳐지고 있음에도 여전히 나는 내 딸을 위한 세상, 내 딸이 이미 속해 있는 이 세상보다 더 나은 세상을 바라기 때문이다.

백인주에 관한 비망록*

---

* 이 장은 토머스 제퍼슨의 『버지니아주에 관한 비망록』 14장인 「법률」에서 여덟 쪽을 수록하고 일부 내용을 지워 노예와 흑인에 대한 제퍼슨의 생각을 강조하는 형식으로 구성되어 있다. 본래 「법률」 장은 235쪽부터 시작하지만, 지은이는 『그냥 우리』 원서 110~117쪽에 실은 해당 내용의 쪽수가 원서 쪽수와 일치하도록 바꾸어 표기했다. 번역본에서도 원서 형태를 살리되 장 말미에 번역문을 덧붙였다. 『버지니아주에 관한 비망록』은 프랑스 정치인 프랑수아 바르베 마르부아(1745~1837)가 신생국 미국에 관한 정보를 얻기 위해 일련의 질문을 던지자, 제퍼슨이 자신의 고향이자 당시에 가장 큰 주였던 버지니아주를 이상적인 사회로 상정하고 종교, 노예 제도, 바람직한 사회, 버지니아주의 자원 등에 대한 관점을 밝힌 책이다. 제퍼슨이 생각한 바람직한 미국 사회는 영어를 사용하고 프로테스탄트 종교를 신봉하는 백인으로 구성된 사회였다. 그는 노예 제도에 반대했지만 이는 1) 불평등한 노예 제도가 존속할 경우 신이 분노해 운명의 수레바퀴를 바꿔 놓을지도 모른다는 우려, 2) 흑인의 인구수와 그들이 품은 분노에 대한 두려움, 3) 노예 제도가 흑인뿐 아니라 백인에게도 악영향을 끼친다는 생각 때문이었다.

NOTES on the state of VIRGINIA; written in the year 1781, somewhat corrected and enlarged in the winter of 1782, for the use of a Foreigner of distinction, in answer to certain queries proposed by him respecting

1. Its boundaries	– – –	page 1
2. Rivers	– – –	3
3. Sea ports	– – –	27
4. Mountains	– – –	28
5. Cascades and caverns	– –	33
6. Productions mineral, vegetable and animal	–	41
7. Climate	– – –	134
8. Population	– – –	151
9. Military force	– – –	162
10. Marine force	– – –	165
11. Aborigines	– – –	166
12. Counties and towns	– –	191
13. Constitution	– – –	193
14. Laws	– – –	235
15. Colleges, buildings, and roads	–	275
16. Proceedings as to tories	– –	285
17. Religion	– – –	287
18. Manners	– – –	298
19. Manufactures	– – –	301
20. Subjects of commerce	– –	304
21. Weights, Measures and Money	–	311
22. Public revenue and expences	– –	313
23. Histories, memorials, and state-papers	–	322

MDCCLXXXII.

[110]

To change the rules of descent, so as that the lands of any person dying intestate shall be divisible equally among all his children or other representatives in equal degree.

To make slaves distributable among the next of kin, as other moveables.

To emancipate all slaves born after passing the act. The bill reported by the revisors does not itself contain this proposition; but an amendment containing it was prepared, to be offered to the legislature whenever the bill should be taken up,

It will probably be asked, Why not retain and incorporate the blacks into the state, and thus save the expence of supplying, by importation of white settlers, the vacancies they will leave? Deep rooted prejudices entertained by the whites; ten thousand recollections, by the blacks, of the injuries they have sustained; new provocations; the real distinctions which nature has made; and many other circumstances, will divide us into parties, and produce convulsions which will probably never end but in the extermination of the one or the other race.---

The first difference which strikes us is that of colour. Whether the black of the negro resides in the reticular membrane between the skin and scarf skin, or in the scarf skin itself;

whether it proceeds from the colour of the blood, the colour of the bile, or from that of some other secretion, the difference is fixed in nature, and is as real as if its seat and cause were better known to us. And is this difference of no importance? Is it not the foundation of a greater or less share of beauty in the two races?

their own judgment in favour of the whites, declared by their preference of them as uniformly as is the preference of the Oran-ootan for the black women over those of his own species. The circumstance of superior beauty, is thought worthy attention in the propagation of our horses, dogs and other domestic animals; why not in that of man?

Perhaps too a difference of structure in the pulmonary apparatus, which a late ingenious *experimentalist has discovered to be the principal regulator of animal heat, may have disabled them from extricating, in the act of inspiration

They seem to require less sleep.

They are at least as brave

---

* Crawford.

[115]

Their griefs are transient.

   In general, their existence appears to participate more of sensation than reflection. To this must be ascribed their disposition to sleep when abstracted from their diversions, and unemployed in labour. An animal whose body is at rest, and who does not reflect, must be disposed to sleep of course.

   it appears to me that in memory they are equal to the whites; in reason much inferior.

   It would be unfair to follow them to Africa for this investigation. We will consider them here, on the same stage with the whites

Many millions of them have been brought to, and born in America.

many have been so situated that they might have availed themselves of the conversation of their masters

Some have been liberally educated

They will crayon out an animal, a plant, or a country, so as to prove the existence of a germ in their minds which only wants cultivation.

[117]

But never yet could I find that a black had uttered a thought above the level of plain narration; never see even an elementary trait of painting or sculpture. In music they are more generally gifted than the whites with accurate ears for tune and time

Misery is often the parent of the most affecting touches in poetry.—— Among the blacks is misery enough, God knows, but no poetry.

it could not produce a poet.

버지니아주에 관한 비망록

타국의 귀인에게 받은 특정 질문들에 답변하기 위해 1781년에 작성한 후 1782년 겨울에 일부 내용을 바로잡고 증보한 내용으로 다음과 같은 사항을 다루고 있다.

1. 경계	1
2. 강	3
3. 항구 도시	27
4. 산	28
5. 폭포와 동굴	33
6. 생산 광물, 채소, 동물	41
7. 기후	134
8. 인구	151
9. 군대	162
10. 해군	165
11. 원주민	166
12. 군과 읍	191
13. 헌법	193
14. 법률	235
15. 대학, 건물, 도로	275
16. 토리당원에 대한 조치	285
17. 종교	287
18. 풍습	298
19. 제조업체	301
20. 무역 품목	304
21. 도량형과 화폐	311
22. 공공 수입과 지출	313
23. 역사, 기록물, 공문서	322

1782년

〔 110 〕

혈통에 관한 규정을 변경해 유언 없이 사망한 자의 토지가 그의 모든 자녀 또는 여타 대리인에게 균등하게 분할될 수 있도록 한다. 노예를 여타 동산動産과 마찬가지로 최근친자에게 나눌 수 있도록 한다.

〔 111 〕

법률이 통과된 후에 태어난 모든 노예를 해방하도록 한다. 이 제안은 개정자들이 보고한 법안 자체에는 포함되어 있지 않으나, 법안 상정 시 입법부에 제출할 용도로 준비된 개정안에는 포함되어 있다.

〔 112 〕

'흑인을 붙잡아 이 주에 통합하면 흑인이 떠나면서 생기는 공백을 백인 정착민을 통해 채울 경우에 드는 비용을 절약할 수 있지 않겠는가?'라는 질문이 제기될 수도 있다. 백인이 품은 뿌리 깊은 편견, 흑인이 입은 그동안의 상처에 관한 만 가지 기억, 새로운 도발 행위, 자연이 만든 진정한 차이, 그리고 여타 무수한 제반 상황은 우리를 여러 진영으로 분열시키고 어느 한쪽이 절멸하지 않는 한 결코 끝나지 않을 격란을 불러일으킬 것이다.

가장 먼저 우리 눈에 띄는 차이점은 피부색이다. 흑인 피부의 검은색은 살갗과 표피 사이의 그물막 색이든 표피 색이든,

〔 113 〕

혈액 색이나 담즙 색이나 여타 분비물 색 때문에 띠는 빛이든 선천적으로 불변하며, 이러한 차이의 근원과 원인은 우리에게 잘 알려져 있기도 하듯 실재한다. 그럼에도 과연 이 차이가 중요하지 않다고 할 수 있는가? 이 차이는 두 인종 중 어느 인종이 더 혹은 덜 아름다운지의 토대이지 않은가?

자기 종족보다 흑인 여성을 선호하는 오랑우탄과 마찬가지로 백인에 대한 선호를

여실히 드러낸 흑인은 백인에게 우호적인
판단을 내린다. 우월한 아름다움은 말과 개와
기타 가축을 번식할 때 주목할 만한 요소로
간주된다. 이를 인간의 번식에도 적용하지 못할
이유가 무엇이겠는가?

〔 114 〕

이미 사망한 한 독창적인 실험주의자*가 동물
체온의 주요 조절 장치임을 발견한 폐의 구조적
차이 또한 어쩌면 흑인이 숨을 들이쉴 때 […]
내보내지 못하게 만들었을 수도 있다.

어쩌면
흑인은 필요한 수면량도 적은 듯하다.

흑인은 적어도 용감하고
_____

* 크로퍼드.

〔 115 〕

흑인의 슬픔은 일시적이다.

전반적으로 흑인이라는 존재는
생각보다 감각에 더 몰두하는 듯하다. 기분
전환용 활동을 하지 않을 때와 아무 노동도
하고 있지 않을 때 잠을 자는 그들의 기질은
필시 이 때문일 것이다. 휴식 중인 동물의 몸,
생각하지 않는 동물의 몸은 당연하게도 잠들기
마련이다.

내가 보기에
흑인은 기억 면에서는 백인과 동등하고 이성
면에서는 백인보다 훨씬 열등한 듯하다.

이 사실을 확인하겠다고
흑인을 따라 아프리카로 가는 것은 온당치 않은
일이리라. 우리는 여기에서, 백인들과 함께
같은 무대에서 그들을 살펴볼 것이다.

〔 116 〕

수백만의 흑인이
미국으로 건너와 미국에서 태어났다.

많은 흑인이 이렇게나 잘 자리 잡은 것을 보면
그들이 주인과의 대화를 자기 자신에게 유리한
방향으로 활용한 것인지도 모른다.

일부는
교양 교육을 받았다.

그들은 크레용으로 동물이나
식물이나 국가를 그려서 오로지 배양만을
바라고 있는 그들 마음속 세균의 존재를 증명해
보일 것이다.

〔 117 〕

그러나 나는 아직
단순한 서술 수준을 뛰어넘는 생각을 발화하는
흑인을 한 명도 본 적이 없다. 초급 수준의
그림이나 조각조차 본 적이 없다. 음악에
있어서는 선율과 박자에 대한 감각이 정확한
흑인이 전반적으로 백인보다 나은 재능을 갖고
있다.

비참함은 시에서
가장 감동적인 효과를 불러일으키는 원인인
경우가 많다. 흑인에게 비참함은 충분하고 이는
신도 아시지만, 시는 없다.

시인을
낳지는 못했다.

_____

티키 햇불*

* 대나무 재질의 햇불로 위쪽에 인화성 액체와 심지가 있으며 주로 야외를 밝힐 때 사용한다. 햇불을 판매하는 회사의 브랜드 명칭이기도 한데, 121쪽 둘째 각주와 162쪽에 언급된 '우파여 결집하라' 행진에서 백인 우월주의자들이 이 티키 햇불을 들었다.

티키 브랜드 제품
56분 · 🌐

당사는 샬러츠빌에서 벌어진 사건들과 어떤 식으로도 연관되어 있지 않으며 현 상황에 깊은 슬픔과 절망을 느끼고 있습니다. 당사는 그들이 전하는 메시지나 티키 제품을 활용한 방식을 지지하지 않습니다. 당사 제품은 뒷마당 모임이 수월하게 진행되고 가족과 친구들이 집 마당에서 교류하는 데 도움을 주기 위해 제작되었습니다.

공유 6회

 좋아요   댓글 달기   공유하기

 18

제임스 알렉스 필즈 주니어가 버지니아주 샬러츠빌에서 나치 행진에 항의하는 시위대를 향해 차를 몰고 돌진해 헤더 하이어를 사망하게 한 사건이 벌어진 지 1년 후, 나는 한 백인 남성 친구에게 1981년 우리가 대학에 입학하기 전 가을 교정에서 십자가 하나가 불탔음에도 수많은 백인 우월주의자의 테러 행위가 본질적으로 나와 연관된 일이라는 사실을 그때는 깨닫지 못했다고 말한다. 그해 십자가를 불태운 사람이 누구건 그 사람에게 나는 알려지지도 보이지도 않는 존재였지만 내 존재는 미국인의 표적으로 인식되고 있었다. 거의 40년이 지난 지금 자기 집 주방 식탁에 앉아 나를 마주 보고 있는 그는 우리의 모교가 십자가 불태우기 현장이었다는 사실을 전혀 몰랐다고 말한다. 지금껏 아무도 언급한 적이 없었던 터다.

백인 남자인 친구와 나는 지난 수년간 자주는 아니어도 꾸준히 만나 온 사이다. 그는 내 행사에 참석하고 나는 그것이 우리의 우정과 내 노력을 지지하는 마음이라고 생각한다. 나는 그와 그의 아내 모두에게 애정 어린 마음을 갖고 있으며, 그를 만나기 위해 일부러 트윈 시티즈*를 찾은 적은 없지만 그 도시에 가게 될 때면 항상 그와 만나는 일정을 기꺼이 추가한다. 우리는 짬을 내어 이곳저곳에서 저녁 식사를 하고, 아이들이 어떻게 지내는지 이야기를 나누고, 우리 둘 다 아는 지인들의 근황을 확인한다. 그렇게 수년이 흐른 지금 우리는 변치 않은 편안함과 친밀감이 상존하는 관계를 유지하고 있다. 나는 열여덟이었을 때도 그를 좋아했고 중년이 된 지금도 그를 좋아하는데, 내가 불타는 십자가에 관한 기억을 우리의 근본적인 차이 혹은 우리 관계의 어떤 결점을 보여 주는 증거라고 생각한다면 그건 과장인 걸까.

* 미네소타주의 미니애폴리스와 세인트폴을 가리킨다.

그런 일이 있었다고 나는 꽤 확신해, 라고 내가 말한다.

우리는 각자의 핸드폰을 꺼낸다.

와우, 라며 그는 머릿속 검색 엔진의 기억 창고에서 그 사건을 떠올린다.

그는 그 사건에 무지했다는 사실에 당황한 듯하다. 와우, 라고 다시 한번 말한다. 그를 지켜보던 나는 백인성이 현실 혹은 기억에 어떤 식으로 작용하는지 깨닫는다. 시인 에밀리 디킨슨은 편지 봉투에 이렇게 휘갈겨 썼다. "하시만 우리가 기억 저편에 묻어 둔다 해서 모든 사실이 꿈이 되는 것은 아니다—" 친구가 만난 사람들—행정 직원, 교수진, 친구, 상급생—중에는 십자가 불태우기가 언급할 가치가 있는 문제라고, 언급할 만큼 중요한 일이라고 생각한 이가 한 명도 없었고, 언급했더라도 그의 기억에 시멘트처럼 단단히 굳어질 만한 이해를 불러오지 못했다.

백인 대학 동기 중에서 그 십자가 불태우기에 대해 알고 있고 지금도 그것을 자신의 대학 시절 경험과 미국인으로서의 삶을 구성하는 사건으로 기억하고 있는 사람이 누구일지 궁금해지기 시작한다. 지금도 연락하며 지내는 동기는 한 손에 꼽을 정도다. 그 순간을 기억할지도 모른다는 생각이 드는 친한 백인 여자 친구에게 전화를 걸어 보기로 하지만 솔직히 기대치는 낮다. 여전히 반가운 마음으로 꾸준히 안부를 주고받는 지인 중 한 명인데도 말이다. 그런데 희한하게도, 우연찮게도, 십자가 불태우기 사건에 대해 묻자 친구는 자기가 그 사건의 신고자였다고 말한다. 십자가 불태우기 현장과 범인을 목격한 당사자였던 것이다. 잘 기억나지는 않지만 어쩌면

텍스트 혹시 우리가 공유하는 역사에도 불구하고 여전히 가능한 것들에 대한 이해가 우리가 대학 시절에 친했던 이유를 어느 정도 설명해 준다고 볼 수 있을까?

설명 및 출처 1925년 워싱턴에서 행진하는 KKK단 회원들의 모습을 담은 사진. 『워싱턴 포스트』는 1982년과 2018년 두 차례 이 행진을 회고했다. KKK단은 1982년을 포함해 여러 차례 1925년 행진을 재현하려 시도한 듯하다. 1982년 『워싱턴 포스트』는 1925년 행진과 관련된 몇몇 세부 사항에 대해 다음과 같이 회고했다: "『워싱턴 포스트』에 게재된 기사들에 따르면 가장 규모가 큰 주 대표단은 남부가 아니라 뉴저지와 펜실베이니아 출신이었다. 경찰 총경 대행 찰스 A. 에번스는 (…) 시위대 규모를 3만 명에서 3만 5천 명 사이로 추산했다." (더 높게 추산한 수치도 있다. 아래에 인용한 『애틀랜틱』 기사 참고.) "KKK단은 열여덟 대 이상의 특별 열차를 타고 워싱턴에 도착했다. (…) 당시 사진과 신문 기사를 보면 행진을 이끈 수사들은 인종이 아닌 '미국 중심주의' 그리고 이민으로 인해 자신이 위협에 처했다고 생각하는 사람들의 문화적 공포에 주로 초점을 맞추었다. (…) 반가톨릭 정서가 특히 심했다."

추가로 조슈아 로스먼, 「편견에 기반한 증오가 거리를 장악했을 때」, 『애틀랜틱』도 참고한다: "1925년 8월 8일, 5만 명이 넘는 KKK단 회원이 워싱턴 D.C.에서 행진을 벌였다."

내게 그 사건을 알려 준 사람이 이 친구였을지도 모른다. 혹시 우리가 공유하는 역사에도 불구하고 여전히 가능한 것들에 대한 이해가 우리가 대학 시절에 친했던 이유를 어느 정도 설명해 준다고 볼 수 있을까? 나와는 무관한 일이라고 생각했음에도 그 사건은 줄곧 내 대학 시절 풍경을 구성하는 일부로 남아 있었다.

내 친구는 미국 와스프의 외양과 족보를 갖고 있다. 머리칼은 자연 금발에 눈동자는 푸르고 메이플라워호* 시대까지 거슬러 올라가는 가문 출신이다. 친구도 알고, 나도 알고, 친구의 얼굴을 보는 순간 누구나 간파하는 사실이다. 그 친구의 세계는 뉴잉글랜드 사립 초등학교, 과거에는 남자 대학교였으나 우리가 동문으로 만난 대학교, 그리고 아이비 리그 대학원으로 구성된 세계다. 우리는 같은 대학교에 다녔다는 점을 제외하면 공통점이 거의 없지만 그럼에도 친분을 유지하고 있다. 친구는 홈커밍 축제가 한창이던 주말, 흑인 학생 연합BSU 파티에서 자리를 뜨던 중에 불타는 십자가를 목격했다. 그때 불타는 십자가를 목격한 것이 계기가 되어 흑인의 존재를 의식하게 된 것은 아니다. 친구는 그 전부터 이미 통합된 삶을 살고 있었기 때문이다. 하지만 그 사건 덕분에 우리가 순조롭게 대화를 나눌 수 있었으리라는 점에는 의심의 여지가 없다.

백인이 유색인, 특히 흑인과 우정을 쌓지 않는 이유가 혹시 흑인을 향한 백인의 폭력에 직면하거나 연루되기 싫어서일까. 어떤 백인이 흑인 친구 집에 방문해 저녁 식사를 하려고 앉았다가 녹물이 담긴 긴 컵을 보았다고 상상해 보자. 비현실적인 상상이라는 것은 나도 안다(대부분의 경우 백인은 흑인의 입장을 생각해 볼 필요도 없다).

---

* 1620년 청교도들이 영국에서 신대륙으로 건너갈 때 탄 배.

텍스트 백인이 유색인, 특히 흑인과 우정을 쌓지 않는 이유가 혹시 흑인을 향한 백인의 폭력에 직면하거나 연루되기 싫어서일까. 어떤 백인이 흑인 친구 집에 방문해 저녁 식사를 하려고 앉았다가 녹물이 담긴 긴 컵을 보았다고 상상해 보자.

팩트 체크 그럴 수도 있다.

설명 및 출처 2017년, 미시간 시민권 위원회로 불리는 국가 기관은 체계적인 인종 차별이 위기 상황 및 위기 이후의 부실한 대응에서 핵심적인 역할을 했다고 결론 내렸다: "플린트 시민들은 유례없는 피해와 고난을 겪어야 했고, 이 고통은 대체로 플린트라는 도시, 플린트의 기관들, 플린트의 수도관을 수 세대에 걸쳐 부식시킨 구조적이고 체계적인 차별과 인종 차별주의에서 비롯했다."

최근 『미국 국립 과학원 회보』에 실린 보고서 「상품 및 서비스 소비의 불평등이 대기 오염 노출에서의 인종적-민족적 격차를 가중시킨다」는 흑인과 비백인 히스패닉이 비히스패닉 백인에 의해 오염된 공기를 불균형적으로 더 많이 들이마신다고 밝혔다: "모든 배출 집단에서 흑인은 백인/여타 인종에 비해 오염에 더 많이 노출된다. 히스패닉도 마찬가지인데, 단 농업, 석탄 전기 설비, 가정용 목재 연소에서 배출되는 $PM_{2.5}$ 초미세 먼지에 대해서만 예외적으로 백인/여타 인종에 비해 각각 11퍼센트, 40퍼센트, 14퍼센트 덜 노출된다. 이 세 가지 오염원은 히스패닉 인구가 상대적으로 적은 지역에 집중되어 있다. 백인/여타 인종은 일곱 가지 소비 범주 전부를 통틀어 흑인과 히스패닉보다 더 많은 에너지를 소비—오염원을 더 많이 배출—하고 있다"(크리스토퍼 W. 테섬 외).

하지만 어쨌든 이 상상 속 논리를 따라가 볼 때 내 머릿속에 떠오르는 결과는 그런 폭력이 인종 차별 종식을 바라는 모든 숫된 염원을 뒤흔드는 상황이다. 이렇게 되면 그 백인은 아무리 주변에서 흑인들이 그냥 '알아서 극복'해야 하는 문제라고 해도 실제 흑인들이 마주해 있는 현재의 명확한 위험을 직접 감당해야 할 것이다. 흑인 학생이 절대 다수인 하우스 파티에 참석한 일은 내 친구 입장에서는 말 그대로 백인에 의한 테러를 정면으로 마주하는 경험이었다. 친구는 그 상황을 어떻게 소화했던 걸까.

무슨 일이 있었던 거야? 내가 묻는다. 무슨 일이 있었던 거고 너는 무슨 생각을 했어?

1980년이었고 그때 나는 1학년이었는데, 이듬해 동거도 했던 친한 친구 하나가 흑인 남자애였어. 우리는 같이 별의별 파티에 다녔고 어느 날 밤에는 캠퍼스의 한 기숙사에서 열린 BSU 파티에 갔어. 아무나 참석할 수 있는 파티였고 나는 백인 여자라 환영도 받았지. 그날은 나 먼저 자리를 떴는데 건물을 나서서 한쪽에 나무들이 늘어선 어두운 잔디밭으로 들어가니 가운 같은 흰옷을 입은 남자 둘이 나무를 향해 달려가는 게 보이더라. 그 둘은 뭔가에 불을 붙이더니 헐레벌떡 달아나기 시작했고 그 순간 그날 저녁에 세워진 십자가가 활활 타올랐어. 순식간에 벌어진 일이었어. 곧장 그 둘을 쫓아갔다면 붙잡을 수 있었을지도 모르지만 그때 나는 다시 건물로 뛰어 들어가 춤추고 있던 사람들에게 이리 좀 나와서 보라고 소리쳤어. 다들 창문이랑 건물 밖으로 몰려갔지. 누군가가 보안 대원을 불렀는데 보안 대원이 불을 끌 때까지 기다렸는지 아니면 파티에 참석한 누군가가 불을 껐는지는 정확히 기억나지 않아. 그만큼 충격이 컸거든. 어떻게 우리 커뮤니티에 속한 사람이 그렇게 모욕적이고 역겨운 짓을

텍스트 분명 흑인 학생들에게는 훨씬 더 분통할 일이었을 거야.

샬러츠빌에 위치한 로버트 E. 리의 기마상 앞에 방석복 차림의 경찰들이 줄지어 서 있다.

설명 및 출처 '우파여 결집하라'Unite the Right 행진은 샬러츠빌에 설치된 남부 연합 동상을 철거하라는 목소리가 높아지자 그에 대한 대응으로 조직된 행동이다. 남부 연합 동상은 (워싱턴에서 KKK단의 행진이 있기 1년 전인) 1924년 샬러츠빌에 세워졌으며, 2016년 2월 샬러츠빌은 투표를 통해 리 공원에서 그 동상을 철거하기로 했다. 그러자 '기념 기금'과 '버지니아 남부군 참전 용사 후손' 단체 등이 시를 상대로 소송을 제기했다. 그리고 동상 철거 계획에 대한 대응으로 2017년 8월 2일 '우파여 결집하라' 행진이 진행되었다.

아무렇지도 않게 저질렀던 걸까? 어떻게 합심해서 그런 짓을 할 수 있었던 거지?

나는 사건의 주요 목격자였기 때문에 보안 대원에게 내가 본 광경을 설명했어. 며칠 후에는 행정실로 와 달라는 연락을 받아서 갔더니 직책이 높아 보이는 관계자들이 사진 한 뭉텅이를 보여 주면서 범인을 한 명이라도 알아볼 수 있겠냐고 묻더라. 주변은 깜깜했고 거리도 멀었던 데다 범인들은 긴 가운을 두르고 있었어. 누가 그런 짓을 저질렀는지 전혀 분간할 수 없는 상황이었던 거지. 그 후에도 다시 행정실로 불려 가 범인으로 추정되는 사람들 사진을 뭉텅이로 봤어. 그때도 나는 얼굴 자체를 제대로 보지 못했기 때문에 구별할 수 없다고 대답했고.

나는 열여덟이었어. 그리고 백인이지. 하지만 BSU 파티가 벌어지는 장소 옆에서 십자가를 불태우는 게 모욕적이고 역겨운 짓이라는 건 이해할 수 있었어. 분명 흑인 학생들에게는 훨씬 더 분통할 일이었을 거야. 나는 그 사건을 그렇게 넘길 수 있었지만 다른 학생들이 그 후에 어떤 감정을 느꼈을지는 모르겠어. 그때 내 친구는 그 일을 담담하게 겪어 냈어. 그냥 몇몇 멍청한 애가 저지른 일이라고 생각했지.

그런 일이 있고 나서 나는 속으로 이렇게 자문했어.

파티 장소로 돌아가 지금 잔디밭에서 불타고 있는 십자가를 보라고 말할 게 아니라 십자가가 있는 곳으로 달려가 그나마 피해를 줄일 수 있게 불을 끄려는 노력을 해야 했던 거 아닐까? 방화범은 BSU 파티에 참석한 사람들을 도발하려 했어. 그러니 십자가를 본 사람이 한 명도 없었다면 방화범들의 계획도 노력도 수포로 돌아갔겠지. 그런데도

사람들이 그 현장을 보는 게 중요했을까? 내가 그냥 나중에 그 사실을 알리고 사람들은 잔디밭에 남은 증거만, 불에 타 한쪽으로 쓰러진 십자가만 봐도 되는 거 아니었을까? 그러면 더 나았을지, 그건 잘 모르겠어.

범인들을 쫓아가 누구인지 파악할 수 있게 얼굴을 더 자세히 봐야 했을까? 그때 난 충격을 받고 좀 얼어붙었던 것 같지만, 그래도 어쩌면 범인들 얼굴을 더 자세히 보고, 누구인지 알아내고, 우리 커뮤니티와 학교에서 쫓아낼 수 있었을지도 몰라.

그 둘은 어떻게 만난 사이였을까? 백인 모임에서 N 워드*를 내뱉은 다음 그 말을 듣고 누가 웃는지, 누가 외면하는지를 확인했을까? 그런 다음 같은 학교 학생들에게 심한 모욕감을 주는 것만이 유일한 목적이었던 그 짓을 꾸민 걸까? 어쩌면 사건 바로 다음 날 나는 둘 중 한 사람과 같은 강의실에 앉아 있었을지도 몰라. 그리고 바로 지금, 그 둘은 어디든 자유롭게 돌아다니고, 아이들과 시간을 보내고, 직장에 다니고 있겠지. 이제는 나이도 먹고 분별력도 생겨 과거를 떠올리며 후회하고 있을까 아니면 지금도 그런 인종 차별적인 행동을 즐기고 있을까? 백인 민족주의 운동에 환호를 보내고 있으려나?

그다음 주에는 캠퍼스에서 십자가 불태우기에 항의하는 행진이 진행됐어. 사실 나는 행정실에서 그 범죄 행위를 상당히 우려스러운 일로 받아들이고 처리했다고 생각해. 하지만 그럼에도 십자가 불태우기에 시간과 노력을 들인 학생들이 캠퍼스에 있다는 사실은 여전했지.

* 한국어로 '검둥이' 등을 가리키는 흑인 비하 용어 nigger를 가리킨다.

텍스트 그렇게 인종 차별을 오로지 젊은이의 치기 어린 행동과 무지로 여기는 것은 미국적 낙관주의의 한 형태인 듯하다.

흑인 교회에서 총기를 난사해 아홉 명을 숨지게 한 백인 우월주의자 딜런 루프가 교회 문손잡이를 잡으려는 장면과 교회 밖으로 나오는 장면이 담긴 CCTV 사진 두 장

설명 및 출처 레이첼 카지 간사가 딜런 루프에 관해 『GQ』에 게재한 글에는 그가 활동한 온라인 커뮤니티가 다음과 같이 소개되어 있다: "구성원들은 젊고, 백인이며, 총을 보관한 무기고에 대해 심심찮게 떠벌린다. 그 총이 머지않아 찾아올 인종 전쟁에서 자신들을 구해 줄 무기이기 때문이다. 그들은 완전 무장을 하고 있고, 안타깝게도 거의 대부분 교육을 받지 못했거나 어느 정도 교육을 받았더라도 사회 생활 면에서는 지나치게 서툴다. 그러다 백인 우월주의 세상에서는 친구를 사귈 수 있다는 사실에 눈뜬 것이다."

대답을 듣는 동안 나는 범인들이 "과거를 떠올리며 후회"할지를 친구가 진심으로 궁금해하는 걸까 생각한다. 그렇게 인종 차별을 오로지 젊은이의 치기 어린 행동과 무지로 여기는 것은 미국적 낙관주의의 한 형태인 듯하다. 친구는 범인들이 백인 민족주의자일지가 아니라 "백인 민족주의 운동에 환호"하고 있을지를 궁금해한다.

친구가 들려준 마지막 생각에 이렇게 우울한 반응을 보이는 나 자신이 놀랍다. 인종 차별이 여전히 얼마나 고질적이고 뿌리 깊은지를 알지 않으려는 그런 태도가 이상하게 나를 낙담시키고 묘한 놀라움을 느끼게 한다. 지금도 이렇다니. 이 친구마저 이렇다니. 이런 생각이 내 소중한 우정에 끼어들지 않으면 좋겠다. 지금도 이렇다니. 이 친구마저 이렇다니. 어느새 나는 호미 바바가 『문화의 위치』에서 프란츠 파농에 관해 쓴 대목을 떠올린다. "기억하기는 결코 성찰이나 회상 같은 고요한 행위가 아니다. 기억하기remembering는 현재의 트라우마를 이해하기 위해 해체된 과거를 접합하는 행위, 다시 결합하는re-membering 행위다."* 내 친구처럼 방화범들이 현재 백인 민족주의자이리라는 생각을 선뜻 품지 않는 것은 "현재의 트라우마"를 과거에서 미래로 이어지는 연속체로 보지 않기 위한 하나의 방도다. 십자가 불태우기에 관한 경찰 보고서에 따르면 경찰이 용의선상에 올린 범인은 졸업생들이었다. 그들은 지금 무얼 하고 있을까? 미국 사법 제도를 구성하는 일원이 되었을까?

방화범들의 행동을 가벼이 눈감아 주기로 한 사람은 내 친구만이

---

* 호미 바바, 『문화의 위치: 탈식민주의 문화 이론』, 나병철 옮김, 소명출판, 2002, 139쪽.

민족 사회주의 운동 집회, 2018년 조지아주 뉴넌

아니다. 당시 언론 보도에 따르면 학교에서 벌어진 그 사건을 수사한 FBI는 십자가 불태우기가 그저 짓궂은 장난이었을 것이라고 결론 내렸다. 진실이 무엇이든 십자가를 태운 익명의 방화범들 혹은 그들에게 영감을 받은 익명의 존재들은 사건이 벌어진 후 몇 주 동안 BSU와 관련된 학생들을 지속적으로 괴롭혔다. 경찰 기록을 살펴보면 (특정 흑인 학생들뿐 아니라 그들의 입학을 허용했다고 간주된 백인 총장도 협박 대상이 되었다는 점에서) 대학 커뮤니티 구성원으로 추정되는 누군가가 협박을 가한 사건도 있었다. 한 학생이 받은 편지에는 이런 문장이 적혀 있었다. "냄새나는 망할 새끼들, 더럽고 새까만 원숭이들이 어디 백인 인간 사회에 끼려고 들어. 니들처럼 좆같은 검둥이 짐승들은 결국 도태될 거야. 알아듣기 쉽게 말하면, 멸종할 거라는 말이야."

많은 흑인이 십자가 불태우기와 유사한 사건이 벌어진 이 학교 저 학교를 졸업한 후 성공적인 삶을 영위하고 때로는 경제적 부도 거머쥐는 시대에 과연 이와 같은 현실을 어떻게 다루어야 하느냐는 문제는 일부 사람에게 모순으로 남아 있다. 어떤 일이 가능한지를 진보적인 백인이 이해한다는 것은 흑인이 이루어 낸 개인적인 성취가 지속적인 백인 테러리즘 공격을 무효화하지는 않는다는 사실을 이해한다는 의미다. 2008년 민주당 대선 후보 경선 당시 힐러리 클린턴은 승산이 희박했음에도 완주를 고집했다. "우리는 (1968년) 6월 캘리포니아에서 보비 케네디*가 암살당한 사건을 기억하고 있습니다"라는 말에서 드러나듯 사실상 그는 오바마 대통령이 어떤

---

* 존 F. 케네디 미국 전 대통령의 동생으로 케네디 행정부의 법무 장관 그리고 추후에 뉴욕주 상원 의원으로 일하는 동안 아프리카계 미국인을 위한 프로그램을 지지하고 민권 운동에 힘썼다. 다른 한편 그는 이스라엘에 친화적인 입장을 취했고 팔레스타인 난민에게 암살당했다.

텍스트 의도했든 의도하지 않았든 '마지막 지푸라기를 잡는 몸부림' 같았으므로 모두가 클린턴의 발언에 소스라치게 놀랐겠지만, 암살 가능성을 알리는 것은 미국의 현실을 고려한 행동이었다. 살해당하고 암살당하고 수감되고 내쳐지는 흑인은 많은 백인 미국인 입장에서 감당할 수 있는 손실이었다.

설명 및 출처 로빈 디앤젤로, 『백인의 취약성』: "나는 유색인이 없어도 손해 볼 것이 아무것도 없다는—유색인의 부재는 우리가 추구하고 유지해야 할 훌륭하고도 바람직한 상태라는—가르침을 전하는 동시에 그 가르침을 부인하는 사회에서 자랐다. 이 태도는 내 자아 정체성을 이루는 모든 측면에 영향을 미쳤다. 즉 내 관심사와 몰두 대상, 내가 신경 쓰는 것과 신경 쓰지 않는 것, 내가 보는 것과 보지 않는 것, 내가 끌리는 것과 배척하는 것, 내가 당연하게 받아들일 수 있는 것, 내가 갈 수 있는 곳, 다른 사람이 내게 반응하는 방식, 내가 무시할 수 있는 것 등에 영향을 미쳤다."*
제임스 볼드윈, 『티켓 가격』: "폭도는 자율적이지 않다. 폭도는 국가를 통치하는 사람들의 진정한 의지를 실행에 옮긴다. 〔…〕 예컨대 흑인을 재산으로 여기는 것은 폭도들의 생각이 아니다. 그건 자생적인 생각이 아니다. 그건 상황을 더 잘 아는 사람들의 머릿속에서 나온 생각이 아니다. 〔…〕 그건 미국이라는 국가를 수립한 설계자들의 머릿속에서 나온 생각이다. 이 설계자들은 재산이라는 개념이 인간의 가능성보다 더 중요하다고—더 현실적이라고—판단했다."

---

* 로빈 디앤젤로, 『백인의 취약성』, 132쪽.

업적을 이루든 그가 백인 테러리즘으로부터 안전해질 수 없다는 묵시적 현실을 꼬집고 있었다. 의도했든 의도하지 않았든 '마지막 지푸라기를 잡는 몸부림' 같았으므로 모두가 클린턴의 발언에 소스라치게 놀랐겠지만, 암살 가능성을 알리는 것은 미국의 현실을 고려한 행동이었다. 살해당하고 암살당하고 수감되고 내쳐지는 흑인은 많은 백인 미국인 입장에서 감당할 수 있는 손실이었다. 흑인이 암살보다는 동네에서 벌어진 범죄에 의해 죽는 경우가 더 많은 것은 사실이다. 그렇지만 백인과 충돌하거나 백인 중심의 법정에 선 흑인이 살해당하거나 과잉 형량을 선고받는 상황을 보다 보면 이것이 단순히 이들의 피부색 때문이라고 유추하게 된다. 고집스럽고 확실한 무관심이 수 세기에 걸쳐 존속해 왔음에도 친구들이 그걸 이해하지 못할 때마다 나는 바보같이 상처를 받는다. 어쩌면 그게 내가 가진 비백인 취약성인지도 모른다.

백인 남성 특권에 관한 연구

텍스트 경찰 폭력의 피해자가 될 가능성이 높은 트랜스젠더 비율에 주목한 통계 수치가 제시되자 '백인 남성 특권'이라는 표현이 발화되는 상황이 펼쳐진다.

설명 및 출처 전미 트랜스젠더 평등 센터와 전미 게이 및 레즈비언 태스크 포스가 시행한 2011년 연구는 다음과 같은 사실을 보여 준다: "경찰과 접촉한 트랜스젠더 중 5분의 1 이상(22퍼센트)이 경찰로부터 괴롭힘을 당했다고 보고했고, 6퍼센트는 경찰로부터 편견에 기반한 공격을 받았다고 보고했다. 흑인 트랜스젠더가 편견에 기반한 괴롭힘과 공격을 당하는 비율은 각각 38퍼센트와 15퍼센트로 그보다 훨씬 높았다."

'백인 남성 특권'의 덕을 보고 있다는 말을 들을 때 백인 남성이 어째서 모욕당한 기분을 느끼는 건지 나는 이해해 보려 애쓰고 있다. 그래서 트랜스젠더를 대하는 방식을 주제로 경찰들이 토론을 나누는 어느 교육 세미나 영상을 다시 시청한다. 토론 주최자는 미 법무부 대변인이다. 경찰 폭력의 피해자가 될 가능성이 높은 트랜스젠더 비율에 주목한 통계 수치가 제시되자 '백인 남성 특권'이라는 표현이 발화되는 상황이 펼쳐진다.

〈영상 시작〉

인디애나주 플레인필드의 스콧 인드 경감(강사가 트랜스젠더를 향한 폭력 통계 수치를 보여 주자 그에 반응하며): 정확하지도 않은 수치네요. 이 수치가 어떻게 도출된 것인지, 트랜스젠더를 그런 폭력으로 몰아넣는 상황이 어떤 것인지에 대한 근거도 없잖습니까. 그러니까 트랜스젠더가 비트랜스젠더보다 그런 상황에 처할 가능성이 더 높다는 말이잖아요?

강사: 그렇습니다.

스콧 안트 경감(말을 끊으며): 저는 그게 무슨 말인지 모르겠는데요— 제가 드리고 싶은 말씀은 저는 살면서 경찰 폭력 같은 걸 저지른 적이 한 번도 없다는 거예요. 제가 아는 대부분의 사람도 경찰한테 폭력을 당하고 경찰을 고소하는 경험은 한 적이 없어요. 그래서 저는 저 통계 수치가 대체 어떻게 나온 건지 이해가 안 됩니다.

플레인필드의 캐리 웨버 경감(카메라에 얼굴은 잡히지 않고 청중석에서 목소리만 들린다): 경감님의 백인 특권 때문입니다, 그래서 모르시는

인디애나주 플레인필드 경찰국

거예요.

스콧 안트 경감: 뭐라고요?

캐리 웨버 경감: 경감님이 가진 백인 남성 특권이요.

강사: 다들 조금 진정하시죠.

진행 보조자: 소란 없이 프로답게 마무리합시다. 그게 제〔누군가가 끼어드는 바람에 말을 잠깐 멈췄다가 다시 입을 열며〕역할이고, 지금 통계에 집중하고 싶은 것도 아닙니다. 솔직히 말씀드리면—

스콧 안트 경감(말을 끊으며): 선생님, 정말 저〔알아들을 수 없는 소리〕그냥 넘어가실 생각입니까? 정말요? 저는 여기서 마땅한 질문을 한 것뿐인데〔알아들을 수 없는 소리〕백인 특권이라뇨? 진심입니까? 〔고함을 치며〕굉장히 불쾌하군요.

〔두 사람 사이에 한 차례 더 말이 오간다.〕

진행 보조자: 우리는 백인 특권을 얘기하고 있는 게 아닙니다. 다른 인구 통계 집단을 집중적으로 살펴보려 했던 겁니다. 저는 계속 전문가 입장에서 말씀드릴 거고, 혹시라도 불쾌감을 느낀 분이 있다면 사과드리겠습니다.

〈영상 종료〉

"나는 백인인 것이 부끄럽지/두렵지 않다."

〈결과〉

실제 벌어진 소동을 담은 이 영상에서 안트 경감은 "백인 남성 특권"이라는 표현이 "굉장히 불쾌"하다고 말한다. 그는 이 일에 정식으로 항의하면서 "인종 차별적이고 성 차별적인 비방을 들었다"고 진술했다. "백인 남성 특권"이라는 표현을 쓴 백인 여성인 웨버 경감은 유급 행정 휴직 처분을 받았고, 결과적으로는 비공개로 진행된 간부 회의를 통해 견책 서한을 받고 복직했다.

백인 남성 경찰은 타인이 자신을 '백인 남성 특권'을 가진 사람이라고 말하자 백인 남성으로서 분노를 표출했고, 이로 인해 2일간의 무급 정직 처분을 받았다. 그런데 분노 표출이 문제 행동임에도 이를 백인 남성 특권과 명시적으로 연결 짓는 사람은 없다. 따라서 견책 서한에도 이런 내용은 빠져 있다. 안트 경감이 자기 자신을 백인 남성으로 생각한다는 점은 확실한데, 그렇다면 그는 '특권'이라는 표현에 격분한 걸까? 그런데 '인종 차별적인 비방'이라는 진술은 그가 백인성에 대한 언급을 모욕으로 받아들인다는 뜻이다. 즉 그는 백인성을 특권과 짝지은 것에 불쾌함을 느낀 것이 분명하다.

안트 경감은 12세기에 처음 사용된 '특권'이라는 단어가 '특정 개인에게 유리한 혹은 불리한 법안'을 의미했다는 사실을 알고 있을까? 법이 백인 남성인 그에게 유리하다는 사실은 이미 알려져 있음에도 알려지지 않은 상태로 남아 있어야 한다. 그는 그 사실을, 그리고 자기에게 유리하게 작용하는 모든 상황을 본인이 순순히 받아들이고 가시화하고 있다는 사실도 차마 감당할 수 없어 알지 않으려 한다. 자기에게 주어진 것들의 짐을 차마 감당하지 못한다. 자기가 특권을 체화한 존재라는 자각을 차마 하지 못한다. 자기

자신이 이미 그 증거가 되었음에도 말이다. 그는 자신이 혜택을 받는 존재라는 사실을 모를 것이고, 심지어 그 사실을 알지 않으려다 타인을 짓밟게 되더라도 끝끝내 그 사실을 모를 것이다. 많은 사람의 삶이 자기에게 달려 있더라도, 자기가 지금 알지 못하는 것을—아니, 알려고 하지 않는 걸까?—알게 되기를 그들이 기다리고 기대해도 알지 못할 것이다.

키가 큰

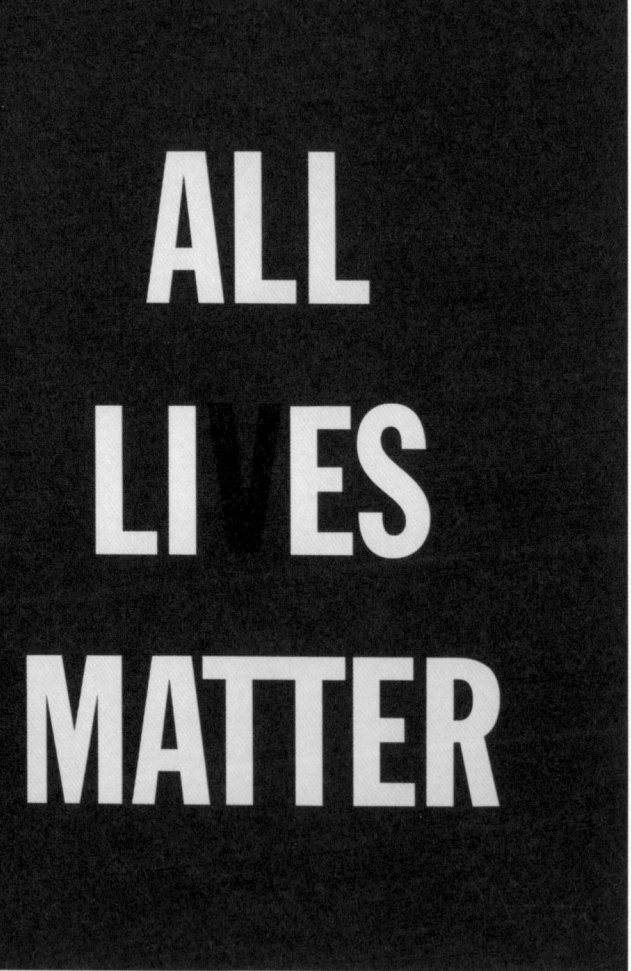

"모든 생명은 중요하다 / 모든 거짓말은 중요하다"

다른 사람 집에 머물다 코트를 찾으러 가는데 복도에서 한 남자가 다가와 자기가 가진 최고의 특권은 키인 것 같다고 말한다. 키가 가장 큰 사람이 누구인지를 둘러싼 정치가 있고 지금 그가 수동적으로 길을 막고 있으니 그렇다, 맞다. 하지만 그게 최고의 특권은 아니다. 제가 생각하기에, 라고 나는 말한다. 그쪽이 가진 최고의 특권은 백인성 같은데요. 그러자 그는 화제를 바꾸며 흑인이 무섭다는 말을 털어놓은 여타 백인 지인과 달리 자신은 예전에 농구를 했기 때문에 흑인과 함께하는 자리가 편하다고 말한다. 흑인 '남자'와 농구를 했다고는 말하지 않았지만 그건 이미 그의 말에 암시되어 있다. 무언가를 너무나도 좋아하면 그것과 결혼할 수도 있는 법이라는 가당찮은 논리를 따르는 게 아닌 이상 딱히 합당한 이유도 없지만 나는 그에게 이렇게 묻는다. 흑인 여자랑 결혼하셨어요? 뭐라고요? 그가 반문한다. 아뇨, 제 아내는 유대인이에요. 잠시 후에는 이렇게 덧붙인다. 백인이죠. 나는 그의 친한 친구, 동료, 이웃, 아내의 친구, 그가 속한 기관, 우리가 속한 기관, 구조적인 인종 차별, 무기화된 인종 차별, 무지에서 비롯한 인종 차별, 내면화된 인종 차별, 무의식적인 편견 등에 대해 묻지 않는다. 대신 결심한다. 지금 당장은 아무 일도 일어나고 있지 않으니까, 그도 나도 새로운 사회적 상호 작용을 하고 있지 않고 새로운 말을 덧붙이지도 않고 있으니까 고개를 쳐들고 갸웃거리는 짓은 그만하자고 결심한다. 그러다 또다시 인내의 끝에 다다른다. 이론가 사이디야 하트먼이 뭐라고 했더라? "백인에게 인종 차별을 교육하는 것은 실패했다." 아니, 그게 아니라 "복도는 무엇이 가능한지를 보지 않을 수 없는 (무)경계 영역이다"였나? 그게 뭐였든 여전히, 집으로 가는 내내, 도통 떨쳐 낼 수 없을 만큼 키 큰 남자의 이미지가 내 눈앞에 어른거린다. 그러고 있다 보니 긴가민가했던 하트먼의 구절이 떠오른다. "우리가 역사적 시간을 어떻게 살아 내고 있느냐는 맥락에서 노예제의 사후 세계를 생각할 때 제가 진실이라고

여기는 것 중 하나는 시간의 얽힘이라는 감각이에요. 말하자면 과거와 현재와 미래가 서로 분리되고 단절되어 있는 것이 아니라, 사실 우리는 그것들이 동시다발적으로 얽혀 있는 시간을 살아가고 있다는 감각이죠. 우리 흑인에게는 상식에 가까운 이 감각을 과연 어떻게 설명해야 할까요?"* 하트먼의 질문은 시간을 잇는 고리다.

---

* Thora Siemsen, "On Working with Archives: Conversation with Saidiya Hartman", *The Creative Independent*, April 18, 2018, https://thecreativeindependent.com/people/saidiya-hartman-on-working-with-archives/.

사회 계약

텍스트 나는 '오바마케어'와 '이민'과 '장벽'이라는 용어로 은밀하게 표출된 반흑인 및 반라틴엑스 인종 차별주의가 (…) 강력한 동력이었다고 믿는 사람이다.

설명 및 출처 존 사이즈, 마이클 테슬러, 린 바브렉, 『정체성 위기: 2016년 대선과 미국의 의미를 위한 투쟁』은 인종이 대통령 선거 결과의 결정적인 요인이었다는 주장을 뒷받침하는 주요 연구 결과다: "이 맥락에서 훨씬 더 중요하다고 할 수 있는 또 다른 요소는 정치적 행위자다. 정치적 행위자는 집단 정체성을 구성하는 내용, 즉 집단의 일원이 된다는 것의 의미를 명확히 표현할 수 있게 돕는다. 또한 집단에 가해지는 위협을 식별하며, 때로는 그 위협을 과장하거나 심지어는 날조하기도 한다. 그러고 나면 집단 정체성과 태도를 더 두드러지게 만들고 의사 결정의 기준으로 삼을 수도 있다."

텍스트 (…) 자기 자신을 민족주의자로 칭하는 2016년 대통령 선거 당선자 (…)

설명 및 출처 니티 우파디예, 「트럼프, 자신이 '민족주의자'라고 말해」: https://www.nytimes.com/video/us/politics/100000006175744/trump-nationalist.html.

「나는 민족주의자다: 논란이 되는 꼬리표를 기꺼이 받아들여 분란을 일으키는 트럼프」, 『USA 투데이』: "아시다시피 그런 말이 있잖아요—시대에 뒤떨어진 표현이기는 하지만—민족주의자 말이에요. 그리고 정말로 그런 말을 쓰면 안 된다고들 하잖아요. 그런데 제가 어떤 사람인지 아세요? 전 민족주의자예요, 아시겠어요? 전 민족주의잡니다. 민족주의자. 아무 문제 없어요. 그 단어를 쓰세요. 그냥 쓰시라고요."

텍스트 (…) '많은 요인'을 운운하는 수사적 흐름을, 이를테면 조지 월리스가 자신의 정치적 성공이 인종 차별적 수사를 사용한 덕분이라고 인정하지 않는 식의 흐름을 거스르려 애쓰는 사람이다.

팩트 체크 그렇다. 월리스는 자신의 정치적 부상이 인종 차별적 수사와 정책 덕분이라고 말하기는 했지만 그 덕분에 네 차례 주지사로 당선되었다고는 인정하지 않았다. 아래 내용을 참고하라.

설명 및 출처 댄 T. 카터의 조지 월리스 전기 『분노의 정치』: "월리스는 어깨를 으쓱했다. 그는 『플로런스 타임스』 편집자 루이스 에클에게 '저는 먼저 학교와 고속도로와 교도소와 세금에 대해 말했어요. 그런데 아무도 듣지 않았죠'라고 말했다. '그래서 검둥이들에 대해 말하기 시작했더니 발로 바닥을 쾅쾅 구르며 듣더군요.'"

저녁 식사 자리에 2016년 대통령 선거 결과의 '원인과 이유'가 화두로 떠오른다. 그게 요즘 화두이기 때문이기도 하고 함께 식사 중인 누군가가 마침 그에 관한 책을 집필하고 있기 때문이기도 하다. 책 설명을 들어 보니 인종 차별주의가 한 역할은 거의 언급되지도 않는다. 여기서 잠깐. 나는 '오바마케어'와 '이민'과 '장벽'이라는 용어로 은밀하게 표출된 반흑인 및 반라틴엑스 인종 차별주의가 자기 자신을 민족주의자로 칭하는 2016년 대통령 선거 당선자를 권좌에 앉힌 강력한 동력이었다고 믿는 사람이다. 그리고 인종 관련 내용을 빼 버리고 일반적인 차원에서 '많은 요인'을 운운하는 수사적 흐름을, 이를테면 조지 월리스*가 자신의 정치적 성공이 인종 차별적 수사를 사용한 덕분이라고 인정하지 않는 식의 흐름을 거스르려 애쓰는 사람이다. 월리스는 흑인에게 별다른 감정이 없다고 했지만 시종일관 "오늘도 인종 분리, 내일도 인종 분리, 영원히 인종 분리"를 말하면서 남부의 앵글로색슨을 보호하겠다고 약속했다. 지금까지 정확히 뭐가 바뀐 걸까?

오바마 전 대통령에게 표를 줬던 민주당 백인 지지자들이 여러 주요 주에서 파시스트 정권에 표를 주리라는 사실을 예측할 방법이 없었다는 변명이 줄기차게 제기된다. 대선 전문가처럼 우리의 대화를 주도하는 작가가 자기에겐 수정 구슬이 없었다고 덧붙인다. 비무장 상태로 사망한 흑인들이 우리가 사는 미국 길거리에 쓰러져 있던 적이 없었던 것처럼, 백인들이 자칫 상황이 꼬이면 생명 하나를 잃을 수도

* 민주당 소속으로 앨라배마 주지사를 네 차례 역임한 정치인. 정계에 입문한 1940년대에는 미국 남부에 만연했던 인종 차별 문제에 온건한 입장을 취했으나 1962년 앨라배마 주지사로 당선된 후에는 인종 분리 철폐 조치에 반대했다. 본문에 인용된 "오늘도 인종 분리, 내일도 인종 분리, 영원히 인종 분리"는 주지사 취임 연설에서 한 발언이다. 1968년 미국 대통령 선거에 출마할 당시에는 인종 분리 입장이 불리하게 작용할 것이라 판단해 인종 차별적 발언을 한 적이 없다며 말을 바꾸었다.

텍스트 하지만 이건 생각보다 쉽지 않다. 변화라는 것이 자기 자신에 대해 생각해 온 방식을 바꿔야 함을 의미하는 경우, 백인은 사실상 변화를 원치 않기 때문이다.

팩트 체크 사실이다. 다만 여러 반증이 있을 수도 있다.

설명 및 출처 애슐리 자디나의 견해가 흥미롭게 느껴질 수도 있다: "인종적 및 민족적 소수자들의 지위와 대비되는 백인의 지배적인 지위가 아무런 항의 없이 안정적으로 유지되면 백인 정체성은 휴면 상태로 남아 있을 가능성이 높다. 그러나 백인이 자기 집단의 지배적인 지위가 위협받는다거나 자기 집단이 부당한 손해를 보고 있다고 인식하면 그들이 가진 인종적 정체성이 부각되고 정치적 의미를 갖게 될 수 있다."

시드니 듀프리와 수전 T. 피스크, 『다인종 환경에서의 자기 표현: 백인 자유주의자들의 역량 폄하』: "백인 자유주의자들은 다른 백인보다 소수 인종 앞에서 자신의 역량을 덜 발휘한다. 즉 지위가 낮고 역량이 부족하다는 고정 관념이 덧씌워진 소수 인종을 띄워 주는 체하는 것이다. (…) 처음에는 그런 의도가 아니었더라도 궁극적으로는 역량을 폄하하는 이러한 행동은 백인 자유주의자들이 소수 인종과 관계를 맺을 때 지위가 낮으면 역량도 떨어진다는 고정 관념에 얽매여 있을 수도 있음을 암시한다."

있다는 사실을 다 알면서 아무 명분도 없이 흑인을 경찰에 신고한
적이 없었던 것처럼. 그리고 그동안 유권자들이 미국에서 출생하지도
않은 대통령에게 완전 속고 있었다는 거짓을 미국의 45대 대통령이
대선 공식 출마 전부터 공공연히 떠벌리고 다닌 적도 없었던 것처럼.

완강히 고집을 부릴수록 나는 화난 흑인 여자라는 수사를 향해 점점
더 가까이 헤엄쳐 가고 있었다. 내가 전적으로 옳은 건 아니었지만—
러시아인, 선거인단, 미소지니라는 요인도 있었다—나는 차라리 내가
틀렸으면 한다는 걸, 세상은 예측 불가능하다는 생각에 나도 기꺼이
동의하고 싶다는 걸 저녁 식사를 함께 한 사람들이 알아줬으면 했다.
어쩌면 말이다.

옳은 말을 하는 것이 저녁 식사 자리에 머무는 것보다 중요하지
않다는 점을 나는 일찌감치 배웠다. 밤이 깊어지니 별의별 상황이
펼쳐진다. 그런데 이따금 나는 똑같은 바퀴를 계속 굴리면 똑같은
일이 반복된다는 생각에 사로잡힌다. 반복은 고집이고, 그런 반복에
동조하는 데는 한계가 있다. 때로는 그냥 톱니바퀴에 내 몸을
내던지고 싶어진다. 때로는 제임스 볼드윈이 말한 것처럼 단어
하나나 문장 하나를 바꿔 주고 싶어진다. 하지만 이건 생각보다 쉽지
않다. 변화라는 것이 자기 자신에 대해 생각해 온 방식을 바꿔야 함을
의미하는 경우, 백인은 사실상 변화를 원치 않기 때문이다. 백악관
오찬 자리에서 베트남전에 대해 발언했다가 레이디 버드 존슨 전
영부인 및 린든 존슨 전 대통령과 충돌을 빚은 후 블랙리스트에 오른
어사 키트의 선례도 있지 않은가.* 전부 민주당 지지자다. 백인성은

---

* 레이디 버드 존슨이 노상 범죄 근절을 위해 여성들이 할 수 있는 일을 논하고자
키트를 오찬에 초대했을 때, 키트는 청소년 범죄가 베트남전 강제 징집에 대한 반발인
측면이 있다고 말했다.

백인이 가치 있다고 여기는 종류의 진보, 백인성 자체를 반영하는 진보를 원한다. 유권자 탄압은 인종 차별과 관련된 문제며, 이민 문제와 미성년 입국자 추방 유예 제도DACA에도 인종 차별이 관여한다. 나는 이건 이렇다고 또 저건 저렇다고 말한다. 그러면 별안간 내가 감당 못 할 존재라도 된 것마냥 비유적인 의미의 백인 손 하나가 쑥 나타나서는 위태위태한 벼랑 끝에 서 있던 화난 흑인 여자인 나를 다시 원래 자리로 되돌려 놓는다.

한 백인 여자가 디저트 쟁반으로 시선을 옮기는 동작만으로 45대 대선 캠페인에 관한 대화를 사실상 끝내 버린다. 정말 아름답네요, 여자가 말한다. 은 쟁반에 놓인 수제 브라우니가 아름답다는 건가? 여자의 제스처는 옛 영화에 나온 백인 여자들, 반짝거리는 물건에 매혹당한 여자들에게서 많이도 본 제스처다. 어찌나 뻔뻔하게 화제를 돌리는지, 나로서는 너무나도 명백한 사실을 큰 목소리로 묻지 않을 수가 없다. 지금 제 말 씹힌 건가요?

내 질문이 사교의 장에서 지켜야 할 규칙에 어긋난다는 건 안다. 이 집에, 이 백인들 무리에 두 번 다시 초대받지 못하리라는 것도 안다. 무심결에 타인이 수치심을 느끼게 만드는 것이 좋은 행동이 아니라는 것도 이해한다. 하지만 잠깐, 방금 내 말이 씹힌 건가?

나는 그 백인 여자가 내 눈을 똑바로 쳐다보고 맞아요, 라고 대답해 주길 바랐다. 맞아요, 씹힌 거예요. 그 여자가 위축될 게 아니라 책임을 지길 바랐다. 그랬다면 그 여자가 마음에 들었을 것이다. 그러나 나를 포함해 식탁에 둘러앉은 사람들은 그 여자가 마치 내게 악수를 거절당하기라도 한 것처럼 의자 등받이에 몸을 푹 기댄 채 고개를 떨구고 자기 양손을 내려다보는 모습을 지켜봐야 했다. 상황이 이렇게

텍스트 식탁 의자에 앉아 백인들의 토론을 듣고 있던 나는 흑인을 상대로 한 실험의 역사가 이들의 기억 속에 그 어떤 참고 자료로도 남아 있지 않다는 것을 깨닫는다.

설명 및 출처 해리엇 A. 워싱턴, 『의료적 아파르트헤이트: 식민지 시대부터 현재까지 흑인을 상대로 한 의학 실험의 흑역사』: "연구 위험 방지과OPRR는 일류 대학에서 발생한 실험 관련 사망 사고를 포함해 컬럼비아주에서 캘리포니아주를 아우르는 60곳 이상의 연구 센터에서 있었던 학대 사건을 꾸준히 조사해 오고 있다. 인간 피실험자를 대상으로 한 학대의 또 다른 중요 하위 분야는 과학 사기로, 사우스캐롤라이나 대학교는 물론 매사추세츠 공과 대학교 등의 과학자들이 대체로 흑인에 대한 학대를 수반하는 연구를 진행했을 때 위조 데이터나 허위 연구 과제를 통해 사람들을 속인 것으로 밝혀졌다. 최근 몇 년간 OPRR은 앨라배마, 펜실베이니아, 듀크, 예일, 심지어 존스 홉킨스 같은 명망 있는 대학교에서 진행 중이던 연구를 중단시켰다."

『뉴욕 타임스』가 시작한 '1619 프로젝트'를 통해 발표된 린다 빌라로사의 「노예제 정당화에 이용된 인종별 신체적 차이에 관한 신화와 오늘날에도 이를 신봉하는 의사들」: "수 세기 동안 가장 끈질기게 살아남은 두 가지 생리학적 신화—흑인은 고통에 둔감하고 폐가 약하므로 고된 노동을 통해 단련해야 한다—는 간교하게도 과학적 합의로 자리 잡았고 여전히 현대 의학 교육과 실습의 뿌리를 이루고 있다. 영국인 의사 벤저민 모즐리는 1787년 『열대병 그리고 서인도 제도 기후에 관한 소고』에서 흑인이 백인보다 외과 수술을 훨씬 더 잘 견딜 수 있다고 주장하면서 '이것이 백인으로서는 견딜 수 없는 고통을 흑인은 거의 느끼지도 못하는 이유일 수도 있다'고 기술했다. 그는 자신의 주장을 강화하기 위해 '나는 검둥이들더러 자기 다리 윗부분을 잡고 있게 한 다음 그 상태로 다리를 절단하는 수술을 수차례 집도했다'라고 덧붙였다."

흘러가면 사람들은 한쪽 편에 서야 한다. 다시 백인의 결속을 다져야 할 때인 것이다. 그러면 그제야 나는 내가 유일한 흑인으로 이 집에 발 들인 순간 이미 게임에서 진 것이나 다름없다는 사실을 깨닫는다.

백인 여자든 나든 둘 중 어느 한 사람이 거기서 소통을 끊어 버리는 말을 하지 않았다면 대화를 시작할 수 있었을 것이다. 그는 그 자신도, 그러니까 백인 여자일지라도 미국 행정부가 임의로 휘두르는 권력에 여전히 영향을 받는다는 사실을 모르는 걸까? 우리가 어떻게 여기까지 왔는지 확실히 보여 줘야 하는 거 아닌가? 혹시 백인들끼리 동맹을 맺은 걸까? 내 고집 자체가 소통을 차단해 버린다고 생각하는 걸까? 아니면 백인의 정중함이란 단순히 백인은 자애롭고 흑인은 상스럽다는 날조된 이야기를 수호하기 위한 수단인 걸까?

나도 마음의 평정을 찾고 저녁 식사 자리도 평정을 찾을 수 있게 지금 떠나야 하는 건지 고민하고 있던 차에 의식적으로 그런 건지 무의식적으로 그런 건지는 알 수 없지만 누군가가 브라우니에서 화제를 돌려 보다 온화한 방식으로 인종에 관한 대화의 물꼬를 튼다. 인종과 아이를 주제로 대화가 시작된다. 이제 화두는 아동 연구 센터라는 기관명에서 '연구'를 빼야 하는지 여부다. 센터가 소재한 도시는 흑인 인구 비율이 꽤 높다. 식탁에 둘러앉은 사람 중 대부분은 굳이 그 단어를 뺄 필요가 있느냐고 생각하는 듯하다. 어쨌건 센터는 학술 기관에 딸린 부속 기관이고, 모든 활동이 연구와 조사라는 이름으로 진행되지 않느냐는 것이다.

식탁 의자에 앉아 백인들의 토론을 듣고 있던 나는 흑인을 상대로 한 실험의 역사가 이들의 기억 속에 그 어떤 참고 자료로도 남아 있지 않다는 것을 깨닫는다. 흑인들을 상대로 한 터스키기 매독 실험,* 여러

텍스트 〔…〕여러 비백인 군인 중에서도 흑인 군인을 상대로 한 겨자 가스 실험 〔…〕

팩트 체크 사실이다. 미군은 흑인, 백인, 그리고 다른 비백인 군인을 대상으로 겨자 가스 실험을 진행했다. 아래 자료를 참고하라.

설명 및 출처 케이틀린 디커슨, 「인종별로 부대를 나누어 실시한 2차 대전 비밀 화학 실험」, NPR 『모닝 에디션』: "백인 사병들은 대조군으로 활용되었다. 백인 사병들의 반응을 통해 '정상'을 규명한 후 이를 바탕으로 소수 인종 사병들의 반응을 비교했다."

텍스트 사라 아메드는 「성 차별주의: 이름이 있는 문제」에 이렇게 쓴다.

설명 및 출처 사라 아메드는 『감정의 문화 정치』의 「들어가는 글」에서 인상들impressions도 다룬다. "인상을 형성하는 일에는 감정뿐 아니라 인식과 지각이라는 행위도 수반된다. 그러나 인상을 형성하는 일은 대상이 우리에게 인상을 남기는 방식에 따라 달라지기도 한다. 이를테면 인상은 대상의 감정에 미치는 영향일 수 있다('느낌을 주었다'she made an impression). 인상은 하나의 믿음일 수도 있다('믿게 되다'to be under an impression). 인상은 모방 또는 이미지일 수도 있다('흉내를 내다'to create an impression). 또는 표면에 남은 표시일 수도 있다('흔적을 남기다'to leave an impression). 우리는 인상에 남은 '자국'을 기억해야 한다. 그 자국은 어떤 감정을 느끼는 경험과 한 표면이 다른 표면에 미치는 영향을, 즉 표시나 자취를 남기는 영향을 서로 연관 지을 수 있게 해 준다. 그러므로 내가 다른 사람에 대한 인상을 갖고 있을 뿐 아니라 다른 사람 또한 내게 인상을 남긴다. 그들은 내게 인상을 주고, 인상을 새겨 넣는다."*

---

* 사라 아메드, 『감정의 문화 정치: 감정은 세계를 바꿀 수 있을까』, 시우 옮김, 오월의봄, 2023, 34쪽.

비백인 군인 중에서도 흑인 군인을 상대로 한 겨자 가스 실험, 흑인 여자들을 상대로 한 J. 매리언 심즈의 실험**을 언급하는 사람이 한 명도 없다. 헨리에타 랙스***를 언급하는 사람도 없다. 내가 가진 역사 관련 기억이 마치 저들끼리 저녁 만찬이라도 즐기듯 내게 온갖 사례를 던져대기 시작한다. 그러나 실제 저녁 만찬 자리에서는 센터 명칭에 포함된 '연구'라는 단어를 볼 때마다 흑인 아이를 둔 양육자들이 어떤 생각을 하게 되는지 아무도 궁금해하지 않는다.

식탁에서의 내 침묵이 사람들에게 영향을 끼치고 있음을 아는 나는 그 침묵이 더 부각되었으면 하는 마음에 계속 침묵을 유지한다. 백인 사이에 껴 있을 때 흑인은 자신의 위태로운 삶에 대해서는 말해도 되지만 그 자리에 있는 백인들을 그런 위태로움에 연루시켜서는 안 된다. 그 위태로움의 원인을 지적해서도 안 된다. 사라 아메드는 「성 차별주의: 이름이 있는 문제」에 이렇게 쓴다. "문제에 이름을 붙이면 나 자신이 그 문제가 된다." 사실을 지목함으로써 불쾌감을 조성하는 것은 사회적으로 받아들일 수 없는 행위로 간주된다. 다들 개인적인 일로 받아들이지 마세요, 개인적인 문제가 아니라 구조적인 문제니까요, 라고 나를 포함한 모두를 향해 소리치고 싶다.

그러나 그와 같은 구조를 바꾸기 위해 마련된 모든 구조와 모든

* 1932~1972년 미국 공중 보건국이 매독을 치료하지 않고 내버려둘 경우 어떻게 될지를 알아보기 위해 앨라배마 흑인을 상대로 시행한 생체 실험.
** 1850년대 후반 의사 제임스 매리언 심즈는 흑인 여성 노예를 사들인 후 '흑인 여성은 고통을 느끼지 않는다'며 그들의 동의 없이 무마취로 검증되지 않은 수술을 감행했다.
*** 헨리에타 랙스는 자궁경부암에 걸려 1951년 병원에서 사망했다. 그러나 병원 측이 현재 불멸의 세포로 알려진 헬라HeLa 암세포를 그의 몸에서 추출한 후 아무런 고지와 동의 없이 연구 및 상업적 목적으로 사용한 결과, 랙스는 본인의 의사와 무관하게 헬라 세포의 숙주가 되었다.

다양성 계획, 그리고 자신의 일상 생활에 흑인을 동화시키고 싶다는 백인의 모든 소망은 흑인의 분노를 향한 지속적인 노여움을 동반한다. 자신의 모든 것을—자신의 몸과 자신의 역사와 자신의 두려움과 자신의 사나운 공포와 자신의 기대를—저녁 식사 자리에 끌고 온 손님인 나를 향한 모든 노여움은 결국 너무도 개인적인 감정이다. 눈에 보이지 않는 상호 간의 불안과 분노가 식탁 주변에서 휘날린다. 바람처럼 날린다. 돌풍을 동반한 채 먹구름을 몰고 오는 거세고 난폭한 바람이다. 그 바람은 불쾌감을 불러일으킬 수 있는 높이를 간파한다. 나는 내 몫의 브라우니가 놓인 그릇을 한쪽으로 치운다. 나는 중년이고 과체중이다. 브라우니를 먹으면 안 되는 사람이다. 아무것도 먹으면 안 되는 사람이다. 이 무엇도.

이런 순간을 통해 내가 이해하게 되는 바는 백인성과 관련해 마땅히 알려진 것들을 납득하지 않는 입장이 유색인의 삶을 헤아려 보게 만드는 것들을 알고 싶지 않은 마음을 적극적으로 지탱한다는 것이다. 그리고 지긋지긋하다고 느끼면서도 흑인성에 관한 사실을 기어코 알려 주고자 하는 고집은 어쩌면 헛되고 유치한 시도에 불과할지도 모른다는 것이다. 그런데 전자와 후자 중 무엇이 진실이건 내 태도가 바뀔 수 있을까? 내 태도를 바꾸는 건 폭풍우를 잠재우는 것만큼이나 불가능할지도 모른다.

화제를 전환하려는 의도로 디저트 쟁반을 보고 감탄했던 여자가 내게 '코트 여기 있어요, 왜 그렇게 일찍 가세요?'라고 말했다면, 그랬다면 나는 웃었을 것이다. 양쪽 입꼬리가 올라갔을 것이고 광댓살이 위로 당겨지면서 눈가에 잔주름이 잡혔을 것이다. 화제를 돌리며 거짓된 정중함을 꾸며 내는 대신 직설적으로—나가라고—말하는 태도에 감탄하며 두 눈으로 웃어 보였을 것이다.

폭력적인

내가 백인성 인식을 주제로 글을 쓰고 있다는 사실을 아는 백인 친구가 전화를 걸어와 최근 자기 아이에게 벌어진 일을 들려준다. 예전에 그 친구에게 너희 가족은, 너희 집에서는, 네 세상에서는 백인성을 가지고 어떤 대화를 하느냐고 물은 적이 몇 번 있다. 친구는 백인이고, 남편도 백인이고, 아이도 백인이다. 그날은 친구의 아들이 잔뜩 성난 얼굴로 하교한 날이었다. 아들이 '골디락스와 곰 세 마리'*를 그린 뒤 골디락스의 피부를 갈색으로 칠했더니 한 아시아계 남자 아이가 그림을 "망쳤네"라고 말한 것이 그 이유였다. 친구의 아들은 이 세상에 피부가 갈색인 사람들도 존재한다는 사실을 알고 있다. 친구는 아무 걱정 하지 않아도 된다고 아들을 안심시킨다.

너와 얘기하고 나서 한 가지 생각이 머릿속에 맴돌았어. 아들이 다니는 어린이집 말이야. 아들이 세 살이었을 때 이 동네로 이사를 왔는데, 우리는 아들이 다양성이 보장되는 교실에서 공부했으면 해서 그런 어린이집으로 보냈어. 거의 2년 가까이 아들을 담당한 선생님은 동인도계였고 학급 구성원도 다양했지. 게다가 어린이집 원장 선생님은 흑인이었어. 아들이 골디락스 피부를 갈색으로 칠한 것에 이런 요인들이 어떤 영향을 주었는지는 모르겠지만 골디락스 그림을 망쳤다고 말하는 친구에게 느낀 감정에는 영향을 미친 것 같아. 상처받았고, 혼란스러워했지. 내 생각에 아들은 골디락스를 갈색으로 칠하는 게 일종의 예술적 선택이라고, 세상을 표현하는 하나의 방식이라고 생각했던 거 아닐까 싶어. 올해 크리스마스용 산타 클로스 도자기에 색을 입혀 보라고 했더니 검은색으로 칠하기도 했고. 왜 검은색으로 칠했냐고 묻지는 않았지만.

* 숲에서 길을 잃은 골디락스라는 금발의 소녀가 곰 세 마리의 오두막을 발견하며 벌어진 일을 들려주는 영국의 전래 동화.

텍스트   친구의 아들과 함께 다양성이 존재하는 어린이집에 다니고 있는 그 아시아계 남자 아이가 어떤 생각을 품고 있었을지 궁금해하던 나는 그 아이가 『골디락스와 곰 세 마리』를 너무 많이 읽은 바람에 하나의 시각적 기억이 머릿속에 박혀 버렸을 가능성을 떠올린다.

설명 및 출처 『골디락스와 곰 세 마리』를 전통적인 방식으로 그린 일러스트레이션을 사용하기 위해 허가를 요청했을 때 받은 답변:

안녕하세요 xxxx 씨,

xxxxx 씨가 그린 『골디락스와 곰 세 마리』 일러스트레이션을 싣고 싶다는 요청에 감사드립니다. 쓰신 글도 읽어 볼 수 있게 보내 주셔서 감사합니다. 굉장히 흥미롭게 읽었습니다. 하지만 저희는 일러스트레이션이 수록되지 않으면 좋겠다는 결론을 내렸습니다.

귀하의 글에 일러스트레이션을 싣고자 하는 일러스트레이터를 찾는 데 행운이 따르기를 바랍니다. 어쩌면 저작권 없이 대중에 공개된 이미지를 찾는 편이 더 쉬울 수도 있을 것 같습니다.

감사합니다.

xxxx와 xxxxxxx 드림

친구의 아들과 함께 다양성이 존재하는 어린이집에 다니고 있는
그 아시아계 남자 아이가 어떤 생각을 품고 있었을지 궁금해하던
나는 그 아이가 『골디락스와 곰 세 마리』를 너무 많이 읽은 바람에
하나의 시각적 기억이 머릿속에 박혀 버렸을 가능성을 떠올린다.
친구의 아들은 골디락스의 머리칼은 금발로 칠했음에도 피부색은
갈색 크레용으로 칠해 일반적인 방식과 다르게 표현했다. 그런데
그렇다고 해서 골디락스 그림을 망쳤다고 말할 수 있는 걸까? 내
친구는 그 아시아계 남자 아이가 발끈한 이유가 아이 자신이 알고
있는 『골디락스와 곰 세 마리』 때문인지, 아니면 자신이 알고 있는
우리 세상 때문인지를 궁금해한다. 망쳤다라? 누구 한 사람이라도 그
남자 아이에게 컬러 블라인드 캐스팅*을 설명해 준 적이 있을까? 나는
농담조로 친구에게 묻는다. 그러니 에밀리 디킨슨이 우리에게 말하듯
궁금해한다는 것은 "엄밀한 의미에서 아는 것이 아니며 엄밀한
의미에서 알지 못하는 것도 아니다". 나와 친구는 남자 아이에 대해 그
어떤 성급한 결론도 내리지 않는다. 맥락이 전부이기 때문이다.

나는 인종에 대한 개념이 유치원 입학 무렵에 형성되며 아이들이
인종에 대해 갖는 편견은 무작위적인 결과가 아니라고 친구에게
말한다. 사회 심리학자 크리스티나 올슨은 "미국, 캐나다,
오스트레일리아, 유럽의 3~4세 백인 아동은 다른 백인 아동을
선호하는 경향을 보인다"라고 주장한다. 올슨에 따르면 이와 같은
현상이 발생하는 이유는 어른인 우리가 아이에게 어떤 말을 해 주든
아이들은 자신이 관찰한 주변 사람들의 행동을 모방하기 때문이다.
에린 윙클러도 올슨의 견해에 동의한다. "아이들이 특정 집단을
다른 집단보다 호의적으로 대하는 사회적 규범을 더 잘 인지할수록

* 배우의 인종이나 민족적 배경을 고려하지 않는 캐스팅.

텍스트 심리학 박사 케네스와 메이미 클라크의 인형 검사를 바탕으로 수년간 행해진 모든 인형 검사에 관한 기억이 돌연 내 머릿속으로 물밀듯 쏟아져 들어온다. 인형 검사 결과가 '브라운 대 토피카 교육 위원회 재판'에서 인종 차별이 흑인 아동에게 부정적인 영향을 미친다는 사실을 보여 주는 데 쓰인 적도 있는데 그렇다면 인종 차별은 백인 아동에게도 부정적인 영향을 미칠까?

팩트 체크 그렇다.

설명 및 출처 브라운 대 교육 위원회 판결문 각주 11번에 인용된 K. B. 클라크, 「편견과 차별이 성격 발달에 미치는 영향」(1950년 '20세기 중반 아동 복지 백악관 회의'에서 발표된 논문)을 참고한다. 클라크는 판결문 각주 11번에 인용된 논문 내용을 『편견과 아이들』에서 다룬다. 이 책의 서문에 해당하는 장은 원고 측 변호사들이 법원에 제출한 정확한 의견의 세부 개요를 대단히 훌륭하게 제시한다. 과학사학자 존 P. 잭슨은 『사회 정의를 위해 싸우는 사회 과학자들: 인종 분리에 대항하는 사례 만들기』에서 브라운 판결과 관련된 클라크 부부의 연구와 케네스 클라크의 증언을 철저히 검토한다. '브라운 판결이 남긴 초기 약속과 오늘날 현실 사이의 단절'을 살펴보고 싶다면 하버드 법학 대학원 교수 라니 기니어의 논문 「인종 자유주의부터 인종 문해력까지: 브라운 대 교육 위원회 판결과 이익-분기 딜레마」를 참고한다. 기니어의 논문에는 클라크 부부의 연구가 브라운 사건에서 담당한 역할에 대한 검토가 포함되어 있다: "보다 엄밀한 사회 과학 연구에 바탕을 두거나 인종 분리의 원인과 결과를 보다 균형 있게 평가한 법적 분석이 이루어졌다고 해서 과연 브라운 사건의 변호사들이 설정한 목표를 달성할 수 있었을지 혹은 여전히 우리 앞에 놓여 있는 막중한 임무, 즉 건국 초기부터 이 나라를 괴롭힌 복잡한 관계망을 뿌리째 뽑아 버린 다음 새로운 사회 및 경제 질서가 자리 잡도록 변화를 일으켜야 한다는 임무를 완수할 수 있었을지는 정답이 없는 질문이다."

제인 엘리엇, 「파란색 눈, 갈색 눈」: "우리가 교육이라고 부르는 것은 사실 백인 우월주의에 대한 세뇌입니다. 흑인과 같은 대우를 받을 때 행복할 수 있는 백인 여러분은 전부 자리에서 일어나 주시기 바랍니다. (…) 아무도 없나요? 그럼 여러분은 무슨 일이 일어나고 있는지 알고 계신 겁니다."

사회적 특권을 누리는 집단을 향해 호의적인 태도를 보이는 경우도 많아질 것이다." 심리학 박사 케네스와 메이미 클라크의 인형 검사*를 바탕으로 수년간 행해진 모든 인형 검사에 관한 기억이 돌연 내 머릿속으로 물밀듯 쏟아져 들어온다. 인형 검사 결과가 '브라운 대 토피카 교육 위원회 재판'**에서 인종 차별이 흑인 아동에게 부정적인 영향을 미친다는 사실을 보여 주는 데 쓰인 적도 있는데 그렇다면 인종 차별은 백인 아동에게도 부정적인 영향을 미칠까? 아시아인 아동에게는? 우리가 그런 것에도 관심을 기울여야 할까?

* 흑인 심리학자 부부인 케네스와 메이미 클라크가 1947년 6~9세 사이의 흑인 아동을 대상으로 실시한 검사로, 외형은 같으나 하나는 흑인, 하나는 백인의 피부색을 가진 두 인형을 준 다음 어떤 인형을 갖고 싶은지, 색깔이 예쁜 인형은 무엇인지 물었다. 각각의 질문에 흑인 아동은 67퍼센트와 60퍼센트 비율로 백인 인형을 택했다. 또한 착한 인형을 고르라는 질문에는 흑인 아동의 59퍼센트가, 자신과 닮은 인형을 고르라는 질문에는 44퍼센트가 백인 인형을 골랐다.

** 1954년 미국 연방 대법원은 백인과 비백인이 같은 공립 학교에 다닐 수 없게 한 주州 법에 불법 판결을 내렸다. 이는 '분리하되 평등하다'라는 명목으로 인종 차별 정책을 정당화한 1896년 연방 대법원의 '플레시 대 퍼거슨' 판결(68쪽 각주 참조)을 뒤집은 판례였다.

텍스트 윙클러의 주장은 심리학자 필리스 캐츠와 제니퍼 코프킨이 1997년에 발표한 논문 「인종, 젠더, 그리고 아동」을 통해서도 뒷받침된다.

설명 및 출처 P. A. 캐츠와 J. A. 코프킨, 「인종, 젠더, 그리고 아동」, S. S. 루사 외, 『발달 정신 병리학: 적응, 위험, 무질서에 대한 시각』: "일부 연구자는 아동들이 자신과 인종이 같은 또래를 선호한다는 사실을 발견했지만(Finkelstein & Haskins, 1983; Newman, Liss & Sherman, 1983), 대부분의 연구자는 인종적 다수 집단의 구성원을 향한 선호와 피부가 검은 집단을 향한 편견 사례를 보고한다(예컨대 Jaffe, 1988; Porter, 1991; Spencer & Markstrom-Adams, 1990)."

텍스트 어린이집에서마저도 소란이 일 것 같은 징후가 포착되면 교사들이 흑인 아이, 특히 흑인 남아를 '주시하는 패턴'이 관찰되는 현실에서는 희망적인 기대를 품기가 어렵다.

설명 및 출처 예일 아동 센터가 수행한 2016년 연구 「생애 초기 교육자들이 내재한 성별 및 인종 관련 편견이 아동에게 기대하는 행동과 어린이집에서의 제적 및 정학 권고와 연관되어 있는가?」: "우리가 수행한 연구 결과에 따르면 아동의 생애 초기에 교육자들은 흑인 남아를, 특히 도발적인 행동이 예상되는 흑인 남아를 더 면밀히 주시하는 경향을 보인다. 이는 실제 영상에서 그 어떤 도발적인 행동도 관찰할 수 없었다는 점에서 중요한 고려 사항이며, 학생의 인종에 따라 도발적인 행동에 대한 어린이집 교사들의 예상이 다를 수 있다는 점도 어느 정도 암시한다. […] 주목할 만한 사실은 이렇게 눈길을 사로잡는 결과가 가장 주시해야 할 아동에 대한 참가자들의 의식적인 평가와 상당 부분 일치했다는 것이다. 흑인 남아의 경우 초기 교육자의 42퍼센트(대략 예상한 것보다 68퍼센트 높은 수치)로부터 가장 주시해야 할 대상으로 꼽혔다. 더불어 모든 인종을 통틀어 남아는 초기 교육자의 76퍼센트(대략 예상한 것보다 52퍼센트 높은 수치)로부터 가장 주시해야 할 대상으로 꼽혔다. 이는 남아가 (인종과 무관하게) 학급에서 배제될 위험성이 더 높음을 보여 주는 연구와 일맥상통하는 결과였다."

윙클러의 주장은 심리학자 필리스 캐츠와 제니퍼 코프킨이 1997년에
발표한 논문 「인종, 젠더, 그리고 아동」을 통해서도 뒷받침된다.
캐츠와 코프킨은 흑인 및 백인 아동을 지속적으로 관찰했는데
윙클러에 따르면 이들의 연구 결과는 다음과 같다. "생후 30개월에
아동들은 내집단 편향을 보였다. 낯선 흑인 및 백인 여아와 남아의
사진을 보여 주면서 같이 놀 친구를 고르라고 하자 모든 아이가
자신과 같은 인종인 아이를 택했다. 그러나 생후 36개월 무렵에는
흑인과 백인 아동 대다수가 백인 아이를 놀이 상대로 택했고〔…〕
이 패턴은 생후 60개월까지 유지되다가 그때를 기점으로 다소
완화되었다." 자신의 자녀가 캐츠와 코프킨의 연구에 참여하는 것에
동의한 부모들은 그 연구 결과에 놀랐을까. 사회학자 대니얼 펄지크와
라이언 F. 레이, 게일런 V. 보든하우젠, 제니퍼 A. 리치슨, 샌드라 R.
왁스먼에 따르면 아동기에 형성된 사회적 편향은 나이가 들수록 더
바뀌기 어렵다.

문화가 자행하는 인종 차별에 맞서려면 어떻게 해야 하는 걸까?
어린이집에서마저도 소란이 일 것 같은 징후가 포착되면 교사들이
흑인 아이, 특히 흑인 남아를 '주시하는 패턴'이 관찰되는 현실에서는
희망적인 기대를 품기가 어렵다. 교사의 그런 패턴이 어찌 아이들에게
하나의 사회적 신호가 되지 않을 수 있을까.

흑인인 다른 친구는 아들이 다니는 사립 유치원 원장에게 전화를
받았다고 말한다. 아들이 품행 문제로 교실에서 쫓겨났다는 것이다.
통화가 이어지는 동안 원장은 네 살 아이의 행동을 폭력적이라는
단어로 표현한다. 듣자 하니 친구의 아들이 퍼즐 조각 하나를 던졌고
이를 본 교사가 교실 밖으로 내보내려 하자 교사의 머리카락을
잡아당겼다고 한다. 그런 다음 감정을 주체하지 못하고 화를 낸

텍스트 친구의 아들을 교실 밖으로 내쫓은 여성 교사는 눈물을 흘렸다. 흑인 남자 아이의 행동을 폭력적이라고 해석했다는 이유로 처분을 받지 않기 위해서였다.

설명 및 출처 필립 아티바 고프, 매슈 크리스천 잭슨, 브룩 앨리슨 루이스 디 리온, 카먼 마리 쿨로타, 내털리 앤 디토마소, 「순수의 본질: 흑인 아동을 비인간화한 결과」, 『성격 사회 심리학 저널』: "비인간화는 타인이 가진 인간성을 전부 부인하기 때문에(Haslam, 2006) 비인간화된 인간 집단에 제공되는 사회적 배려가 줄어들 것이라고 예상할 수 있다. 이는 아동을 정의하는—순수하고 그렇기에 보호가 필요하다는—중요한 특성 중 하나에 어긋나며, '아동'이라는 범주를 덜 중요하게 만들고 어른이라는 범주와 덜 구별되게 만든다."

것이다. 폭력적이라니, 라고 친구는 연거푸 말한다. 네 살밖에 안 된 애한테. 그 교사들한테 '폭력적'이라는 표현 말고 '서투르다' 같은 표현도 있다고 말해 봤어? 나는 묻는다.

퀴어 페미니스트이자 포스트식민주의 이론가인 사라 아메드는 「백인성의 현상학」에 이렇게 쓴다. "문제에 이름을 붙이는 것은 우리가 어떤 사건을 어떻게 기록할지만이 아니라 어떤 사건을 기록할지 여부에까지 영향을 미칠 수 있다. 문제에 이름을 붙이는 것은 그 문제에 돋보기를 갖다 대는 경험일 수도 있다. 아무것도 하지 않으면 뿔뿔이 흩어진 채 남게 될 경험들을 그러모아 형체가 있는 하나의 대상으로 만듦으로써 그 대상이 사회적, 물리적 운명을 획득하게 해 주는 것이다." 내 말에 친구는 웃음으로 대응하면서도, 자기가 바라는 것은 아이가 안전한 환경에서 발달 과정상 적절한 아동기 시절의 응석을 마음껏 부리되 자신의 감정을 공감적인 방식으로 다루는 방법도 학습하는 것뿐이라고 말한다. 지금 벌어지고 있는 일에 이름을 붙이지 않으면 모두가 그런 일이 아예 벌어지지 않는 것처럼 굴 수도 있어, 라고 나는 약간 짜증 섞인 투로 말한다. 나도 알아, 하지만 내가 우려하는 건 그런 백인 여성 교사들이 아니야, 라고 친구가 말한다. 친구의 아들을 교실 밖으로 내쫓은 여성 교사는 눈물을 흘렸다. 흑인 남자 아이의 행동을 폭력적이라고 해석했다는 이유로 처분을 받지 않기 위해서였다. 폭력적이라니. 도와주세요. 도와주세요.

친구와 통화를 마친 후 나는 불쑥 치미는 짜증에 스스로 놀란다. 단순히 백인 원장이 폭력적이라는 단어를 사용했기 때문만은 아니다. 내가 보기에 친구는 수동적인 반응을 보였고 그런 태도가 짜증을 불러일으킨 것이기도 하다. 친구가 그 상황을 위기로 몰고 가지 않은

텍스트 교사의 감정에 눈길도 주지 않는 내가 인정머리 없이 굴고 있는 걸까? 교사는 그 당시 상황이 슬퍼서 운 거예요 [⋯]

설명 및 출처 로빈 디앤젤로, 『백인의 취약성』: "결과적으로 우리 백인이 이 체제를 저지하고자 한다면 인종적 불편함을 받아들이고 우리가 하는 인종적 관여의 영향을 기꺼이 살펴보아야 한다. 이 과정에는 우리와 인종이 다른 사람들을 마주할 때 무엇이 우리의 반응을 추동하며 그런 반응이 타인에게 어떤 영향을 미칠지를 먼저 생각해 보지 않은 채 무작정 내키는 대로 반응―분노, 방어, 자기 연민 등―하지 않는 것이 포함된다. 백인이 죄책감을 느끼며 흘리는 눈물은 자기 본위적이다. 죄책감에 빠져 있을 때 우리는 자기 도취적이고 무능하며, 죄책감은 아무 행동도 하지 않을 구실로 작용한다. 더욱이 우리는 다양한 인종과 진실되고 지속적인 관계를 맺는 경우가 극히 드물기 때문에 우리의 눈물은 우리가 지지한 적 없는 유색인에 대한 연대로 느껴지지도 않는다. 오히려 건설적인 행동을 이끌어 내지 못하는 무력한 반사작용으로 기능할 뿐이다. 우리는 우리가 언제 울고 언제 울지 않는지, 왜 그러는지를 숙고해 보아야 한다."*

---

* 로빈 디앤젤로, 『백인의 취약성』, 234쪽.

이유는 백인 교사의 눈물을 일종의 물러섬으로 해석했기 때문일
수도 있다. 교사의 감정에 눈길도 주지 않는 내가 인정머리 없이
굴고 있는 걸까? 교사는 그 당시 상황이 슬퍼서 운 거예요, 눈물이
터지게 만든 것이 죄책감보다는 핍박받는다는 느낌이었다 하더라도
눈물은 눈물이죠, 라고 내 치료자가 지적한다. 교사의 행동을 조금
다른 시선으로 봐 주실 순 없겠어요? 치료자의 질문에 나는 흠칫한다.
그런데 교사가 네 살배기 아이에게 해 줄 수 없었던 것을 왜 내가
그 교사에게 해 줘야 한단 말인가? 아이의 행동을 좋은 방향으로
해석하지 못하는 어른의 행동을 내가 좋게 해석해 줘야 하는 건가?
교사는 아무 처분도 받지 않았고, 내가 그의 눈물을 헤아릴 그릇을
갖추지 못한 사람일지라도 여전히 나는 그 눈물을 헤아려 봐야 하는
입장에 놓여 있다. 그 눈물은 어쩌면 좌절을, 어쩌면 좌절감을 나타낼
것이다. 아니, 어쩌면 피해 의식이나 죄책감을 상징할지도 모른다.
하지만 그 눈물에 좌절이라는 이름을 붙이지 않는다면 나로서는 그
교사가 과연 (내 친구 아들이 자기를 좌절시켰다기보다는) 자신이 내
친구 아들을 좌절시켰다는 점을 인식할 수 있을지 확신할 수가 없다.
확신할 수 없더라도 내가 그 눈물을 어떻게 해석하느냐보다 중요한
것은 그 눈물이 일종의 정서적 이해 혹은 이해 부족을 나타낸다는
점을 인식하는 것이라고 치료자는 말한다. 나는 그 백인 교사가
눈물을 흘린 걸 알았을 때 어떤 생각이 들었냐고 친구에게 묻는다.

백인 여성의 취약성과 피해자성이 가장 먼저 떠올랐어. 하지만 그
문제로 깊이 생각할 시간이나 여력이 없었어. 그때는 내 아들이
받아야 할 교육 복지와 어느새 네 살짜리 아이에게 덧씌워진 서사를
바로잡느라 고군분투하고 있었거든. 연구적 관점이나 학술적
관점에서는 어떤 일이 일어난 건지 알고 있었지만 실제로 그런
일의 한복판에 놓이게 되면 생존 모드가 발동하기 마련이잖아.

인터뷰 진행자: 어른들이 가장 좋아하는 피부색을 가진 아이를 골라 볼까요.

인터뷰 진행자: 이 아이는 왜 나쁜 아이인가요?
아이: 흑인이니까요.

CNN 제공 영상 스틸 이미지(2010)

나는 아동의 사회적, 정서적 발달을 이해하고 또 초등학교, 중학교, 고등학교보다도 정학과 제명 비율이 높은 어린이집에서 백인 우월주의가 어떤 식으로 군림하고 드러나는지를 보다 깊이 있게 인식하는 교사들을 찾아야 했어.

다행히 새로운 어린이집을 찾았고, 교사들도 내가 가진 우려를 이해했어. 그분들은 흑인 남자 아이를 낙인찍는 행동에 내재한 위험을 이해하고, 또 네 살배기인 내 아들에게 어른다움을 가르칠 필요가 없다는 사실도 알아. 〔…〕 아직 어린아이일 뿐이고 새 학급에서 만나게 되는 백인 학우들과 마찬가지로 아직 완전히 사회화되지 않은 채 성장 중인 한 인간이라는 사실 말이야. 내 아들이 이제 분노를 표출하지 않는다거나 지도가 필요하지 않다는 건 아니야. 내가 (예전 어린이집에서의 경험들 때문에) 아들의 분노 표출에 대한 걱정이 커졌다고 말하니 새 어린이집 교사들은 "모든 아이에겐 자기만의 어려움이 있는걸요!"라고 말하더라.

교사들은 내게 학교에서의 인종 차별, 특히 흑인 남자 아이를 대상으로 한 인종 차별에 대해 숨김없이 명확하게 말하면서 본인들의 개인적인 경험도 들려줬는데, 그걸 듣고 있으니 내가 만난 이 교사들이 꿈 수호자일 수도 있겠다는 생각이 들었어. 인종 차별적이고 계급 차별적이고 성 차별적인 우리 사회가 어떻게 작동하는지를 깊이 이해하고, 효과적인 가르침과 나눔과 돌봄과 사랑을 통해 모든 아이의 희망과 꿈이 계속 살아 숨 쉴 수 있게 해 주고 싶다는 욕망을 표현하는 교사들 말이야.

그래서 안 하는 거야. 그래서 백인 교사가 흘린 눈물이라든가 내가 네 살짜리 아이를 폭력적이라고 묘사하는 태도에 내재한 폭력을

인터뷰 진행자: 착한 아이를 가리켜 볼까요.
인터뷰 진행자: 그 아이가 왜 착한 아이인가요?
아이: 저랑 닮았으니까요.

인터뷰 진행자: 똑똑한 아이를 가리켜 볼까요?
인터뷰 진행자: 왜 이 아이인가요?
아이: 저랑 닮아서요.

CNN 제공 영상 스틸 이미지(2010)

지적했더니 분노를 감추지 못하던 원장에 대해 생각하지 않는 거야. 그런 것 따위엔 신경 안 써. 이번 경험을 통해 배운 건 아들이 앞으로 학교 생활을 하는 동안 방심하지 말아야 한다는 거고, 나는 나보다 자원이 적은 학부모들이 나처럼 대안을 모색하는 특권을 못 누리는 상황이 슬퍼.

씨이이이이이앙, 져 놓고 이긴 셈 칠 수는 없는 거잖아요. 내가 데이비드 사이먼이 제작한 『더 와이어』의 등장 인물 클레이 데이비스에 빙의한 사람처럼 친구 아들이 겪은 일을 말해 주니, 그 이야기를 듣던 여자가 돌연 나를 현실로 끄집어낸다. 알몸 수사를 받았다고 해도 무방한 방식으로 학교 간호 교사에게 '평가'라는 걸 받은 열두 살 흑인 소녀들의 이야기를 들려준 것이다. 잠깐, 나를 빙의에서 풀어 준 게 아니라 아예 그 상태에 가둬 버린 건가? 뉴욕 빙엄튼 소재의 중학교에 재학 중이던 그 소녀들은 아주 많이 웃고, 아주 많이 즐거워하고, 아주 많이 호들갑을 떨었고, 그러자 '지나치게 흥분하고 들떠' 있다는 이유로 옷을 벗으라는 지시를 받았다. 환희는 지나친 감정이고, 요란한 감정 표출은 폭력적이고, 피부색은 너무 검고, 흑인성은 견딜 수 없는 터다.

어쩌면 이런 것일 수도 있다. 에리카 R. 에드워즈, 로더릭 A. 퍼거슨, 제프리 O. G. 오그바가 편집한 『아프리카계 미국인 연구 키워드』에서 프레드 모튼이 흑인성에 대해 설명한 내용처럼 "우리를 해한 살인자들 그리고 우리가 당한 살인을 분석하는 것은 우리가 살해되지 않았음을 볼 수 있게 하기 위함이다. 우리는 생존한다. 그러다 불현듯 우리 자신의 모습을 흘끗 보면서 몸서리를 친다. 산산조각 나 있기 때문이다. 아무것도 생존하지 않는다. 우리가 공유하는 무만이 진짜다. 우리가 보여 주려는 게 바로 그 무다. 무를 보여 주는

인터뷰 진행자: 머리가 나쁜 아이가 누구인지 알려 주세요.
아이: 얘가 머리가 나쁜 아이예요.
인터뷰 진행자: 그렇군요, 이 소녀가 왜 머리가 나쁜 아이죠?
아이: 피부색이 새까마니까요.

인터뷰 진행자: 이 소년이 왜 머리가 나쁜 아이죠?
아이: 피부색이 좀 까마니까요.

CNN 제공 영상 스틸 이미지(2010)

것이 우리가 하는 끊임없는 연구이고 그래야만 한다." 연구, 맞다. 그런데 연구의 지속 가능성 자체도 끊임없는 협상 과제로 남아 있다. 성인이 흑인 아이들을 괴롭히는 이유는 흑인이 생존해 있다는 사실에 치밀어 오르는 부아를 억누를 수 없기 때문인가? 에이드리언 파이퍼*가 뭐라고 말했던가? "모든 것을 강탈당할 것이다." 그리고 여전히 우리는 약소한 R&R, 즉 배상Reparations과 재건Reconstruction을 요구하고 있다.

---

* 미국의 미술가이자 철학자. 1948년 중산층 흑인 가정에서 태어나 사립 학교에서 대부분 부유한 백인 학생들과 공부하며 성장했다. 칸트 철학에서 영감을 받은 자전적인 내용의 행위 예술 작품 『정신을 위한 음식』(1971)을 선보인 바 있으며, 대체로 인종 패싱, 인종 차별주의, 젠더 문제를 다룬다.

소리와 분노

텍스트 백색 벽에조차 백인이 들어차 있음에도, 백색 벽에 그려진 백인의 초상화는 모든 것에 대한 소유권을 알린다.

설명 및 출처 애비게일 케인, 「백색 큐브는 어떻게 미술계를 재패했는가」: "그러나 백색이 독일 갤러리 벽면을 덮는 바로 그 표준화된 색깔이 된 것은 1930년대에 제3제국이 독일을 장악한 이후의 일이었다. 샬럿 클롱크는 '백색이 잉글랜드와 프랑스에서 박물관을 장식하는 지배적인 벽 색깔이 된 것이 2차 대전 이후의 일인 터라 자칫하면 백색 큐브가 나치의 발명품이라고 말하고 싶은 충동을 느낄 수도 있다'라고 말했다. '이와 동시에 나치는 백색에 함축된 전통적인 의미인 순수함도 동원했지만, 백색으로 된 다용도 전시 컨테이너가 박물관에서 예술 작품을 전시하는 기본 양식이 되었을 때 이런 전략은 아무런 역할도 수행하지 못했다.'"

엘레나 필리포비치, 「글로벌 백색 큐브」: "백색 큐브만의 특징이라 함은 눈에 보이지 않는 듯한 외관을 갖고 있기 때문에 예술 작품이 메시지를 직접 전달하기에 가장 좋다는 구실로 작용한다는 것이다. 백색 큐브는 텅 빈 백지고, 순수하고, 특별하지 않고, 중요해 보이지 않는다. 궁극적으로 백색 큐브를 백색 큐브로 만드는 것은 우리가 그것을 경험하는 동안, 우리가 전혀 알아차리지 못하는 사이에, 이데올로기와 형식이 맞물린다는 사실이다. 앨프리드 H. 바 주니어가 백색 큐브를 뉴욕 현대 미술관의 상징으로 부각한 시점으로부터 몇 년이 흐른 1937년, 히틀러는 나치 집권 후 최초의 건축 프로젝트였던 뮌헨의 하우스 데어 쿤스트Haus der Kunst 내부 인테리어로 백색 큐브를 사용할 것을 허가했다. 조명이 밝고 방대한 갤러리 공간을 갖추고 있으며 사방이 백색이고 창문은 하나도 없는 그 새로운 기념비적 건물은 '위대한 독일 예술전'Grosse deutsche Kunstausstellung이 개최된 장소였다. 백색 컨테이너와 수수한 전시 방식은 물감으로 칠한 목가적인 풍경화와 아리아인의 청동 동상이 자연스럽고 무해해 보이게 만들었다. 그런 전시품 선정과 전시 방식의 기저에 호전적인 동기가 깔려 있었음에도 말이다. 전시는 요점을 제대로 전달하겠다는 일념하에 두 단계에 걸쳐 진행되었다. 위대한 독일 예술전은 다음 날 인근의 고고학 연구소에서 개최된 우중충하고 혼잡하고 어수선하며 완전히 무질서한 '퇴폐 예술전'Ausstellung Entartete Kunst과 대비되는 '허용 가능한' 긍정적인 전시였다. 그런 대비 덕분에 위대한 독일 예술전의 예술 작품들은 더없이 마땅한 것으로, 퇴폐 예술전의 작품들은 더없이 혐오스러운 것으로 보이게 되었다. 정치의 미학화가 소름 끼치는 수준에 다다랐던 1929년 뉴욕과 1937년 뮌헨에서 백색 큐브가 거의 동시에 호출되었다는 것은 부인할 수 없는 사실이다."

어둠은

순백색이 아닌 회백색이다. 백색은 알지 못하기 때문이다

백색이 무얼 알고 있는지를. 그 속에 인생이 어딨나?
그 안에 옳음이 어딨나? 그 안에 백인이 어딨나?

뼛속 깊은 곳에서 백인은 존재의 두려움을,
백색과 똑같아 보이지 않는다는 좌절감을 들이쉬고 내쉰다.

백색 벽에조차 백인이 들어차 있음에도,
백색 벽에 그려진 백인의 초상화는 모든 것에 대한 소유권을 알린다.

이건 물론 이해할 만하다, 그렇다,

이해할 만하다, 모든 것이 백인 덕이라고

문화가 주장하지 않는가—대물림되는 재산도
시스템도 이를 보증한다. 모든 세대에서

그 방정식이 유지된다—과거보다
더 공고하게 그리고 현재는 안중에도 없고 풍족한 채로

그리고 늘 어떤 경우든 백색으로.

이것은 색을 입는다는 것 그리고 그 색과의 접촉을 포옹으로

받아들인다는 의미다. 운이나 기회를 등에 업고

텍스트 백인들이 자기 것을 거부할 수 있다고 암시하는 자는 누구인가 백인들은 자기 구조를 타파할 생각조차 없는데.

설명 및 출처 캐럴라인 랜들 윌리엄스, 「남부 연합 기념비를 원하세요? 제 몸이 기념비입니다」: "남부 연합의 유산을 기억하고 싶은 분들이 있다면, 그 기념비를 원하는 사람이 있다면, 네, 있잖아요, 제 몸이 기념비입니다. 제 피부가 기념비예요."

태어나지 않을지라도 밟고 오를 가로대와
유산 그리고 백색에 뿌리를 둔 능력주의 신화라는 발판이 있다.

그렇기에 백인은 온전한 상태를 유지한다

날이 갈수록 너무나도 많은 백인이 회피를 일삼고—

백인은 벽돌과 모르타르 안에 살면서 벽을 세운다
다른 모든 이의 상실, 소진, 폭발하는
분노, 모든 것을 빼앗긴 절망 앞에—

내리쬐는 일광 아래 백인의 이목구비가 완강해진다.

두 눈이, 모든 빛을 움켜쥔 채, 완강해진다.
정의를 진압하는 턱은
백인이 아닌 자들을 향한 약속을 저버려도

그 백인에게 책임을 묻지 않을
분노로 완강해진다.

백색 벽 안에 가난이 존재하더라도
백인이기만 하면 다 되거늘,
그냥 자기 삶의 진실을 인정할 수는 없는지.

백인들이 자기 것을 거부할 수 있다고 암시하는 자는 누구인가
백인들은 자기 구조를 타파할 생각조차 없는데.

백인들은 자기 시스템을 들어낼 생각조차 없는데.

누군가가 내팽개쳐지는 순간 모든 구제책은
아무런 불씨도 되지 못한다.

내리쬐는 일광 아래 정당한 분노를 느낄 백인의 권리는
우리의 길을 가로막는 백인의 우위를
더욱 완강하게 떠받친다.

빅 리틀 라이즈

텍스트 하지만 하려던 말을 다 내뱉기도 전에 나는 친구와 달리 상속받은 재산이 하나도 없다는 생각이 떠올라 잠시 말문이 막힌다.

설명 및 출처 데릭 해밀턴과 윌리엄 A. 대리티 주니어의 2017년 논문 「교육, 금융 문해력, 인종에 따른 빈부 격차의 정치 경제학」은 이렇게 논한다: "상속, 유산, 가족 내 양도는 그 어떤 행동 지표, 인구 통계 지표, 사회경제적 지표보다 인종에 따른 빈부 격차를 잘 설명해 준다. 대물림되는 인종 간 빈부 격차는 구조적으로 형성되었으며 개개인의 또는 인종화된 선택과는 사실상 하등 관련이 없다. 불평등의 원인은 행동이 아닌 구조에 있으며, 가족 내 양도는 일부 젊은 청년에게 주택, 새로운 사업, 대출 없이 받을 수 있는 대학 교육 등 부의 창출로 이어지고 평생에 걸쳐 가치가 상승하는 자산을 구입할 자본을 제공한다. 이렇게 능력에 기반하지 않은 초기 자본금에 대한 접근성은 개인의 어떤 행위나 무행위가 아니라 태어나는 순간 소속되는 가족의 위치에 바탕을 두고 있다."

텍스트 〔…〕 보통은 우리가 같은 기숙사 방에 배정된다 하더라도 사실상 비슷한 경제력을 갖추게 되지는 않는다는 의미인데, 이는 백인의 순자산 중앙값이 흑인의 순자산 중앙값보다 열 배 높은 탓이다.

팩트 체크 그렇다. 퓨 연구소와 브랜다이스 대학교의 자산과 사회 정책 연구소에 따르면 2016년 백인 가구 중위 자산은 흑인 가구 중위 자산의 열 배였다.

설명 및 출처 퓨 연구소는 이렇게 보고한다: "2019년에 백인 가구의 중위 자산은 171,000달러였다. 이는 흑인 가구 중위 자산(17,150달러)의 열 배에 달하는 수치다." 자산과 사회 정책 연구소 소장 톰 셔피로는 이 수치가 정확하다는 사실을 이메일을 통해 확인해 주었다.

한 백인 친구에게 텔레비전 드라마 『빅 리틀 라이즈』에 나타난 계급 단절에 대해 말한다. 『빅 리틀 라이즈』는 등장 인물들의 집 크기와 위치 등을 통해 경제적 안정 또는 불안정을 보여 주는데, 나와 친구는 엇비슷한 배치도와 거의 동일한 면적을 가진 유사한 집에 산다. 다시 말해 우리가 리즈 위더스푼이 분한 인물과 같은 계급에 속한다고 내가 경솔히 판단하는 것이 이 때문일 수도 있다. 나는 우리가 물도 절벽도 그 어떤 경이로운 자연 풍광도 내려다보이지 않는 좋은 집에 거주하는 드라마 속 부부와 같은 계급이라고 생각한다.

하지만 하려던 말을 다 내뱉기도 전에 나는 친구와 달리 상속받은 재산이 하나도 없다는 생각이 떠 올라 잠시 말문이 막힌다. 나는 친구처럼 아이를 양육하는 동안 일을 병행할지 말지를 두고 선택할 여지가 없었고, 그리고 또…

나는 사는 집 구조가 비슷하면 형편도 쌍둥이처럼 닮아 있는 법이라는 주장을 입 밖에 꺼내기가 무섭게 황급히 도로 주워 담는다. 어떻게 이런 실수를 하나 싶지만 실제로 나와 친구는 비슷한 삶을 살고 있다. 학력도, 살면서 겪은 트라우마도, 자기 자신과 가족을 위해 품은 염원도 비슷하다. 성인기의 대부분을 함께 보내기도 했다. 어쩌면 그 과정에서 축적된 애정과 친밀감 때문에 잠시 우리의 차이를 망각했는지도 모른다.

우리의 경제적 역사는 우리의 인종적 역사와 어느 정도 맞물린다. 내 친구보다 부유한 흑인이 전혀 없다는 의미가 아니라 보통은 우리가 같은 기숙사 방에 배정된다 하더라도 사실상 비슷한 경제력을 갖추게 되지는 않는다는 의미인데, 이는 백인의 순자산 중앙값이 흑인의 순자산 중앙값보다 열 배 높은 탓이다. 우리의 인종적 차이는

텍스트 이런 차이를 지우려는 시도는 궁극적으로 우리 관계를 불안정하게 만든다. 우리는 공통점도 많지만, 서로 마주 보고 앉아 있는 사이지만, 실은 서로 공유하는 문화의 뒷문을 통해 각자 빠져나온 후에야, 즉 구조 밖으로 밀려난 후에야 서로 마주 보고 앉게 되었기 때문이다.

설명 및 출처

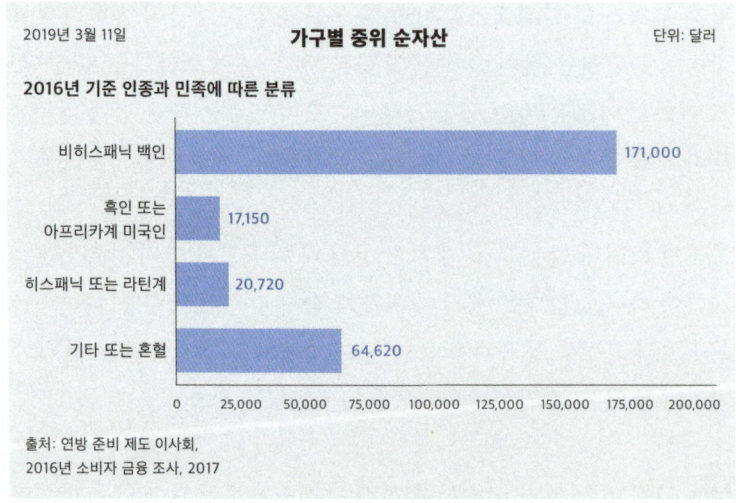

우리가 이 세상이라는 무대에서 근본적으로 다른 방식으로 자리 잡게 만들었다. 친구가 소유한 재산의 뿌리를 따라가면 메이플라워호 시대에 닿게 되며 앵글로색슨 백인이라는 지위는 친구의 삶을 구성하는 많은 것을 설명해 준다. 한편 식민 지배를 받았던 국가 출신으로 귀화한 미국 시민권자이자 대학 교육을 받은 1세대 흑인 여성이라는 내 지위도 나라는 사람의 많은 부분을 설명해 준다. 이런 차이를 지우려는 시도는 궁극적으로 우리 관계를 불안정하게 만든다. 우리는 공통점도 많지만, 서로 마주 보고 앉아 있는 사이지만, 실은 서로 공유하는 문화의 뒷문을 통해 각자 빠져나온 후에야, 즉 구조 밖으로 밀려난 후에야 서로 마주 보고 앉게 되었기 때문이다. 이 평온함과 안락함의 순간을 만드는 데 기여한 우리 관계의 모든 동요와 소란이 하나둘 떠오른다.

친구가 떠난 후, 나는 내가 실수로 내뱉었던 말을 스노 글로브처럼 집어 들고 머릿속에서 이리저리 굴려 본다. 내가 내렸던 가정을 반추하다 보니 비행기 안에서 백인 남자가 했던 말이 떠오른다. "전 피부색은 보지도 않아요." 그가 그랬던 것처럼 나 또한 불편함이 느껴지지 않는 상황에 놓였을 때, 아주 찰나이기는 했어도, 나와 친구가 동일성의 외피를 입을 수 있는 날은 결코 찾아오지 않으리라고 못 박아 둔 기존의 역사와 제도화된 구조를 무시할 수 있었던 것이다.

내 말실수는 단순히 우리 관계를 단단하게 굳히고 싶다는 엉뚱한 욕망의 발현이었을까 아니면 그보다 더한 무언가였을까? 내 친구 같은 사람이 되고 싶다는, 백인의 삶을 증명하는 상징들을 지니고 싶다는, 결코 존재할 수 없는 평등을 꾸며 내 보고라도 싶다는 초월적인 욕망이었을까? 이런 자문까지 해 보고야 마는 내 마음은 백인 중심주의적인 틀, 즉 모두가 동경하는 삶이 백인성을 향해

있다고 믿는 틀 속에서 싹텄다. 내가 종속된 동시에 소속된 문화를 형성한 토대에 자리해 있던 것도 백인 중심의 위계 구조라는 틀이었다. 따라서 나는 백인 중심의 위계 구조가 얼마나 쉽게 내 행동을 좌지우지할 수 있는지 알고 있다. 때로는 유독하고 내 인간성을 박탈할지라도 가장 지속적이고 안정적인 가치를 제공해 준다는데 과연 그걸 원하지 않을 도리가 있을까?

내가 살아온 삶은 내 삶이고, 와스프인 내 친구 같은 백인들이 희구하는 삶과 내 삶이―가령 집 같은 요소가―겹치는 것도 사실이지만, 내가 성취한 모든 직업적 성공에 불확실성과 트라우마를 심어 넣는 안건들이 내게는 여전히 더 중요할 수밖에 없다. 공평성 그리고 백인 테러리즘에 대한 두려움 없이 자유롭게 살 권리를 향한 근본적인 욕망은 전 대통령 영부인 미셸 오바마가 『비커밍』에서 표현하듯 말 그대로 모든 것에 앞선다.

여전히 상상할 수조차 없는 방식의 구조적 변화가 일어나지 않는 이상, 친구가 살고 있는 삶은 내가 성취할 수 있는 삶이 아니다. 절대로. 친구가 확보한 안전은 단지 재정적 안전이 아니므로 주변에 흐르는 공기라 할 수 있으며 그렇기에 양도 불가능하다. '백인'이라는 용어 뒤에 모습을 감춘 채로 군림하는 것이 바로 이것이다. 백인성은 친구를 질병이나 상실이나 재산 몰수 같은 일로부터 보호해 주지는 않지만, 시민으로서의 안전, 이동권, 그리고 내가 결코 가질 수 없는 소속감을 어느 정도 보장해 준다. 친구나 나나 우리가 가진 독특한 차이, 임의적 차이, 노력으로 얻은 차이, 노력 없이 얻은 차이, 역사적 차이, 상속에 따른 차이 앞에 당황하지 않는다. 사실 우리가 서로를 편하게 대하고 또 대립할 수 있는 것은 이와 같은 차이를 이해하고 받아들이는 친구의 능력 덕분이다. 그런데 어째서, 아주 찰나였다

텍스트 내가 먼저 말을 꺼내지 않아도 친구는 자기 삶의 진실을 이미 알고 있다.

설명 및 출처 도러시 A. 브라운, 「아메리칸 드림의 그늘」, 『워싱턴 유니버시티 로 리뷰』: "자가 소유 가능성이 가장 높은 인종은 백인(76퍼센트)이며, 아시아인(61퍼센트), 라틴계(49퍼센트), 흑인(48퍼센트)이 그 뒤를 잇는다. 인종은 주택을 소유하는 문제와 연관되어 있다. 백인일 경우 아시아인, 흑인, 라틴계보다 주택을 소유할 가능성이 현저히 높다. (…) 흑인과 라틴계보다는 아시아인이 주택을 소유할 가능성이 더 높고 아시아인의 중위 소득이 백인의 중위 소득보다 높다는 점을 고려하면 아시아인 소유주 비율이 백인 소유주 비율에 비해 더 높으리라고 예상할 수 있지만 실제로는 그렇지 않다. (…) 인종과 민족에 따른 주택 소유 격차의 원인을 단지 소득의 차이로만 볼 수는 없다. 소득 수준이 높은 구간에서도 흑인과 라틴계는 백인에 비해 주택 소유율이 낮다. 2005년 모든 소득 수준에서 흑인의 주택 소유율은 소득별 전체 주택 소유율보다 낮았다."

해도, 나는 서로에게 느끼는 편안함을 동일성으로 번역해 버리고 만 걸까?

가장 친한 백인 친구와의 관계에서도 아무런 지위상의 동일성을 확보할 수 없다면 친밀감을 어떻게 이해해야 할까? 역사적 역학과 사회적 현실을 받아들이더라도 깊은 친밀감이 차단당하거나 방해받지 않는 형태의 관계는 어떤 걸까? 유사성과 동일성을 확보하는 것이 본질적으로 불가능하다면 어떻게 '차이'가 친밀감을 통해 메워지고 친밀감과 나란히 놓일 수 있을까? 어떻게 우리는 모든 차이를 있는 그대로 남겨 두고도 여전히 우정을 말하고 있는 걸까?

나는 우리가 공유하는 친밀감, 우리가 수년에 걸쳐 인종 치별과 인종 차별적인 가정假定에 맞서 투쟁하며 서로의 상처받은 마음과 깊은 실망감을 수면 위로 끄집어낼 수 있게 한 친밀감을 간절히 믿고 싶다. 시간을 멈추고 모든 시간을, 즉 역사적 시간과 이십 대 후반부터 오십 대 후반까지 우리가 함께한 수년의 시간을 친밀감이라는 담요로 꽁꽁 둘러매고 싶다. 하지만 친구의 타고난 유리함을 더 이상 의식하지 않겠다는 것은 우리가 맺어 온 관계 속에 더 이상 존재하지 않겠다는 것이나 다름없다. 우리의 진실을 기억하겠다는 것은 우리의 진실 속에, 그 진실의 모든 현실과 모든 걸림돌과 모든 실수 속에 존재하겠다는 것이다. 그렇게 하면 우리의 우정은 와해하는 일 없이도 친밀한 관계의 안락함으로부터 거리를 둘 수 있다.

내가 먼저 말을 꺼내지 않아도 친구는 자기 삶의 진실을 이미 알고 있다. 내가 내 잘못을 바로잡는 순간, 즉 정확하게 알고자 애쓰는 과정에서 언어가 우리를 멀리 떨어뜨려 놓는 것만 같은 그런 순간을 아무렇지 않게 넘겨 버리지 않을 수 있는 내 친구의 능력은 그가

우리가 공유하는 유사성에도 불구하고 자기의 유리함, 자기의 불리함, 자기의 백인성과 더불어 내 흑인성, 내 불리함, 내 유리함도 간직하고 인정할 줄 아는 사람임을 입증해 준다.

내가 그냥 우리를 위해, 아니, 친구와 나를 위해 구상한 투스텝 안무에 친구가 발을 맞춰 준 것이기를 바란다. 내가 내 잘못을 바로잡지 않았다면 친구가 대신 바로잡아 주었을지는 알 수 없지만, 어떻든 우리는 인종적 차이가 우리 사이에 악의 가득한 침묵을 낳는 원인이 되지 않도록 그런 차이를 원래 모습 그대로, 현실 그대로 받아들였다. 우리의 꿋꿋함 그리고 서로가 지닌 차이에 굴하지 않는 회복력이 날마다 우정의 형태로 쌓이고 또 쌓여 왔다.

그럼에도 여전한 사실은 내가 이 글의 초고를 친구에게 보여 주며 반응을 구했을 때 친구가 자기는 딱히 할 말이 없다고 대답했다는 것이다. 사고력과 상상력이 그토록 풍부한 작가가 어떻게 그리 갑자기 할 말이 떨어져 버린 건지 나는 지금도 궁금하다.

윤리적 외로움

i

백인 동성 친구와 함께 재키 시블리스 드루리가 쓴 연극 『페어뷰』를 보러 간다. 친구는 백인성을 생각하는 데 관심이 있고 『페어뷰』는 인종을 생각하는 데 관심이 있다. 인종에 관한 이야기가 사면에서 우리를 휘감는다.

연극이 막바지에 이를 무렵, 무대와 객석의 경계가 허물어진다. 한 흑인 배우가 관객 중에 백인은 자리에서 일어나 무대 위로 올라와 달라고 요청하는 순간이다. 무대였던 공간이 2층으로 이어지는 계단이 설치된 베이지 색조의 거실 겸 다이닝 룸으로 변모한다. 무대에 오르는 백인 관객들은 얼굴이 노출되고 마음의 평정을 시험받는 상황에 놓인다. 극 중에 이루어진 요청을 순순히 따르려면 적잖이 애쓰지 않을 수 없을 것이다. 흑인 배우는 객석이라는 공간이 현실 세상에서는 일어나지 않는 방식으로 흑인을 품어 주기를 바라고 있다. 지시는 일종의 조건부―만약에 … 한다면 어떨까?―질문이다. 만약에 관객들이 우리 세상에는 존재하지 않는 무언가를 이 상상 공간에서 보여 줄 수 있다면 어떨까?

흑인 배우들이 흑인 관객이 있는 객석으로 내려가 합석하면 이제 무대는 분리된 공간이 되는 건가? 무대 중앙은 버스 앞자리*로 변모하고? 아니면 백인 전용 회의실이 되나? 사실상 어떤 메시지가 선포되고 있는 건지 당장은 아무도 알지 못한다. 내 뒷좌석에 앉은 한 백인 남자가 말한다. 미친 짓거리잖아. 그럼에도 그는 무대로

---

*   공공 장소에서도 흑인과 백인을 분리하는 차별이 벌어지던 시절에 버스 앞쪽은 백인 전용석, 뒤쪽은 흑인 전용석으로 나뉘었다.

1981년 6월 코네티컷주 스토어스의 전미 여성학 협회 회의에서 오드리 로드가 한 기조연설.

인종 차별에 대응하는 여성이란 분노에 대응하는 여성을 말합니다. 즉 배제, 당연시되는 특권, 인종에 대한 왜곡, 침묵, 혹사, 고정 관념 주입, 방어적 태도, 잘못된 호명, 배신, 강압적 동원에 대한 분노에 대응하는 여성을 의미하지요.

제 분노는 인종 차별주의적인 태도, 그리고 그런 태도에서 기인하는 행동과 가정에 대한 반응입니다. 혹시라도 여러분이 다른 여성에게 보이는 행동에 그런 태도가 반영되어 있다면, 제가 제 성장을 위해 분노를 표현하는 방법을 배울 때 그랬던 것처럼 여러분도 여러분의 성장을 위해 제가 느낀 분노와 그에 따른 여러분의 두려움을 조명해 볼 수 있을 것입니다. 하지만 이는 태도를 바로잡기 위한 것이어야 하지 죄책감을 유발하기 위한 것이어서는 안 됩니다. 죄책감과 방어적 태도는 우리 모두를 소멸시킬 벽을 세우는 벽돌입니다. 그건 우리 미래에 아무 도움도 되지 않기 때문입니다.*

---

* 248~260쪽의 왼쪽에 인용되는 텍스트는 모두 오드리 로드의 해당 연설에서 가져온 것이다. 이 연설은 다음 책에 수록되었다. 오드리 로드, 「분노의 활용: 인종 차별주의에 대응하는 여성들」, 『시스터 아웃사이더』, 주해연, 박미선 옮김, 후마니타스, 2018, 211~230쪽.

올라간다.

나와 나란히 앉은 백인 친구는 여전히 자리에 앉아 있다. 나는 점점 긴장하기 시작한다. 이 연극을 쓴 작가는 흑인 여자고, 나도 흑인 여자며, 나는 작가의 요청대로 연극이 진행되기를 바란다. 그 요청이 무엇을 위한 것이든 아무튼 그렇게 되기를 바란다. 내가 나를 작가와 동일시하는 이유는 그가 흑인이어서일까, 여자여서일까, 예술가여서일까? 그걸 낱낱이 파헤치기란 불가능하다. 백인 친구를 향한 분노가 서서히 쌓여 감에 따라 내 긴장도 배가 된다. 친구에게 배신당한 기분이 든다.

나는 극작가가 아니다. 어쩌면 작가는 자기 자리에 앉아 있기를 고수하는 일부 백인에게 연극의 성패가 달려 있다고 생각할지도 모른다. 어쩌면 작가는 어떤 흑인이 나서서 백인들을 데리고 무대 위로 올라가는 순간을 기다리고 있을지도 모른다. 그런 사람은 없지만 말이다. 어쩌면 작가는 내가 이 연극의 요청이 불화를 조장하고 있다고 생각하며 극장을 박차고 나가기를 바랄지도 모른다. 흑인의 무대도 백인의 무대도 아닌 '통합의 무대'United Stage를 향해. 어쩌면 작가는 관객 중 몇 퍼센트가, 즉 '관객 중 몇 명의 백인'이 자신의 요청을 거부할지 추산해 보았을지도 모른다. 나를 덮쳐 오는 참을 수 없는 감정들, 이건 혹시 내가 흑인 관객으로서 여전히 이 연극에 속해 있다는 사실을 드러내는 신호일까? 더 많은 백인 관객이 무대를 채우고 비백인은 자리에 앉아 있는 광경을 보며 작가는 '왜 내 말을 들어주는 거지?'라고 생각할지도 모른다. 결국 모든 백인이 무대에 오르게 될까? 아니, 어쩌면 지금 나를 괴롭히는 이 상황이야말로 작가가 정확히 의도한 바일지도 모른다.

분노는 정보와 에너지로 가득 차 있습니다. 제가 유색인 여성이라고 말할 때, 저는 단지 흑인 여성만 일컫는 것이 아닙니다. (…) 인종 차별주의에 맞선 자신만의 투쟁을 제가 제 투쟁과 동일한 것으로 가정함으로써 본인을 눈에 보이지 않는 존재로 만들었다고 책임을 묻는 유색인 여성은 제가 그 일을 통해 뭔가를 배워야 한다고 말합니다. 우리가 우리 둘 사이에 존재하는 진실과 싸우는 일은 없어야 하니 말입니다. 고의로든 아니든 제가 자매를 억압하는 일에 가담하고 자매가 그에 대해 제게 따져 물을 때 제가 자매의 분노에 제 분노로 반응한다면 우리 대화의 본질을 오로지 반응으로만 덮어 버리고 마는 꼴이 됩니다. 제가 자매를 위해 써야 할 에너지만 낭비하게 되죠. 그리고, 맞습니다. 제가 나눠 갖지 않은 극심한 고통, 혹은 저 자신이 가담했을지도 모를 고통을 다른 여성의 목소리를 통해 그저 가만히 전해 듣고만 있는 것은 무척 힘겨운 일입니다.

나는 배우가 내뱉는 마지막 대사에 귀를 기울이려 노력한다. 들어보니 유명한 흑인 작가들의 문장을 인용한 대사인데, 머릿속에 떠오르는 것은 내 백인 친구가 작가의 요청을 따르지 않은 채 자기 자리에 남아 있다는 사실뿐이다. 왜 해 달라는 대로 하지 않는 거지? 이렇게 간단한 요청마저 들어주지 못하다니 이해가 되지 않는다. 이게 중요하다는 걸 왜 모르는 걸까? 아니, 안 중요한가? 인종이 중요한 문제라는 관점에서 보면 요청을 따르지 않는 친구의 행동은 극장 전체에 대해 전적인 소유권을 주장하는 고집처럼 느껴진다. 아, 신이시여. 극이 막을 내리기 전 마지막 몇 분간 나는 자리에서 쫓겨나는 듯한 느낌에 사로잡히기 시작한다. 어쩌면 친구의 행동에 나를 결부시키며 압박감에 짓눌린 나머지 한순간 대리수치심Fremdschämen을 느낀 건지도 모르겠다.

택시, 여기요.

달아나고 싶다. 그런데 무엇에서 달아나나? 온몸으로 표현하는 거부, 내가 지켜볼 수밖에 없고 놀라지 않을 수 없는 그 거부로부터? 적대적이라고 느껴지는 태도를 지켜보는 동안 서서히 끓어오르는 감정으로부터? 백인성이 어떻게 작동하는지 알면서도 기어코 맺은 잘못된 우정으로부터? 우리가 동일한 특권은 아니더라도 동일한 세계관을 공유한다고 생각했는데. 요동치며 바스러지고 있는 내 심장아, 좀 가만있어 주지 않으련?

마침내 연극이 막을 내리고 나는 나를 혼란에 빠뜨린 친구에게 말한다. 네가 흑인인 줄 몰랐어.

친구는 대답하지 않는다.

우리가 분노에 찬 서로의 고통스러운 표정을 빤히 살펴보는 동안에도 이 사실만큼은 기억해 주세요. 제가 여러분에게 밤마다 문단속을 잘하라고, 하트퍼드 거리를 혼자 거닐지 말라고 경고하는 이유는 우리의 분노 때문이 아니라는 것을요. 그런 거리에 잠복해 있는 것은 혐오입니다. 우리가 그저 학술적인 수사에 만족하지 않고 변화를 위해 진정으로 애쓸 때 우리 모두를 파괴하려 달려들 강렬한 충동입니다.

이 혐오와 우리의 분노는 매우 다릅니다. 혐오는 우리와 동일한 목표를 공유하지 않는 이들이 품은 노여움이며, 노여움의 목표는 죽음과 파괴입니다. 분노는 동료들 사이의 왜곡된 관계를 향한 비탄이며 분노의 목표는 변화입니다. 하지만 우리에게 주어진 시간은 점점 줄어들고 있습니다. 우리는 성별을 제외한 모든 차이를 타인을 파괴해도 되는 명분으로 간주하도록 배우며 자랐고, 그렇기에 흑인 여성과 백인 여성이 서로의 분노를 부정하지도, 붙박아 두지도, 그에 대해 침묵하거나 죄책감을 느끼지도 않고 대면한다는 것은 그 자체로 이단적이고 완전히 새로운 생각입니다. 이 생각이 의미하는 바는 같은 처지에 있는 동료들이 공통의 토대 위에서 만나 서로의 차이를 살펴보고, 역사가 그런 차이를 두고 만들어 낸 왜곡을 바로잡아야 한다는 것입니다. 우리를 갈라놓는 것이 그런 왜곡이니 말입니다. 그리고 우리는 이 모든 것을 통해 이득을 얻는 사람이 누구일지 자문해 보아야 합니다.

목소리에 짜증이 실려 있는 만큼 내 말은 대답을 바라고 하는 말이 아니다. 내 말은 연극이 설정해 둔 한계를 거스르지 않겠다는 의사를 표현하는 나름의 퍼포먼스다. 연극의 요청이 묵살당하면서 흑인 중 한 사람인 나도 묵살당했다는 점에서 친구의 거부 퍼포먼스는 전혀 연대처럼 느껴지지 않았다. 친구는 연극의 요청이 흑인의 요청을 중요하게 여기지 않는 세상에 대한 대응임을 이해해야 한다. 그런 요청의 순간이 흑인 페미니즘이 우리에게 준 것이기도 하다는 사실을 왜 인지하지 못하는 걸까?

나와 친구는 며칠에 한 번씩 습관적으로 안부를 주고받는 사이고 그로부터 몇 주 동안 우리는 모든 것에 대해 대화를 나누지만 그날 일만큼은 언급하지 않는다. 그럼에도 내 머릿속에는 친구가 자기 자리에서 꼼짝도 하지 않던 모습이 하염없이 계속 떠오른다. 앞에서 다섯째 줄에 앉아 있던 그 모습. 이 기억이 왜 계속 나를 분노케 하고 혼란스럽게 만드는 걸까? 나는 왜 그 순간을 이해하지 못하는 걸까? 왜 그 순간을 이해하려는 시도를 관두지 못하는 걸까? 왜 그 일을 정리하고 묻어 두지 못하는 걸까?

트라우마와 피해자화에 자신을 동일시하는 일부 백인 환자가 꿈속에서 흑인 또는 유대인이 되는 경우가 있다는 치료자의 말을 떠올리면서 나는 소리 없는 내 질문에 스스로 답해 보려 한다. 반흑인 인종 차별주의나 반유대주의 같은 렌즈로 들여다봐야만 이 환자들이 자신의 경험과 감정을 이해하는 방식을 파악할 수 있다. 이들은 자신의 고통과 자신의 트라우마를 충분히 구체화하기 위해 노예제나 홀로코스트처럼 불가해한 사건을 통해 정의되는 역사적, 제도적 구조를 거울삼아 그러한 고통과 트라우마를 비추어 보고자 하는 것이다. 이들이 느끼는 외로움, 갑갑함, 정체감 등은 이론가 질

여러분의 죄책감이든 저 자신의 죄책감이든 저는 죄책감을 창의적으로 활용하는 방법 같은 건 알지 못합니다. 죄책감은 무얼 해야 할지 알면서도 하지 않을 때 동원하는 또 다른 방법, 그리고 명확한 선택을 내려야 하는 긴급한 상황이나 나무를 쓰러뜨릴 뿐 아니라 땅을 뒤엎을 수 있는 태풍이 근접하는 상황에서 시간을 버는 또 다른 방법에 불과합니다. 분노에 찬 목소리로 여러분을 향해 말할 때 저는 적어도 이런 말을 하려는 것입니다. 저는 여러분의 머리에 총을 겨누지도 않았고 길거리에서 총을 쏴 죽이지도 않았습니다. 피 흘리는 여러분 자매의 몸을 쳐다보면서 이렇게 묻지도 않았습니다. "뭘 했길래 이런 일을 당한 거예요?" 이건 메리 처치 테럴이 어느 임신한 흑인 여성이 당한 린치에 대해 말했을 때 두 백인 여성이 던진 질문입니다. 사망한 흑인 여성의 아이는 그 후 시신에서 뜯겨 나왔습니다. 1921년의 일이고, 앨리스 폴이 모든 여성을 위해—수정안 발의에 기여한 흑인 여성을 배제한—미국 헌법 19조 수정안 시행을 공개적으로 지지하길 거부하겠다고 밝힌 참이었습니다.

스토퍼가 윤리적 외로움이라 칭한 것과 다르지만 그럼에도 얼마간 닮아 있는 것 같다. 스토퍼가 쓴 정확한 표현은 이렇다 "윤리적 외로움이란 부당한 침해를 당한 사람이, 혹은 박해받는 집단의 일원이 인류에게 혹은 타인의 삶을 쥐락펴락할 수 있는 사람에게 버림받을 때 느끼는 고립감이다."

움직이기를, 움직이는 모습을 보여 주기를 거부한 행동이 친구 입장에서는 불가피한 움직임인 걸까? 자기만의 메시지 혹은 퍼포먼스인 걸까? 흑인 관객들을 향해 이렇게 말하고 있는 걸까? 다들 나 쳐다볼 생각도 하지 마요, 내가 백인 표본으로 당신들 앞에 서는 일은 없을 테니. 내 뒤에 앉은 남자는 이렇게 말했다. 미친 짓거리잖아. 내가 알기로 무의식은 맥락이나 관점을 거스를 수 있다. 어쩌면 내 친구는 이렇게 저렇게 하라는 지시 자체를 견딜 수 없는 사람인지도 모르고, 이 일의 시작과 종결은 친구의 백인성과 거의 관련이 없거나 모든 면에서 친구의 백인성과 관련되어 있을지도 모른다. 내가 인종 역학의 사각 지대를 더욱 포괄적으로 이해한다면 백인 페미니즘과 백인의 자격을 두고 폭넓은 토론을 주고받을 수 있을지도 모른다. 어쩌면 그날 연극이 우리가 공유할 수 없는 각자의 인종적 위치를 하나의 장면으로 구성했기 때문에 내가 친구의 백인성에만 반응하고 있는 건지도 모른다. 어쩌면 내 논리는 주욱주욱 늘어나는 고무줄 같은 것이라 조만간 느닷없이 내 얼굴을 후려칠지도 모른다. 그런데 그렇다 쳐도 논리적으로 앞뒤가 안 맞는 줄 한 가닥이 남아 있다. 나는 그걸 그냥 내버려둘 수 없다. 내버려두지 않을 것이다. 대체 뭐가 신경 쓰이는 거야? 나는 자문한다. 그러면서도 이 백인 여자와의 친밀감을 구성하는 구조에 여전히 신경을 쏟는다. 지금 이 순간 이후로 내 입은 '우리'라는 대명사를 얼마나 거리낌 없이 내뱉을 수 있을까?

나는 친구에게, 수시로 이해와 공감을 말하는 백인 여자에게
묻는다. 왜 무대 위로 올라가지 않았던 거야? 친구가 나를 쳐다본다.
지금 침묵하는 건가? 시간이 우리가 가진 차이들로 구성된 공간을
그러모으고 있는 듯하다. 친구가 말한다. 그러고 싶지 않았어.

나는 계속 친구를 쳐다보고 있다. 친구는 내 얼굴에서 무얼 보고
있을까? 그러고 싶지 않았다고? 피로했다는 말인가? 피로는 이해할
수 있다. 피로는 극도로 지친 상태와 떼려야 뗄 수 없고, 무한히 활력을
되찾는 인종 차별의 맹습에 대처하다 보면 우리 모두 극도로 지치기
마련인 터다. 그게 아니라면 단순히 자기는 흑인 여자가 하라는 대로
할 필요가 없다고 말한 건가? 나는 백인이야. 모르겠니?

그러고 싶지 않았어. 그리고 내가 뭘 원하는지가 중요한 거잖아. 결국,
어쨌든, 나는 백인 여자야. 나는 중요한 사람이야. 난 그러고 싶지
않았어. 발화되지 않은 채 내 해석의 몫으로 남겨진 문장들이 이런
걸까?

내가 이 여자에 대해 아는 극소량의 정보를 생각하면, 더군다나
지금 이 순간에는 그 극소량이 얼마나 적은 양인지도 잘 드러나는
듯하지만, 나는 그가 한 대답이 아무 대답도 아님을 안다. 진짜 대답
혹은 보다 현실적인 차원에서 진짜 숙고에 가까운 생각은 그가 다른
사람들, 어쩌면 백인일 수도 있고 어쩌면 백인 치료자일 수도 있는
타인들과 나누는 대화 속에 있음을 안다. 그들끼리의 대화를 상상하다
보면—마치 노예제가 대량 투옥과 제도적 불평등을 통해 21세기에
맞게 변형되고 적응한 일이 없었던 것처럼—나는 노예제를 포함한
모든 것을 부여잡고 손에서 놓지 못하는 사람이 된다. 내가 가진
압도적인, 그, 그, 그, 맞다, 그 윤리적 외로움 때문이다. 나는 그가 모든

윤리적 외로움

우리가 여성들 간의 분노를 정확한 말로 표현할 수 있다면, 말하는 방식을 두고 방어적인 태도를 취할 때만큼 열정적으로 그 내용을 귀 기울여 듣는다면 (…) 분노는 우리를 죽이지 않을 것입니다. 분노를 등지면 통찰을 등지게 되며, 오로지 이미 아는 계획만, 익숙해서 치명적인 동시에 안전한 계획만 받아들이게 됩니다. 저는 제 분노의 유용성뿐 아니라 그 한계까지 배우기 위해 애써 왔습니다.

것을 털어놓는 친구가 아니다. 나는 그가 모든 것을 공유하는 사람이 아니다. 나는 아니다—그가 자신의 백인성을 내맡길 정도로 신뢰하는 그런 사람이 아니다. 나는, 내 생각과 달리, 진정한 친구가 아니다.

우정을 둘러싸고 벌어진 실수, 오해, 그리고 인식. 이런 것들을 몽땅 적어 낸 글을 나는 친구에게 보여 준다. 그 글을 공유하는 이유는 우리가 친구이기 때문이다. 그 글이 우리 관계에서 뜻밖의 사실이나 비밀로 남지 않기를 바라는 마음도 있다. 나는 친구에게 글을 보여 주면서 우리가 먼저 해결해야 할 문제가 거기에 적혀 있다고 말한다. 우리는 서로를 이해하며 나아가는 방법을 함께 배우고 있다. 친구는 내 글이 자기가 한 말과 행동을 정확하게 서술하고 있다고, 따라서 자신이 왜곡된 방식으로 표현되었다고는 생각하지 않는다고 말한다. 생각은 내 몫이지만, 행동은 실로 친구의 몫이다. 잠시 후 친구는 "익숙하게 들어 온 대사들로 장황하게 훈계받는 기분이었어. 난 움직이고 싶지 않았어. 그 속에 있고 싶지 않았어"라고 해명한다. 친구가 느낀 것은 "당혹스럽고 짜증 나는 감정, 슬픈 감정, 그리고 이미 들은 비난을 별안간 또다시 듣게 될 때의 감정"이었다. 그러면서도 친구는 연극이 훌륭했고 좀 달랐으면 좋겠다고 느낀 부분도 딱히 없었다고 말했다.

그러더니 친구는 내가 예상하지 못한 행동을, 그렇지만 우리가 왜 친구인지를 설명해 주는 행동을 했다. 자리에 앉더니 글을 쓴 것이다.

ii

자, 물론 너와 대화를 나눈 후의 일인데, 헬스장 러닝 머신에 올라 몸을 움직이고 있으니 머릿속에 더 많은 생각이 솟구치기 시작했어(이게 내가 너와 대화하는 걸 그토록 좋아하는 이유이기도 해). 그리고 이제야 그 생각을 적어 볼 짬이 났어.

어쩌면 네겐 흥미롭고 내겐 중요한 생각일 수도 있을 것 같아. 나는 개인적인 차원에서든 일반적인 차원에서든 백인으로서 죄책감을 느낄 것을 요구받는 상황을 마주할 때, 그러니까 구체적으로 어떤 요구가 제기되든 그에 더해 수치심과 죄책감을 느끼고 속죄하고 잘못을 바로잡고 호된 비난을 받고 제자리에 앉아 있으라는 요구를 받게 될 때, 때로는 많이, 때로는 약간, 움츠러드는 사람이야. 분명 이렇게 움츠러드는 이유 중에는 그냥 누구나 비난받는 걸 좋아하지 않는다는—누가 안 그러겠어?—점도 있겠지. 아, 그런 사람도 있으려나? 내 내면에서 이는 반응이 내게 중요한 이유는 이거야. 이를테면 나는 대릴 핑크니가 (『뉴욕 리뷰 오브 북스』에 실은 아프로-비관주의에 관한 글에서) 말한 "호된 비난을 배움으로 착각하는 백인 관객"의 냄새를 맡을 때 그에 대한 반응으로 일종의 구역질을 느끼는 사람이거든. 물론 수치심과 죄책감을 느끼고 잘못을 바로잡는 등의 행동을 해야 할 이유들은 있어. 말하자면 진짜 역사가 있고, 그런 감정과 행동을 촉구하는 실제 상황과 경험과 교류가 있으니까. 그에 대해 나는 ("누가 안 그러겠어?"라고 생각했듯) 전적으로 방어적인 태도로 반응할 때가 있는 거고. 하지만 백인의 수치심과 속죄를 유도해 내겠다는 명확한 의도하에 만들어진 (주장, 블로그 게시물, 다양성 워크숍 활동 따위의) 상황은 나를 불편하게 만들고, 그런 상황에 직면할 때면 마치 부정한 거래의 시작이 임박한 것 같은, 백인의

도덕적 피학증이 찌릿찌릿 자극받는 것 같은 느낌이 들어.

예전에 너한테 했던 이야기 같은데, 다양성 워크숍에서 새 동료인 젊은 백인 남자가 한 말이 지금도 기억나. 다양성, 공평, 그리고 (우리가 채워야 하는 빈칸인) 통합과 관련된 작업의 가장 어려운 점은 일을 하다가 처리하기 힘든 감정과 그에 따르는 정신적 고통 같은 것을 느꼈더라도 그렇게 백인으로서 감정적 롤러코스터를 탔다는 사실을 근거로 뭔가를 해냈다는 확신을 갖지 않는 것이라는 말 말이야. 객석에 앉아 있던 내가 백인으로서 수치심을 느끼고 마지막에는 결의를 다지는 식으로 동조하고 싶지 않았다고 하면(그것이 그 연극을 마무리하는 훌륭한 방식이라고 생각하긴 하지만), 그냥 그런 감정을 연기하게 되는 것 같아서 그러고 싶지 않았다고 하면, 지나친 합리화인 걸까?

내가 객석에서 느낀 당혹감과 피로감은 백인들더러 스스로를 돌아보라거나, 앞에 나서라거나, 편하게 궁둥이 붙이고 앉아 있지만 말라거나 하는 줄기찬 요구와도 연관된 감정이었어. (휴스와 두 보이스, 앨런 로크, 그리고 아마도 허스턴의 말이었던 것 같은데) 여러 글을 인용한 그런 요구들은 슬프게도 완전히 일리가 있었지. 내가 느낀 당혹감, 피로감, 슬픔의 일부는 그런 요구가 다시 또다시, 그리고 또다시 찬란하고도 다급하게 제기되고, 그러면 많은 백인이 어깨를 으쓱해 보이거나 감정적으로 고양되는 흥분감을 느끼지만 결국에는 아무것도 하지 않는 현실에서 비롯한 것 같아.

물론 어떻게 보면 나는 가만히 앉아 아무것도 하지 않은 셈이고 겉으로 보면 내가 어떤 생각을 하고 있었는지 아무도 알아차릴 수 없었을 거야. 무난하게는 내가 '이건 미친 짓거리잖아'라고

생각했으리라고 추측할 수 있을 테고, 어떻게 보면 맞는 생각이기도 해. 다른 백인들이 자리에서 일어나지 않았다면, 혹은 충분히 많이 일어나지 않았다면 나는 일어났을 거야. 그 연극이 잘 진행되기를 바랐거든. 쉽게 책임감을 느끼는 성향이기도 하고. 나는 내가 무대에 오르지 않은 행동이 어떻게든 그 연극의 완벽하고 성공적인 결말을 구성하는 한 조각이 되기를 바랐던 것 같아. 모든 백인이 일어서지는 않는 결말 말이야. 흥미롭잖아.

네가 쓴 글에서 치료자가 해 줬다는 얘기, 백인들이 고통을 감내하는 방식의 하나로 흑인이나 유대인이 되는 꿈을 꾼다는 얘기가 참 좋았어. 언젠가 네게 말한 적이 있기도 한데, 어릴 때 나는 동네 도서관에서 홀로코스트와 미국 노예제에 더해 마녀 사냥과 중세 고문 기법 등에 관한 책까지 모조리 반복해서 읽었어. 인간이 지척에 있는 다른 인간에게 믿을 수 없을 정도로 잔인하게 군다는 사실을 이해하게 해 줄 장면들이 필요했거든. 연극이 끝났을 때 내가 흑인이라고 생각했던 건 아니지만 머릿속이 뒤죽박죽이었어. 백인들이 지긋지긋했고, 감시당하는 기분을 느끼는 (연극에서는 흑인이었던) 이들과 나 자신을 너무나도 동일시했고, 전율이 일 정도로 연극에 경외감을 느꼈지. 바로 그런 순간에 자리에서 일어나 백인성을 주장/소유한다는 게 내게는 쉽지 않은 일이었어. 접착제로 의자에 들러붙어 있는 기분이었어. 이 모든 것에 대해 말하고/생각하고/분석해야 할 것이 아직 산더미처럼 쌓여 있다고 확신하지만, '미친 짓'이든 그렇지 않은 짓이든 그날 벌어진 현상학적 진실은 바로 이거야.

친구의 답신을 비판적으로 뜯어읽어 보아도 감사한 마음이 들었다. 하지만 그와 동시에, 늘 그랬듯, 친구의 삶과 경험 중 일부는 여전히 내게 말대답을 해 온다. 나는 머리로 생각하는 동시에 마음으로

생각한다. 내가 아는 사실은 언제든 질문을 던질 수 있다는 것이다. 느끼고 싶지 않은 감정을 느끼고 있는 때라도. 나는 언제든 질문을 던질 수 있다.

iii

　　　　　　　　　　　　　　　　　　　　　　　　　　　　한
흑인 배우가 관객 중에 백인은 자리에서 일어나

　　　　　　　　　　　　　　　　　흑인 배우는 객석이라는 공간이
　　　　　　　　　　　　　　　　　　흑인을 품어 주기를 바라고
있다　　　　　　　　　　만약에 … 한다면 어떨까?

　　　　　　　　　　　백인 친구는 여전히 자리에 앉아 있다

                        어쩌면 작가는
                                              생각할지도
모른다

                                        온몸으로 표현하는
거부

              가만있어

친구는 대답하지 않는다

                              거스르지 않겠다는

한 사람　　　묵살
　　처럼

꿈속

그러고 싶지 않았어

　　　　　　　아무

　　　　　　못하는

　　　　　나는
아니다　　　　　　　백인성
그런　　　　　　　　　　진정한

(무)경계 공간 ii

가면을 벗기기 위해 대화를 세세히 재현한다는 건 어떤 의미일까?—그런데 무엇의 가면을 벗기나? 자기self가 관계를 맺는 방식이라는 가면? 또 다른 자기와의, 타자와의 관계에 놓인 자기라는 가면?

그런 만남 속에는 무엇이 사나? 그런 만남을 까뒤집으면 무엇이 있나? 중요한 것은 말해진 걸까 말해지지 않고 있는 걸까? 순간이란 어떤 말이 공유되기 전의 순간을 말하는 걸까 아니면 그 후의 순간을 말하는 걸까?

대화 아카이브 속에서만 산다는 것은 문화가 만들어 낸 결과물을 기꺼이 본다는 것을 의미할지도 모른다. 반복적으로 본다는 걸까? 물론 그렇다.

> 1964년 민권법에 서명한 린든 B. 존슨 전 대통령은 빌 모이어스*에게 말했다: 최하층에 있는 백인에게 당신이 최상층에 있는 흑인보다 낫다고 말하면 주머니를 털어도 눈치 못 챌 겁니다. 뭐 어쨌든, 누가 됐건 업신여길 수 있는 사람만 데려다 놔 주면 알아서 주머니를 비워 줄 거예요.

> 1968년 백악관 오찬에서 어사 키트는 대통령 영부인 레이디 버드 존슨에게 말했다: 여러분은 미국 최고의 인재들을 전쟁에 내보내고 그 인재들은 거기서 총에 맞고 불구가 돼요. 그걸 원치 않는데도 말이에요. 〔…〕 그들은 거리에서 반란을 일으키고 포트를 할 거예요. 포트라는 표현을 모르시려나요, 마리화나요.

---

* 미국 언론인으로 존슨 행정부 시절 1965부터 1967년까지 백악관 대변인을 맡았다.

텍스트 이에 영부인은 (…) 울음을 터뜨렸다고 한다.

팩트 체크 아니다. 사실일 수도 있지만, 나중에 양측 모두 레이디 버드 존슨이 실제로 운 것은 아니라며 부인했다고 한다.

설명 및 출처 『USA 투데이』가 보도한 「어사 키스, 베트남전 발언으로 경력 끊길 뻔해」에 따르면 레이디 버드 존슨은 일기에 "한 신문은 내가 키트 씨한테 대답할 때 얼굴이 창백했고 목소리가 약간 떨렸다고 보도했다. 그건 사실인 것 같다. 다른 신문은 내 눈에 눈물이 고여 있었다고 했는데 그런 일은 없었다"라고 적었다. 키트의 딸은 해당 신문에 "어머니는 눈물 같은 건 본 적이 없다고 말했어요"라고 전했다.

이에 영부인은 본인에게 해를 끼친 키트의 발언을 아무도 못 들었을까 봐 울음을 터뜨렸다고 한다. CIA는 오찬 일주일 후 키트에 관한 사건 기록을 작성했다. 그 후 키트는 10년간 미국 블랙리스트에 올랐다.

대화는 말해진 것과 말해지지 않은 것을 흐트러뜨리는 위험을 감수하는 일이다.

대화는 침묵 속에 가둔 것을 드러내는 위험을 감수하는 일이다.

『버지니아주에 관한 비망록』에 토머스 제퍼슨이 남긴 말:

'흑인을 붙잡아 이 주에 통합하면 흑인이 떠나면서 생기는 공백을 백인 정착민을 통해 채울 경우에 드는 비용을 절약할 수 있지 않겠는가?'라는 질문이 제기될 수도 있다. 백인이 품은 뿌리 깊은 편견, 흑인이 입은 그동안의 상처들에 관한 만 가지 기억, 새로운 도발 행위, 자연이 만든 진정한 차이, 그리고 여타 무수한 제반 상황은 우리를 여러 진영으로 분열시키고 어느 한쪽이 절멸하지 않는 한 결코 끝나지 않을 격란을 불러일으킬 것이다. 이 같은 정치적 거부에는 신체적이고 도덕적인 거부도 뒤따를 수 있다. 가장 먼저 우리 눈에 띄는 차이점은 피부색이다. 흑인 피부의 검은색은 살갗과 표피 사이의 그물막 색이든 표피 색이든, 혈액 색이나 담즙 색이나 여타 분비물 색 때문에 띠는 빛이든 선천적으로 불변하며, 이러한 차이의 근원과 원인은 우리에게 잘 알려져 있듯 실재한다. 그럼에도 과연 이 차이가 중요하지 않다고 할 수 있는가?

사람들이 원하는 것은 무엇일까? 무엇이 말해지고 있고, 무엇이
공유되고 있고, 무엇이 내내 알려져 있는 걸까?

> 스타벅스 직원이 911 교환원에게 한 말: 안녕하세요. 지금
> 카페에서 남자 두 명이 음료를 주문하지도 않고 나가 달라는
> 요청도 거부하고 있습니다. 18번가 스프루스 스타벅스입니다.*

순간의 중심에 있는 '절대'는 무엇이고, '두 번 다신'은 무엇이고, 입
밖으로 내뱉는 '아니다'는, '아니요'는 무엇일까?

대화는 투사된 욕망인가? 대화하기는 춤추기인가? 주고받음 속에서
싹트는 기회인가? 이끄는 건가? 끌려다니는 건가? 짓밟히는 건가?
끝장나는 건가?

무엇이 위협받고 있나? 무엇이 방어되고 있나? 무엇이 빼앗기고 있나?
모든 것이 빼앗기고 있나? 이건 대체 뭘까?

무엇이 공격받고 있나? 공격적인가? 단지 내가 나이기 때문인가?
아니면 당신이 당신이라서? 내가 당신에게 방해가 되고 있나? 당신이
내 앞을 가로막아서? 내가 당신을 아나? 내가 당신을 알 수 있나?
당신이 방해받고 있나? 뭐가 어쨌건 간에?

---

* 2018년 필라델피아 18번가 스프루스 스타벅스를 찾은 흑인 남성 두 명이 음료를
주문하지 않고 앉아 있자 매니저가 매장에서 나가 달라고 했다. 두 사람이 일행을
기다리는 중이라며 계속 앉아 있자 (많은 손님이 음료를 주문하지 않은 채 자리를 잡고
일행을 기다리는 일이 흔하다고 말했음에도) 매장 측은 경찰에 신고했고 두 흑인 남성은
무단 침입으로 체포되었다.

힐러리 브룩 뮬러: 촬영해도 돼요. 하고 싶으면 하세요—

더레이언 톨스: 알겠습니다, 그런데 지금 제가 못 들어가게 막고 계시잖아요.

뮬러: 제 건물이니까요.

톨스: 알겠어요. 그런데 제 건물이기도 합니다. 그러니 좀 비켜 주시면 좋겠는데요—

뮬러: 알겠어요, 몇 호인데요?

톨스: 제가 그것까지 말씀드릴 필요는 없습니다. 자, 그럼 실례하죠.

뮬러: 전 불편한데요.

톨스: 저기요. 알겠어요, 불편하실 수 있고 그건 그쪽 마음이죠. 그쪽은 그쪽 때문에 불편한 거예요. 저는 그냥 제가 들어갈 수 있게 좀 비켜 주셨으면 하는 거고요.

뮬러: 안 돼요.*

그냥 우리, 그냥 사람, 똑같은 사람인데, 그냥 사람일 뿐인 우리가 느끼거나 원하거나 되려고 하는 건 무엇인가? 몹시도 잔혹한 소동이 싹트고, 일어나고, 터져 나온다.

우리 안에서, 우리 사이에서 차오르는 것은 무엇인가? 우리가 우리의 역사를 간직하고 있다는 이유로 일어나는 일은 무엇인가?

    911 교환원: 샌프란시스코 911입니다. 신고자분 위치가 정확히 어디죠?

* 2018년 한 아파트에서 관리직을 맡은 백인 여자가 해당 아파트 거주민인 흑인 남자를 입구에서 막은 일이 발생했다. 해당 영상이 페이스북을 통해 퍼지자 관리 회사는 여자를 해고했다.

앨리슨 에텔: 안녕하세요, 저 인도에 서 있는데요. 야구장 건너편에서 무허가로 물을 팔고 있는 사람이 있어서요.
교환원: 아…
에텔: 담당자분과 통화할 수 있을까요?
교환원: 알겠습니다, 잠시만요. 경찰서로 연결해 드릴 테니 잠시 기다려 주세요.
에텔: 좋습니다, 감사합니다.
에텔: 안녕하세요, 저기 야구장 건너편에 무허가로 물을 팔고 있는 사람이 있는데요.*

횡설수설하는 목소리는 무얼 외치고 있나? 누구를 호명하고 있으며, 무엇 때문에 분노라는 감정을 느끼고 있나? 무엇 때문에 무지가, 냉랭하고 무분별한 생각이 확신을 품고 있는 건가? 손해를 보았다는 자의적인 판단?

익명의 백인 여성: 나는 내가 이런 말을 하는 걸 신경 쓰지도 않고 모두가 내 말을 들어도 상관없어요. 여기 있는 모두가 나와 같은 마음일 거라고 생각해요, 그러니 어디가 됐건 빌어먹을 당신 고향으로 돌아가라고요 아줌마.**

백인성 안에 자리한 강제력이 백인성을 강제하고 있다.

---

* 2018년 샌프란시스코에 거주하는 앨리슨 에텔이라는 여자가 집 건너편에서 무허가로 물을 팔고 있다며 여덟 살 혼혈 여아를 신고한 사건이 벌어졌다. 여아가 실제로 물을 판매한 것이 아니라 놀이를 하고 있었던 것이라고 주장했음에도 에텔은 경찰에 신고했고 인종 차별 혐의를 부인했다.
** 2016년 백화점 체인인 JC 페니 스토어에서 계산대에 서 있던 여자가 자기 앞에 서 있는 다른 유색인 여자 손님을 향해 인종 차별적인 말을 내뱉는 핸드폰 동영상이 공개된 적이 있다.

텍스트 경찰관님 도와주세요 도와주세요는 경찰관을 도와주세요 도와주세요로 들리고 경찰관을 도와주세요 도와주세요는 경찰관님 도와주세요 도와주세요로 들린다.

설명 및 출처 잭 체니-라이스, 「에릭 가너는 어차피 비만으로 사망했을 것이라고 주장하는 뉴욕 경찰 노조 측 변호사들」, 『뉴욕 매거진』: "팬털리오 측 변호인단은 가너의 죽음에 대한 책임이 가너 본인에게 있다고 일관되게 주장했다. 가너가 과체중이 아니고 천식을 앓고 있지 않았다면 그가 그런 폭력을 당했어도 살았으리라는 것이다. 목을 졸라 타인을 죽인 사람을 무죄로 만들기 위해 피해자의 신체적 건강 상태를 끌어들이는 것이 이상해 보일 수도 있지만, 이는 비무장 상태의 민간인을 살해한 경찰이 처벌을 피한 수많은 사건에 일관되게 적용된 논리다. 이런 논리는 대부분 애초에 피해자가 이러저러했더라면 죽음을 막을 수 있었으리라는 사실에 주목한다. 가령 가너의 사례에서는 피해자가 건강을 올바로 유지했더라면, 마이클 브라운과 테런스 크러처 등의 사례에서는 피해자들이 경찰에게 덜 위협적으로 보였더라면 죽음을 면할 수 있었다는 식이다."

잡아당기는 느낌, 잡아당기고 있는 느낌, 잡아 빼는 느낌은 무엇이며 어떤 감정이 무례한 말을 내뱉게 만드나? 무엇인가? 무엇이 우리를, 그냥 우리일 뿐인 우리를, 여기로 질질 끌고 온 건가? 정의는 무엇을 원하나?

이윽고 흑인은 떠나라고 자리를 비우라고 증명하라고 입증하라고 확실히 하라고 승인받으라고 대기 중에 공기 속에 여기에 있을 권리를 정당화하라는 요구를 받고 그러면 경찰관님 도와주세요 도와주세요는 경찰관을 도와주세요 도와주세요로 들리고 경찰관을 도와주세요 도와주세요는 경찰관님 도와주세요 도와주세요로 들린다.

흔히 경찰은 진실의 새하얌 속에서 피해자의 새하얌 속에서 백색을 더 새하얗게 만드는 무죄 추정 속에서 백색보다 더 새하얀 설명 속에서 신고자의 주장을 인정하고 지원하고 강화한다.

얼: 저 사람들은 어슬렁거리고 있지 않아요.
제이엠: 대체 제가 공공 구역에서 어떻게 어슬렁거리고 있다는 겁니까?
얼: 여기에 앉아 있잖아요.
제이엠: 그러니까 이 구역은 일정 시간 이후에는 출입 금지 장소가 된다는 거죠?
얼: 투숙객이 아니라면요.
제이엠: 전 투숙객이에요.
얼: 처음 듣는 말인데요.
제이엠: 투숙객이라고 말했습니다. 말씀드렸잖아요.
얼: 어느 방에 묵으시냐고 물었을 때 대답 안 하셨죠.

제이엠: 전 5로 시작하는 방에 묵고 있고 오늘 막 체크인했습니다. 여기 영수증 있고요, 그리고, 후, 조금 전에 아메리칸 익스프레스 카드로 체크인했는데 여기 남자분들이 제게 시비를 건 겁니다.
루이스: 당신에게 시비 거는 사람은 아무도 없는데요.
제이엠: 당신이 그러고 있잖아요.
루이스: 전 그냥 철저히 확인하고 있는 것뿐입니다.
제이엠: 철저히 확인해야 할 것 자체가 없습니다. 제가 투숙객이 맞는지 눈으로 직접 보고 확인하고 싶으신 겁니까?
루이스: 제가 이걸 물어보는 이유는 그뿐이에요. 당신을 도와주려는 거라고요, 흥분하지 말고요.
제이엠: 아뇨, 경찰을 부르는 게 좋겠어요. 경찰을 부르죠.
루이스: 그래요. 알겠어요.
얼: 지금 내가 뭘 하고 있는 건지 참.
제이엠: 다들 미쳤군요.
[…]
제이엠: 얼 씨가 나가라고 했으니 나가라고요?
경찰: 네, 얼 씨가 이 건물 관리자입니다.
제이엠: 그러니까 얼 씨가 여기를 관리하고…
경찰: 지금 하고 계신 것도 관리의 일환이고요.
제이엠: 저는 여기 앉아서 전화를 걸고 있었…
경찰: 제이엠 씨에게는 진술 권한이 있고…*

* 2018년 저메인 매시(제이엠)라는 흑인 남자가 당시 체류 중이던 힐튼 호텔로 들어가려 하자 경비원 얼 마이어스가 호실 번호를 기억하지 못하는 매시를 가로막으며 루이스 폴랭코라는 관리자를 호출했다. 나중에 현장에 출동한 경찰은 매시가 무단 침입을 했다며 그를 쫓아냈고, 매시는 범죄 혐의가 없음에도 환불도 받지 못한 채 호텔 방에 있던 소지품을 챙겨 나와야 했다. 매시가 이 일을 온라인에 공개한 뒤에도 호텔 측은 인종 차별 혐의를 부인했지만, 매시가 변호사를 선임하자 뒤늦게 사과하고는 마이어스와 폴랭코를 해고했다.

그들이 경찰이라고 믿는 경찰은 대통령을 역사를 교육을 미디어를 엔터테인먼트의 가르침을 자신이 아는 세상을 자신이 떠받치는 최악의 현실을 믿는다.

그렇기에 우리는 이것이 정신 건강 문제가 아님을 안다. 이것은 고립된 문제가 아니다. 이것은 우리에게 합당하지도 도움이 되지도 않는다.

호세 마르티

텍스트 브루클린. 판사는 아들이 살해당할까 봐 걱정하고 있다. 누구의 손에 살해당하는 거지? 내 환상일까 그의 환상일까? 최근에 브루클린에 가 본 적이 있으세요?

설명 및 출처 뉴욕시의 전반적인 범죄율은 수십 년 만에 가장 낮은 수치를 기록하고 있다. 『뉴욕 타임스』는 「뉴욕시 범죄율 1950년 이래 사상 최저 수준으로 급감」이라고 보도하기도 했다. 아주 최근에는 브루클린의 범죄율이 경미하게 상승했지만 넓게 보면 여전히 낮은 수준이다. 브루클린의 최근 상황에 대해 『뉴욕 타임스』는 "브루클린 북부 지역에서 현재까지 스물한 건의 살인 사건이 발생했다. 지난해(2018년) 같은 시기에 발생한 살인 사건 수는 열두 건이었다. 살인 사건은 대부분 이스트 뉴욕과 브라운스빌 같은 지역에서 집중적으로 발생했다. 그 밖에 올해 초 다섯 블록 반경 내에서 네 건의 살인이 발생한 부시윅과 베드퍼드-스타이베선트처럼 급속한 젠트리피케이션이 진행되고 있는 지역 외곽에서도 살인 사건이 발생했다." 그러나 "브루클린에서 발생한 폭력은 살인 사건이 거센 파도처럼 덮친 1990년대 초반에 비하면 여전히 미미한 수준이다. 예컨대 4월을 기준으로 했을 때 1993년 브루클린 북부의 동일한 열 개 구역에서 발생한 살인 사건은 이미 여든 건 이상이었다." 뉴욕에서는 백인이 다른 인종 집단에 비해 살해와 위협을 당하는 비율이 낮게 나타나는 등 범죄 피해 측면에서 상당한 인종 격차가 존재한다. 『월 스트리트 저널』은 이러한 상황을 취재해 보도하기도 했다.

뉴욕 경찰국이 뉴욕시 전역을 대상으로 실시해 발표한 보고서는 살인 피해자의 인종을 세분화해 보여 준다. 이는 이용 가능한 가장 최신 데이터로 2018년을 기준으로 삼았다. 그중 주목할 만한 핵심 데이터는 다음과 같다(단 실제 범주는 더 다양하며 이 맥락에서 '용의자'suspect는 특정한 의미를 띠고 있을 수 있다). 살인: "살인 및 비과실 치사 피해자는 대부분 흑인(62.6퍼센트) 또는 히스패닉(24.9퍼센트)이다. 모든 살인 및 비과실 치사 피해자 중에서 백인 피해자 비율은 9.6퍼센트며, 아시아인/태평양 섬 출신 주민 피해자 비율은 2.8퍼센트다. 살인 및 비과실 치사 사건 용의자로 밝혀진 이들의 인종/민족은 피해자의 인종/민족과 거의 유사하며, 흑인(61.9퍼센트)과 히스패닉(31.0퍼센트)이 용의자의 대다수를 차지한다. 모든 살인 및 비과실 치사 용의자 가운데 백인 용의자 비율은 5.4퍼센트며, 살인 및 비과실 치사 용의자로 밝혀진 이들 중에서 아시아인/태평양 섬 출신 주민의 비율은 1.7퍼센트다." 강도: "강도 피해자는 대부분 히스패닉(38.7퍼센트)이나 흑인(30.6퍼센트)이다. 모든 강도 피해자 중에서 아시아인/태평양 섬 출신 주민 피해자의 비율은 15.8퍼센트고, 백인 피해자의 비율은 13.9퍼센트다. 강도 용의자로 알려진 이들의 인종/민족은 주로 흑인(65.8%)이다. 전체 용의자 중에서 히스패닉 용의자 비율은 27.1퍼센트다. 모든 강도 용의자 가운데 백인 용의자의 비율은 4.6퍼센트, 아시아인/태평양 섬 출신 주민 용의자의 비율은 2.4퍼센트다."

테이블 앞에서 나이 든 백인 남자가 아들 녀석이 곧 다시 배를 타고 떠날 거라고 말한다. 그는 군 복무가 중요하다고 생각하지만 그렇다고 아들에 대한 걱정을 떨칠 수는 없는 노릇이다. 내 옆에 앉은 백인 여성 판사가 그의 처지에 공감한다. 그의 심정을 이해한다. 본인의 아들은 브루클린으로 가고 있는 터다. 브루클린? 나는 잠자코 앉아 백인이 흑인 콘텐츠에 대한 저희의 환상을 마음껏 펼치기 위해 동원하는 온갖 완곡한 표현을 떠올린다. 가만, 이건 그들의 환상에 대한 내 환상인가? 마음에 들지 않는 콘텐츠. 위험한 콘텐츠. 두려운 콘텐츠. 브루클린. 판사는 아들이 살해당할까 봐 걱정하고 있다. 누구의 손에 살해당하는 거지? 내 환상일까 그의 환상일까? 최근에 브루클린에 가 본 적은 있으세요?

판사는 왜 자기 말의 의미를 설명하지 않는 걸까? 지금 나는 침묵을 유지하기 위해 의식적으로 부단히 애쓰고 있다. 이러고만 있으면 혹시 그가 정당하다고 생각하고 있을지도 모를 인종 차별에 공모하는 걸까? 그는 자기 아들 같은 백인이 브루클린에서 살해를 당하거나 강도를 당하거나 어떤 식으로든 해를 입은 사례를 하나라도 알고 있을까? 브루클린과 전쟁터 사이에 확실한 등호를 그을 수 있을 정도로 많은 브루클린 주민에게 선고를 내려 본 걸까? 이 판사에 대한 내 환상은 주로 사법 제도에 대한 내 지식에 기초해 형성된 걸까? 『새로운 짐 크로』*를 너무 많이 읽었나? 브라이언 스티븐슨**의

---

* 미국의 시민권 변호사이자 법학자 미셸 알렉산더가 2010년에 발표한 책이다. 알렉산더는 '피부색을 보지 않는' 시대가 도래했다는 관념의 허구성, 그리고 여전히 인종 차별주의에 따라 작동하는 미국의 형사 사법 제도하에서 흑인이 대량 투옥되는 현실을 지적한다.
** 미국의 인권 변호사이자 사회 정의 활동가. 비영리 법률 사무소 '이퀄 저스티스 이니셔티브'를 설립한 후 사형이나 가석방 없는 종신형을 받은 사회적 약자들, 즉 빈곤층, 흑인, 지적 장애인 등을 무료 변호했다.

BLACK LIVES

'흑인의 생명은'까지 적혀 있고 그다음 내용은 찢겨 나가 보이지 않는다.

발자취를 너무 속속들이 살폈나? 근거도 없이 비약적인 결론을 내리고 있는 건가? 그는 브루클린이 자기 아들을 살해할 수도 있다고 암시했다. 흑인이라는 말도, 카리브인이라는 말도, 라틴엑스라는 말도 하지 않았다. 브루클린에 또 어떤 공동체가 있었지? 하시디즘? 유대인 공동체? 동유럽인 공동체? 도미니카 공화국인 공동체? 한국인 공동체? 브루클린에 없는 공동체가 있나? 그가 한 말의 의미를 내가 얼마나 확신할 수 있는 거지? 테이블에 둘러앉은 사람 중에서 그의 말을 듣고 웃은 사람은 전무하다. 내가 쓸데없이 이 사람에게 별의별 환상을 투사하고 있는 건가? 피해자와 용의자는 대부분 이웃이니 혹시 아들이 그 동네에서 진행되는 젠트리피케이션에 기여하고 있는 또 다른 백인 남자에게 살해당할까 봐 두려운 거냐고 직접 물어봐야 하나?

질문의 언어를 사용하면 대립 상황으로부터 얼마나 멀어질 수 있을까? 이런 비유를 동원하는 이유가 뭘까? 실상 비교할 것도 아닌 문제를 비교해서 우리가 다다른 결론은 뭔가요 판사님? 2016년이 지금 현실과 다르게 흘러갔다면 이 백인 여성 판사는 지금쯤 미국 정부에서 요직을 맡고 있었을 테고, 우리 모두는 그게 당시에 받아들여야 했던 결과보다 낫다고 생각할 테고, 그런 상황이 끝내 우리에게 주어진 상황보다 나아 보였으리라는 사실을 알고 있는 나는 우리의 희망이 여전히 얼마나 절망스러울 만큼 새하얗고 인종 차별적으로 보이는지 생각하며 사무치는 감정에 깊이 빠져들고 있다. 내가 틀렸나? 브루클린, 흑인을 말한 게 아닌가?

그런데 그 판사가 한 말의 의미가 무엇이었든 그런 말을 하는 사람이 그 판사만은 아니다. 너무나도 많은 이의 희망이었던 버니 샌더스 상원 의원은 2018년 중간 선거에서 민주당이 맛본 패배를

곱씹으며 이렇게 말했다. "꼭 인종 차별주의자라고 할 수는 없지만 평생 처음으로 자신이 진정 아프리카계 미국인에게 한 표를 던지고 싶은지를 고민하며 불편함을 느낀 백인이 아주 많았다." 단지 흑인이라는 이유로 표를 주지 않는 것이 어떻게 인종 차별이 아닐 수 있나? 샌더스는 브라이언 캠프와 론 디샌티스의 캠페인을 인종 차별로 명명하는 문제에 있어서는 아무 거리낌이 없었지만(샌더스는 트위터 계정에 이렇게 적었다. "공화당원들이 제작한 한 광고는 내용이 인종 차별적이라는 이유로 폭스 텔레비전에서조차 거절당했다. […] 내가 이번 예비 선거 기간에도 자랑스레 지지한 앤드루 길럼은 플로리다에서 매주 경쟁자와 연대자들로부터 인종 차별을 당했다. 이건 전부 사실이다. 모든 일을 돌이켜볼 때 나는 '디자에 대한 두려움'에 뿌리를 둔 이 비겁한 공격들이 선거 결과에 영향을 미쳤다고 생각한다. 스테이시 에이브럼스*도 유례없는 유권자 탄압을 포함해 유사한 공격에 직면했다. 이건 반드시 바꾸어야 할 현실이다") 잠재적인 백인 유권자들을 인종 차별주의자라고 명명하는 문제에 있어서는 갑자기 뒷걸음질을 친 듯했다.

어떤 변명의 말을 생각해 내든 결국에는 인종 차별을 내보이거나 용인하고 있는 민주당 및 무소속 백인 후보자들이 어찌 흑인도 인간이라는 사실을 염두에 둔 정책을 발의할 수 있겠나? 2019년 조 바이든은 본인은 신념이 다른 사람과도 일할 수 있는 사람임을 보여주겠다며 백인 분리주의자 두 명을 두둔하기도 했다.

내가 알기로 요즘 일부 자유주의자는 '단지 백인이기만 해도 인종

* 민주당 소속 흑인 여성 의원으로, 라틴엑스, 흑인, 원주민 등 민주당 지지자가 다수인 소수 민족 또는 인종에게 적절한 신분증 미비 등을 문제 삼아 유권자 등록과 투표조차 못 하도록 제한하는 '유권자 탄압'을 극복하기 위한 운동을 주도했다.

텍스트 일부 아시아인과 라틴엑스와 흑인에 대한 내 상상 속에서 그들이 자기 자신을 흑인성과 분리하기 위해 숨 가쁘게 백인성을 향해 돌진해 왔다는 사실은 조금도 놀랍지 않다.

팩트 체크 실제로 그럴 수도 있다. 그러나 더 광범한 맥락에서 보면 한층 복잡한 문제일 수 있다. 아래 예시를 살펴보라.

설명 및 출처 널리 인용되는 엘런 D. 우의 역사서 『성공의 색깔: 아시아계 미국인과 모범적 소수자의 기원』은 아시아계 미국인의 동화同化를 아시아계 미국인이 가진 열망의 산물보다는 백인 우월주의적인 사회 구조와 떼려야 뗄 수 없는 하나의 과정으로 보아야 제대로 이해할 수 있다고 주장한다: "1940년대와 1950년대 이전에 백인은 일본인과 중국인을 미국에 적합하지 않은 동화 불가능한 이방인으로 간주했다. 미국인은 일명 동양인Orientals에게 아시아인 배제 정책을 적용해 명백한 비백인으로 규정하고 귀화 금지, 직업적 차별, 거주지 분리 등의 조치를 통해 시민 참여 기회를 체계적으로 차단했다. 그러나 2차 대전을 기점으로 미국의 지정학적 야망은 국민성nationhood과 소속감belonging에 대한 대중의 통념에 지각 변동을 불러일으켰다. (…) 1960년대 중반에는 (…) 아시아계 미국인에 대해 일명 모범적 소수자라는 새로운 고정 관념이 (발명되었다). 아시아계 미국인은 백인 다수자와 구별되지만 원만히 동화되고 계층 사다리에서 상향 이동하는 경향이 있으며 정치적으로 위협적이지 않고 확실히 흑인은 아닌 인종 집단이라는 의미였다." 이와 관련해 우가 『워싱턴 포스트』와 나눈 인터뷰도 참고하도록 한다. "오늘날 우리가 목도한 모범적 소수자에 대한 미신은 주로 초창기 아시아계 미국인들이 인간으로 받아들여지고 인정받기 위해 기울인 노력의 의도치 않은 결과였습니다."

2016년 퓨 연구소의 연구 「아프로-라티노: 미국 히스패닉 사이에 깊이 뿌리내린 정체성」은 아프로-라티노로 정체화하는 이들 중 18퍼센트만이 자신이 흑인이라고 생각한다는 사실을 밝혀냈다.

앨리슨 홉스의 『선택된 망명: 미국이 밟아 온 인종 패싱의 역사』도 참고하도록 한다.

차별주의자가 된다'라는 문구를 공공연히 사용한다. 그런데 그들이 이미 알고 있을 말을 진정으로 경청하기 시작하는 때는 과연 언제 찾아올까? 언제쯤 지식이 실천으로 옮겨 갈까? 마르티니크의 작가이자 시인이자 철학자인 에두아르 글리상은 이렇게 썼다. "당신이 쓰는 말의 풍경이 세상의 풍경이다."

일부 아시아인과 라틴엑스와 흑인에 대한 내 상상 속에서 그들이 자기 자신을 흑인성과 분리하기 위해 숨 가쁘게 백인성을 향해 돌진해 왔다는 사실은 조금도 놀랍지 않다. 클레어 진 김은 「아시아계 미국인의 인종 삼각 구도」라는 논문에서 이와 같은 경주가 의도적으로 설계된다고 주장한다. "인종 삼각 구도는 서로 연관되어 있으면서 동시에 일어나는 두 가지 과정, 즉 1) 지배 집단 A(백인)가 종속 집단 B(아시아계 미국인)와 종속 집단 C(흑인) 둘 다를, 특히 후자를 지배하기 위해 문화적 또는 인종적 근거를 바탕으로 C에 비해 B에 가치를 부여하는 '상대적 가치화'relative valorization와 2) 지배 집단 A(백인)가 종속 집단 B(아시아계 미국인)의 정치체와 시민권을 박탈하기 위해 문화적 또는 인종적 근거를 바탕으로 B를 불변의 이질성을 갖고 있고 백인에 동화될 수 없는 존재로 구성하는 '시민 자격 박탈'civic ostracism이라는 두 가지 과정을 통해 형성된다." 김이 제시한 모델은 어떤 경우에든 아시아계 미국인에게만 적용되며 라틴엑스 인구에는 동일한 방식으로 적용되지 않는다.

그런데 다시 미국 정부 제도를 살펴보면 무의미한 사법 제도로 인해 반흑인 인종 차별이 정부 부처 곳곳에 깊이 뿌리내려 있다는 점이 명확히 드러난다. 유색인 상원 의원이 존재한다고 해서 상황이 달라지는 것도 아니다. 과거에 라파엘 에드워드 크루즈로 알려졌던 아일랜드-쿠바계 미국인 테드 크루즈의 경우, 내 경험에 비추어

텍스트 스스로를 라틴엑스로 정체화하는 사람 중 일부가 백인에 동화되는 것은 있을 법한 일이지만, 백인으로 정체화하는 사람 중 상당수는 백인으로 대우받거나 인식되지 않는다.

설명 및 출처 웬디 로스는 『인종 이동: 라티노와 인종의 문화적 변화』에서 푸에르토리코인과 도미니카 공화국인 이주자가 각자의 피부색을 바탕으로 미국의 사회적 인종 구조에 동화되는 방식을 분석하면서 이렇게 주장한다: "이 이주자들이 채택하는 인종 전략—동화, 상황별 언어 전환, 상황에 따른 패싱—은 궁극적으로는 인종 장벽에 대처하기 위한 사적인 해결책이다. 이런 전략은 피부색이 밝은 일부 푸에르토리코인과 도미니카 공화국인이 피부색이라는 경계선을 일시적으로든 영구적으로든 넘을 수 있게 해 주지만 그 경계선은 그들 뒤에 계속 남아 있다. 중간 혹은 그보다 어두운 피부색을 가진 사람들은 아주 일시적으로라도 백인성으로 이어지는 경계를 넘을 수 없다. 백인이라는 지배 집단의 문화적 행동을 따를 경우 더 많은 사회경제적 기회를 누릴 수도 있지만 라티노로서 겪는 인종 차별은 변함없이 유지된다. 이와 같은 인종 구별은 소수 집단 우대 정책과 관련해서는 이점이 되는 측면이 있지만 그만큼 많은 장벽을 낳는다. 인종 전략과 연관된 사적인 해결책이 일부 개인에게 도움이 될 수는 있어도 모두를 위해 인종 장벽을 무너뜨릴 수 있는 것은 공적인 해결책이다."

텍스트 멕시코와 중앙 아메리카 국가 출신 원주민 공동체들은 인구 통계 조사에 거의 잡히지도 않는다.

설명 및 출처 미국의 인구 통계 조사는 라틴엑스 원주민 정체성을 가진 이들을 그들의 실제 경험과 별다른 연관성이 없는 인종/민족 틀에 억지로 끼워 맞춘다. 시간이 다소 지난 자료이기는 해도 제프리 데커가 쓴 『뉴욕 타임스』 기사 「원주민으로 정체화하는 히스패닉」은 미국 인구 통계 조사 양식을 작성할 때 라틴엑스 원주민이 맞닥뜨리는 제약을 간략하게 설명해 준다: "아메리카 원주민의 총인구수는 올해 5,000만 명을 넘어선 미국 내 모든 히스패닉 인구 중에서 여전히 일부에 불과하다. 그러나 이번 조사에서 원주민 인구가 갑작스레 증가한 현상은 라티노 원주민들 사이에서 자신의 혈통이 인구 통계 조사 양식에 제시된 국적보다 훨씬 오랜 역사를 갖고 있다는 인식이 향상되었음을 보여 준다."

보면 흑인과 갈인이 대부분인 디너 파티에서 보게 되는 좀처럼 신뢰할 수 없는 인종 차별 반대주의자의 표본이다. 그런 파티에서 만난 한 예술가는 크루즈가 자기를 대표해 주지도, 라틴엑스들을 대표해 주지도 않는다고 말한다. 그리고 흑인으로 정체화되는 많은 라틴엑스의 관점이 우리 사회의 논의에서는 전혀 다뤄지지 않는다고, 하지만 흑인으로 정체화된다는 사실 자체가 그들에 관해 뭔가를 알려 주는 것은 아니라고 지적한다.

나중에 그 예술가는 모든 파티 참석자에게 미리암 히메네스 로만의 발표 영상 링크를 보낸다. 로만은 이미 결정된 인종 범주를 바탕으로 실시되는 인구 통계 조사가 '라틴엑스'로 대표되는 이들의 인종 정체성을 임의로 조작한다고 지적한다. 여기서 '라틴엑스'는 과거에 사용된 '라티노'와 '라티나'를 대체하는 젠더 중립적 표현을 의미한다. 또한 로만은 통계를 살펴보면 푸에르토리코에 사는 푸에르토리코인의 상당수가 백인으로 정체화함을 알 수 있다고 말한다. 스스로를 라틴엑스로 정체화하는 사람 중 일부가 백인에 동화되는 것은 있을 법한 일이지만, 백인으로 정체화하는 사람 중 상당수는 백인으로 대우받거나 인식되지 않는다. 게다가 스스로를 아프로-라틴엑스로 정체화하는 사람들은 흑인에게는 무시당하고 백인에게는 없는 존재가 된다. 멕시코와 중앙 아메리카 국가 출신 원주민 공동체들은 인구 통계 조사에 거의 잡히지도 않는다.

집에 가만히 앉아 디너 파티에서의 대화를 머릿속으로 다시 되새겨 보던 나는 아예 그 예술가에게 전화를 걸어 그날 대화를 계속해 보자고 할지 고민한다. 떨어지는 빗방울이 창문 위로 드리운 나무들을 희뿌옇게 가리는 동안 나는 혹시 때로 내가 백인들과 있을 때 그랬던 것처럼 그 또한 내 무지에 질겁하지 않을까 하는 걱정에 휩싸인다. 그

텍스트 아프로-라틴엑스 중에서 자신을 흑인으로 정체화하는 사람은 18퍼센트에 불과하며 많은 라틴엑스는 자신이 미국적 백인성이나 미국적 흑인성을 갖고 있다고 생각하지 않는다. 그들의 문화는 미국적 서사에 포함되지 않는 구체적인 역사와 역사적인 인물로 구성되어 있기 때문이다.

설명 및 출처 퓨 연구소의 아래 데이터를 참고한다. 또한 앤 모닝, 한나 브뤼크너, 알론드라 넬슨, 「사회적으로 바람직한 보고 방식과 인종의 생물학적 개념 표현」, 『두 보이스 리뷰』도 참고한다.

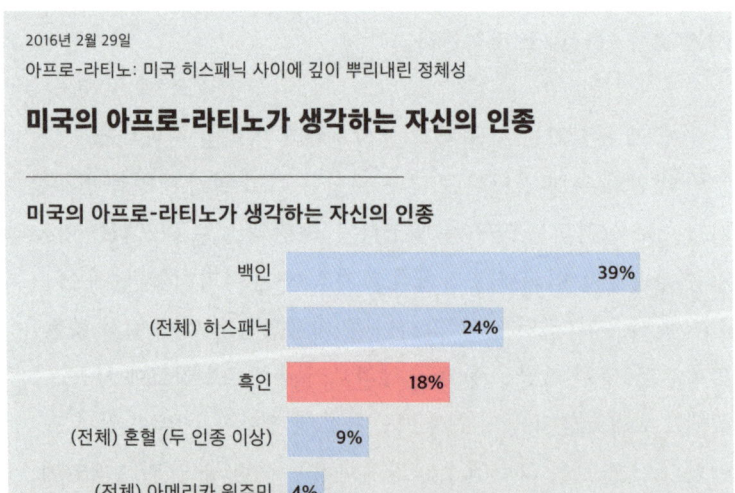

예술가는 어떤 면에서는 내가 관계를 맺어야 할, 관계를 맺고 싶은 유형의 대화 상대 같다. 그리고 무언가에 이의를 제기하고자 하는 의욕에 더해 무언가를 알고 싶고 또 자신이 알려지기를 바라는 욕망을 가진 사람 같다. 혼란을 불러일으키기보다는 명료화하려는 의도로 책임을 묻는 사람 같다. 그러니 그가 요구하는 명료함은 내가 보지 못하는 허점을 또렷하게 만들 것이다. 나는 전화를 걸기로 결심한다.

라틴엑스 동화론자들이 하는 이야기는 백인성 자체에 의해 구축된 서사라는 말이 핸드폰 너머로 또다시 들려온다. 라틴엑스들은 동화되어야 한다는 압박을 느끼고 있어요, 라고 예술가가 말한다. 그 압박의 시작점에는 전국 인구 통계 조사와 그 조사의 제한적인 범주들이 있고요. 흑인의 우수성을 말하는 문화가 흑인 라틴엑스의 사례를 거론하는 경우도 매우 드물어요. 예를 들어 재즈 발전에 있어 아프리카계 미국인과 아프로-쿠바인이 나눈 문화 교류에 대해 말하는 사람은 아무도 없어요, 라고 예술가는 덧붙인다. 아프로-라틴엑스 중에서 자신을 흑인으로 정체화하는 사람은 18퍼센트에 불과하며 많은 라틴엑스는 자신이 미국적 백인성이나 미국적 흑인성을 갖고 있다고 생각하지 않는다. 그들의 문화는 미국적 서사에 포함되지 않는 구체적인 역사와 역사적인 인물로 구성되어 있기 때문이다.

나는 예술가에게 한 푸에르토리코 출신의 남성 미국인과 참 재밌는 대화를 나눈 적이 있다면서 이를테면 나는 계속 우리가 '유색인'으로서 미성년 입국자 추방 유예 제도DACA, 국경 문제, 발의된 새 이민 정책 등을 중심으로 조직해야 한다고 말하는데 그는 계속 자신이 '백인'으로서 현 정부에 무력감을 느끼고 있다고 말했던 일화를 들려준다.

아이러니하게도 '유색인'이라는 말은 흑인 여성 운동가들이 다른 비백인 여성과 연대하는 의미로 사용한 '유색 여성'women of color에서 비롯했고 결국 '유색인'은 백인으로 정체화되지 않는 모두를 대변하는 표현이 되었다. 그런데 그 푸에르토리코 출신 미국인에게 유색인은 흑인을 의미하네요, 라고 예술가는 지적한다.

내게 유색인은 '구조적으로 백인이 아님'을 의미한다. 즉 비백인이 죽거나 권리를 박탈당하거나 추방당하거나 백인의 삶에 보이지 않기를 바라는 제도들을 떠받치는 구조적 권력의 일부가 아니라는 의미다. 인종과 민족을 바탕으로 특정 인구 집단을 범죄자로 만들거나, 법이라는 수난을 동원해 수동적 또는 공격적으로 재정 지원을 철회하거나, 유권자를 탄압하지 않는다는 의미다. 그런데 가령 히메네스 로만이 말했듯 푸에르토리코에 살고 있는 푸에르토리코인 75.8퍼센트가 자기 자신을 백인으로, 일반적인 백인 집단의 구성원으로 본다면, 심지어 다른 사람들은 그렇게 보지 않음에도 그렇게 본다면, 내 눈앞의 현실은 우리가 풀어야 할 수수께끼가 된다.

어느새 친구가 된 예술가가 내게 묻는다. 2013년에 '우리의 미국: 미국 예술 속 라틴계의 존재' 전시회를 열기 전까지 스미스소니언이 라틴계 작품을 집중 조명한 행사를 단 한 번도 열지 않았다는 사실 알고 있었어요? 아뇨, 몰랐어요.

호세 마르티*에 대해 아는 거 있어요? 거의 없어요. 시인이라는 사실 정도?

---

* 쿠바의 시인이자 쿠바 독립 혁명(1953~1958)에 영향을 미친 독립 운동가.

크리스 록

여기서 나와 입장을 바꿔 보려는 백인은 한 명도 없어요. 당신들 중 누구도요. 어느 한 명도 나와 입장을 바꿔 보려 하지 않을 텐데, 나 돈 많아요.

호세 마르티는 시인 그 이상의 존재예요. 그가 시인이라는 건 모두가 알죠. 그렇군요.

『제국의 수확: 미국 라티노의 역사』*라는 책 읽어 봤어요? 아뇨.

라틴엑스를 정원사나 유모로 보는 미국의 고정 관념이 그들을 평가 절하하려는 의도를 품고 있다는 사실을 이해하고 있더라도, 나는 여러 셀러브리티와 정치인(소니아 소토마요르, 테드 크루즈, 마르코 루비오, 제니퍼 로페즈, 그리고 모든 예술가와 작가와 언론인과 주류 유명 인사)을 통해 전국적으로 형성된 우리의 문화적 상상이 미국 사회의 모든 계층에 존재하는 라틴엑스 그리고 아메리카 대륙 전역과 카리브해 국가들에 뿌리를 둔 라틴엑스를 적절히 대표하지 않는다는 사실도 이해하고 있어야 한다.

예술가 친구와 대화를 나누다가 크루즈와 루비오 같은 쿠바인이나 아메리카 대륙 미국인들, 즉 스스로 히스패닉이라고 말하는 사람들을 지칭하고 싶을 때 가끔 나는 라틴엑스라고 말해야 한다는 사실을 깜박 잊고 라티노 또는 히스패닉이라고 말해 버린다. 그러면 대화가 어떤 식으로든 잠시 중단된다. 히스패닉은 인종 차별적인 용어예요, 라고 예술가 친구가 말한다. 히스패닉은 에스파냐에서 유래한 표현이고 유럽의 계급적 계보를 주입하는 역할을 하거든요. 그 말에 내 머릿속에는 자기들은 '독일계 유대인'이라는 꼬리표를 고수하는 사람과 다르다며 열띤 태도로 거리를 두던 유대인들과의 디너 파티 대화가 떠오른다. 알겠어요, 라고 나는 대답한다. 사람들을 어떤 용어로 호명하느냐는 중요한 문제며 라틴엑스는 인종 정체성이

* 후안 곤살레스, 『미국 라티노의 역사』, 최해성, 이은아, 서은희 옮김, 그린비, 2014.

루이 C.K.

전 운이 좋은 사람이에요. 많은 게 잘 풀리고 있죠. 그리고 건강해요. 비교적 젊고요. 게다가 백인이죠. 신이시여 제가 백인이라니, 존나 감사한 일이죠. 이건 엄청난 신의 은총이에요. 맞잖아요, 왜 그래요? 오, 신이시여, 전 백인인 게 좋습니다. 정말 좋아요. 솔직히 백인이 아니면 뒤처질 수밖에 없어요. 백인이란 게 존나 대단한 이점이니까요. 그건 그렇고, 확실히 해 두죠. 제 말은 백인이 낫다는 뜻이 아니에요. 백인으로 산다는 게 확실히 낫다는 의미죠. 누가 감히 반박할 수 있겠어요? 이게 매년 주어지는 선택이라면 전 매번 백인을 택할 거예요. 아, 정말이에요, 저는 다시 백인을 택할 거예요. 지금까지 잘 지내 왔으니까요. 전 계속 백인으로 살겠습니다. 감사합니다.

제임스 패트릭 코널리

2050년에는 더 이상 백인이 미국에서 과반수를 차지하지 못할 거예요. LA에서는 2005년부터 그랬고요.
하지만 저는 다양성과 함께 자랐어요. 그러니까, 사실 제가 멕시코 혼혈이더라고요. 좋아요, 좋은 생각이에요, 필요하다면 원하는 만큼 저를 뚫어져라 쳐다봐도 돼요. 저도 알아요, 제임스 패트릭 코널리만큼 라티노를 상징하는 이름도 없잖아요.
제가 이 자리에서 백인을 농담거리로 만들지 않는 데는 그만한 이유가 있습니다. 그리고 전 정말 그래야 한다는 강한 확신을 갖고 있어요. 백인은 이미 이 나라에서 충분히 고통받고 있으니까요. 한때 우리는 골프 대회와 100미터 달리기에서 우승을 차지하곤 했습니다. 백인 꼬마 남자 아이가 언젠가는 미국 대통령이 될 거라고 꿈꾸던 시절도 있었죠.

아니라 민족 정체성이다.

나는 각자가 어떤 민족 정체성을 갖고 있든 반흑인 인종 차별주의가 우리가 가진 모든 문제의 근원이라고 믿지만, 누가 봐도 미국 내 흑인과 백인의 관계에만 몰두하고 있는 나 자신을 의식하면 반성하게 된다. 내가 연신 잘못된 말을 내뱉고 마는 이유는 이런 단절성 때문이다. 하지만 내겐 아직 묻고 싶은 질문이 있고, 질문에 대한 답변을 얻으려면 친구가 바로잡아 주는 내 오류를 받아들이는 수밖에 없다. 똑같은 실수를 반복하지 않으려고 나는 속도를 늦춘다. 또다시 실수를 저지르더라도 그 전과는 다른 실수를 저지르고 싶다. 그리고 내 마음속에는 이런 궁금증도 자리해 있다. 스스로를 백인으로 정체화하고 있으며 권력을 쥔 라틴엑스(이건 모순 어법인가?)가 혹시 민족적 특수성을 지닌 다양한 라틴엑스와 미국인을 분리시키려는 백인 기득권 세력과 공모하고 있는 것은 아닐까? 내가 방어적으로 구는 걸까, 아니면 합당한 질문일까? 보통 다인종으로 구성되며 이인종 간의 혼인을 통해 급속히 동화되는 인구 집단과 상호 교차적인 동맹을 맺는다는 것이 정말로 가능할까? 그 악명 높은 루이 C.K.*가 아일랜드, 멕시코, 헝가리 유대인 혈통이었다는 사실을 알았을 때 얼마나 깜짝 놀랐던지 지금도 생생히 기억난다. 그는 자신의 일부를 드러내면서도 다른 일부는 드러내길 꺼리는 듯했다. 마찬가지로 멕시코 혼혈인 동료 코미디언 제임스 패트릭 코널리**와 달리 C.K.는 자신의 다인종 정체성을 코미디 공연에 반복적인 소재로 동원하지 않는다.

* 미국의 남성 스탠드업 코미디언 겸 배우. 2017년 다섯 명의 여성이 성 추행을 폭로했고 C.K.는 이를 인정했다.
** 미국의 코미디언 겸 텔레비전 및 라디오 호스트.

예술가 친구에게 나와의 우정 쌓기가 부담으로 느껴지지는 않을지 궁금하다. 친구가 자기 자신에 대해 알려 주려면 자신을 이해하는 데 필요한 도구를 직접 내게 쥐여 주어야 하는 터다. 나 자신이 가진 무지를 어떻게 책임질 수 있을까?

한편에서 내 아프로-비관주의자 친구는 라틴엑스와 아시아인이 백인 민족주의 정부의 '하급 파트너'라고 주장하고, 다른 한편에서 나는 공격당하고 죽임당해 그저 생존하는 것조차 불가능한 흑인들을 주시하느라 그동안 진정한 연대를 간과해 왔음을 인식한다. 그런데 이렇게 제약받고 공격당하는 삶이란 많은 라틴엑스에게도 적용되는 진실이다.

이런 진실을 알고 있기는 해도 나와 다른 입장에 있는 예술가 친구를 만나러 갈 때면 미시시피주 상원 의원 신디 하이드 스미스가 아프리카계 미국인인 상대 민주당 후보 마이크 에스피와 겨룬 보궐 선거 당시 유세 현장에서 던진 "에스피 후보가 저를 공개 교수형 현장에 초대한다면 저는 맨 앞줄에 앉을 것"*이라는 말이나 로라 잉그햄이 르브론 제임스를 겨냥해 내뱉은 "입 다물고 드리블이나 하시죠"**같은 말, 그리고 또, 또, 또, 그런 말들이 떠오른다. 어쩌면 나는 이민 세관 집행국ICE에 대해, 아니면 DACA 프로그램을 폐지하겠다는 협박이나 비행 청소년 구금 시설로 위장한 강제 수용소나 "거지 소굴 같은 나라들"shithole countries***이라는 말이나

* 미시시피주는 흑인에 대한 백인 인종 차별주의자들의 차별과 린치가 극심했던 역사를 가진 지역이다. 스미스가 지지자들 앞에서 농담조로 했다는 해당 발언이 논란이 되자 스미스는 악의는 없었고 상처받은 사람이 있다면 사과한다고 말했다.
** 2018년 플로리다 고등학교에서 발생한 총기 난사 사건에 대해 농구 선수 르브론 제임스가 총기 규제를 촉구하는 발언을 하자 폭스 뉴스 앵커 로라 잉그햄이 한 말.
*** 도널드 트럼프가 2018년에 아이티와 아프리카 국가들을 가리키며 한 말.

1946년 2월 20일 자 『로스앤젤레스 타임스』에 실린 「멕시코 아동에게 동등한 권리 부여하는 판결 나와」라는 제목의 기사. 폴 J. 매코믹 판사가 산타아나의 4개 학군에서 멕시코 아동을 다른 아동과 분리한 조치를 미국 수정 헌법 14조에 명시된 평등권 보장을 위반한 사례로 판결했다는 내용을 골자로 한다.

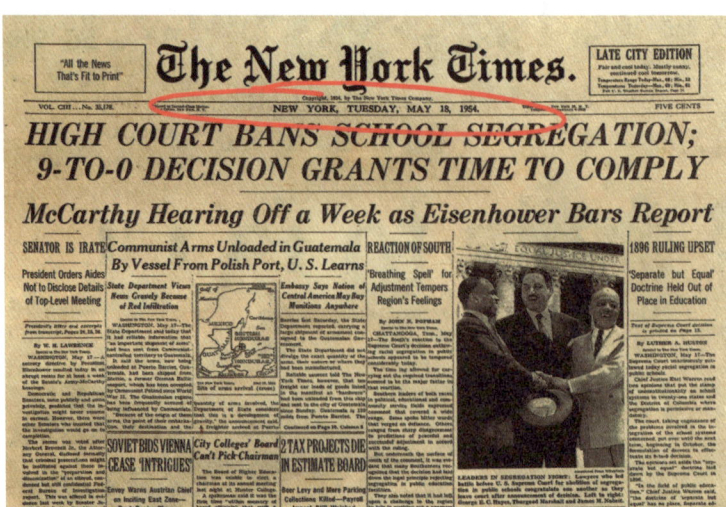

1954년 5월 18일 자 『뉴욕 타임스』로 「고등 법원, 학교에서의 인종 분리 금지 판결: 9 대 1 판결로 변화는 시간 문제」라는 표제 기사가 실려 있다. 5월 17일 연방 대법원이 공립 학교에서의 인종 분리를 만장일치로 금지함에 따라 '분리하되 평등하다' 원칙이 교육 현장에서 퇴출당할 것이라는 내용이 담겨 있다.

캘리포니아의 백인 우월주의자 폭도 무리가 멕시코인들을 린치한 역사적 사건이나 새미 소사* 같은 사람마저 피부를 미백하게 만든 끊임없는 모욕과 극심한 정신적 피해에 대해 생각해 봐야 하는 건지도 모르겠다. "자기 전마다 미백 크림을 발라서 피부가 좀 밝아진 겁니다"라는 소사의 말은 미국 문화에 자리한 뿌리 깊은 검은색 혐오와 분리하기 어렵다.

모든 유색인이 백인 우월주의의 손바닥 안에서 살아가고 있고 여전히 백인이 입법권을 거머쥐고 있는 현실을 감안하면, 솔직히 내가 백인에 대해 느끼는 수준의 심적 고통을 라틴엑스에 대해서도 느끼고 있다고 할 수 있을까? 분명 아니다. 하지만…

내 이런 생각을 전부 들은 예술가 친구의 목소리에서 격노와 인내가 한꺼번에 전해져 온다. 친구는 미국 대통령이 멕시코인들을 강간범이라고 칭했을 때 다들 별말 없었다고 말한다. 공적인 지면에서는 별말 없었던 게 맞고 그에 대해서는 유구무언이지만 사적인 대화에서는 그렇지 않았다고 나는 반박한다. 잠시 후 친구는 미국에서 라틴엑스 커뮤니티 구성원이 증가하고 있는 현실을 내게 상기시킨다. 이는 안토니오 플로레스가 뒷받침하는 주장이기도 하다. 플로레스는 퓨 연구소를 통해 발표한 「미국 히스패닉 인구는 어떻게 변하고 있나」 보고서에서 "2016년 기준 5,800만 명에 육박한 미국 내 라티노 인구는 2000년 이후 국내 인구 성장률의 절반을 차지하고 있으며 그야말로 미국의 인구 성장을 견인하고 있다. (…) 2016년 미국 국민의 18퍼센트를 차지한 히스패닉 인구는 백인 다음으로 규모가 큰 인종 혹은 민족 집단이었다. (…) 또한 히스패닉은 미국에서

* 도미니카 공화국 출신의 외야수.

SÍ SE PUEDE!

설명 및 출처 미국 캘리포니아 대학교의 산타 크루즈 문화 연구 센터에서 엘리자베스 마르티네스와 앤절라 Y. 데이비스가 '비백인들의 연대 강화'를 주제로 한 토론에서 말한 내용(각자 필요로 하는 것이 다른 유색인 공동체들이 협력하는 방법에 대해 마르티네스가 답한 내용—옮긴이): "협력에는 다양한 방식이 있습니다. 그중 하나가 연대고, 다른 하나가 관계망이며, 또 다른 하나가 연합입니다. 이 세 방식은 전부 다릅니다. 어떤 방식은 단기적이고 어떤 방식은 장기적이죠. 관계망은 연대와 같지 않습니다. 관계망은 연대보다 더 영구적이고 지속적입니다. 저는 여러분이 지금 어떤 요구가 제기되고 있는지 살펴본 다음 우리가 어떤 방식으로 협력해야 그런 요구를 충족할 수 있을지를 자문해 보아야 한다고 생각합니다. 만약 정부가 이러저러한 집단들을 갈가리 찢어 놓으려 한다면, 손에 넣을 수 있는 가장 커다란 우산이 아마 여러분에게 최고의 우산일 겁니다. 여러분의 질문에 드릴 수 있는 답변 중 일부는 전략적인 성격을 띠고 있고 상황에 따라 다르게 적용됩니다. 하지만 전반적인 메시지는 위계를 두고 벌어지는 경쟁이 팽배해지는 일은 없어야 한다는 것입니다. '억압 올림픽'은 안 됩니다!"

YES WE CAN!

둘째로 빠르게 성장하는 인종 혹은 민족 집단으로 2015년과 2016년 사이에 3퍼센트 성장한 아시아인의 뒤를 이어 2퍼센트 성장을 기록했다"라고 설명한다.

또한 2008년 오바마 전 대통령이 선거 슬로건으로 사용한 '우리는 할 수 있다!'는 세자르 차베스, 돌로레스 후에르타, 길버트 파딜라, 래리 이틀리옹, 필립 베라 크루즈가 설립한 미국 농업 노동자 연합의 상징적인 모토 '시 세 푸에데!'에 뿌리를 두고 있다. 오바마 전 대통령이 이 슬로건을 의도적으로 차용했다는 점에는 의심의 여지가 없다. 그가 교차성을 강조하는 선거 전략을 펼칠 때 유권자 블록에 의지했다는 것은 널리 알려진 사실이다.

그럼에도 나와 내 예술가 친구가 바라는 것은, 우리가 실제로 동의하든 그렇지 않든, 그와 나라는 개개인과는 거의 아무 관련이 없고 우리가 갈망하는 삶의 가능성과는 모든 측면에서 관련되어 있다.

나는 내가 쓴 글을 혼혈인 다른 친구에게도 보내 본다. 친구는 웬디 트레비노의 『브라질리언은 인종이 아니다』를 읽어 보았느냐고 묻는다. 응, 이라고 대답하면서 나는 책의 한 구절을 인용한다. "우리가 서로에게 / 어떤 존재인지 모를 때조차 우리는 그들에게 / 우리고 문화는 / 우리가 그 사실을 이해하게 하는 기록이다." 멕시코와 페르시아 무슬림 혼혈 여성인 그 친구는 내가 예술가 친구와 나눈 대화에 그리 공감하지 못한다. 친구는 이렇게 말한다.

네가 그 친구와 나눈 대화 기록을 읽고 흑인이 아니면서 흑인 문화를 공부하는 유색인 여자로서의 내 위치성을 생각해 보고 있어. 우리 학부에 있는 다른 대학원생들과 나눈 대화도 곱씹어 보고. 여기

대학원생 중 일부는 백인이고 일부는 흑인이고 또 일부는 나 같은 혼혈인데, 다들 학계에 몸담고 있음에도 우리(우리가 누굴까? 어떤 우리를 말하는 걸까?)에게 벌어지고 있는 일을 두고 대화를 나누다 보면 몹시 난처한 상황이 벌어지기도 해. '억압 올림픽'*이라는 것에 휘말리지 않아도 그렇지.

나처럼 무슬림인 데다 흑인이 아닌 유색인이고 흑인 역사를 공부하는 다른 친구와 나눈 많은 대화, 그리고 우리가 경험한 편견과 인종 차별도 생각하고 있어—이런 경험은 우리가 하고 있는 작업과 어떻게 맞물려 있을까? 아주 깊은 차원에서는 우리가 지금 하고 있는 작업을 하게 만든 것이 그런 경험이겠지—우리가 속한 이 국가의 근간을 다루는 우리의 작업에 의무감도 느끼고 있고.

우리는 이슬람포비아가 우리를 완전히 무방비 상태로 만들어 버린 적이 몇 번이나 되는지도 이야기했어. 흑인이건 아니건 우리와 같은 분야에서 공부하는 동료들이 겪은 일까지 포함해서 말이야. 이런 일은 사람들이 우리가 누구인지 정확히 깨닫지 못할 때 벌어지기도 하는데, 어쨌건 늘 실망스럽기는 해. 내가 느끼는 이런 감정을 어떻게 해야 할지, 이런 상황에 대해 항상 터놓고 말할 수 있으려면 어떻게 해야 할지, 그러면서도 내가 억압 올림픽에 참가한 것처럼 들리지 않게 하려면 어떻게 해야 할지 잘 모르겠어. 초조하기도 해. 억압 올림픽에 참가하고 싶은 것도 아닐뿐더러 그렇게 했을 때 상대방으로부터 어느 정도의 이해를 보답으로 받을 수 있을지를, 혹은 내가 어느 정도의 인내심을 발휘해야 할지를 항상 알 수 있는 것도 아니니까.

* 누가 가장 최악의 상황에 처해 있는지, 누가 가장 억압받는지를 판단하기 위해 흔히 인종, 젠더, 사회경제적 지위, 장애 여부 등을 비교함으로써 개인 혹은 집단이 받는 전반적인 억압 수준을 경쟁적으로 겨루는 현상을 의미한다.

연극「고도를 기다리며」의 한 장면

추상적인 형태로나마 우리가 이런 것들을 생각할 수 있는 건 어느 정도는 우리의 미국성 덕분인 것 같아. 다른 나라 사람들에게는 결국 미국 시민이 된다는 것이 어마어마한 특권을 의미하잖아.

한밤중에 깨어나 책상 앞에 앉아 있는데 친구가 말한 "이해를 보답으로" 받는다는 표현이 떠오른다. 우리가 추구하는 게 그건가? 대화가 서로에 대한 이해를 나눌 방법인가? 어둠 속에서 혼자 생각에 잠기면 대화로 이해를 나누는 일에 그리 위험이 따르지 않는 것 같고 철학자인 한 친구가 주장하는 "뒤얽힌 공감" 같은 것보다는 달성 가능하지 않을까 싶은 생각도 든다. 그 친구가 말하는 뒤얽힌 공감은 어떤 감정이 아니라 복잡한 관계망 속에서 자기 자신을 인식하게 해 주는 하나의 관점이다. 그런데 "보답"을 '나는 이해했으니 당신도 이해해야 한다' 같은 명령의 형태로 요구하면 어떤 일이 벌어질까. 요구받는 사람이 즉각적으로 취하는 방어적인 태도는 지극히 인간적이지만, 그렇게 취약성에 기반한 반응이 돌아올 때 우리가 감정을 추스를 수 있게 해 주는 시간이나 말이 있을까? 어쩌면 우리의 사회적 작업은 관계 속에 있기 위한 시도가 되고 있는지도 모른다. 대화 또한 그런 시도로 재정의할 수 있을지도 모른다.

무언가가 변하기를 바라지만 막상 변화가 일어나면 괴롭힘당하는 느낌이 든다는 건 대체 무엇을 의미할까? 이해가 곧 변화일까? 잘 모르겠다. 극작가이자 시인 사뮈엘 베케트는 『고도를 기다리며』 집필이 "혼란을 수용하는 형식을 찾는" 하나의 방식이었다고 말한 적이 있다. 그렇다면 대화는 곧 수용일까?

어쩌면 단어는 일종의 방일지도 모른다. 단어도 방과 마찬가지로 사람들을 위한 공간을 마련해 두어야 하니 말이다. 봐봐, 나 여기 있어.

우리가 여기 있다고.

당신이 여기에 있다. 여자가 여기에 있다. 그들이 여기에 있다. 남자가 여기에 있다. 우리도 여기에 산다. 남자도 여기에서 먹는다. 여자도 여기에서 걷는다. 남자도 여기에서 기다린다. 그들도 여기에서 물건을 산다. 봐봐! 자. 어서.

남자들이 원래 다 그렇잖아요

텍스트 남자와 여자는 백인이며, 여자는 염색한 금발에 구찌 로퍼와 칠부 바지, 그리고 세트로 된 니트 나시와 카디건 차림을 하고 있어 마치 랄프 로렌 광고에서 튀어나온 사람 같다. 옷차림은 계급을 경유해 인종을 알린다. 여자의 옷차림은 그동안 누구나 수없이 본 것이라 '시간을 초월하는'이라는 문구가 낡았다고 느껴질 정도다. 키가 180센티미터 정도인 남자는 1950년대에 교외 거주 중산층 백인의 상징이다시피 했던 카키색 옷을 입고 있으며 (…)

설명 및 출처 톰 라이처트와 트레이 라카즈는 1980년 1월부터 2000년 12월까지 『GQ』에 실린 랄프 로렌 광고 237건을 분석한 후 "고급 드레스나 단정한 차림으로 폴로, 요트, 항해, 승마, 공식 행사 등에 참여하거나 그러한 활동을 관찰하는 인물을 노출함으로써 부, 영향력, 명품과의 연관성을 보여 주는 장면과 모델"이 등장하는 광고에 '컨트리 클럽'이라는 암호를 붙였다. 랄프 로렌의 계급 정치가 브랜드의 핵심 개념이라는 증거는 넘쳐 난다(랄프 로렌이 직접 작성한 책 한 권 분량의 역사서 『랄프 로렌』도 참고하라). 미국 상류층의 패션 스타일을 형성하는 데 있어 랄프 로렌이 수행한 역할을 드러내는 전형적인 광고 중에는 1980년대에 햄튼*을 벼락 부자들을 위한 장소로 부활시킨 광고와 한 작가가 제국주의 시대를 떠올리게 한다고 말한 장소를 배경으로 촬영한 '사파리' 향수 광고 캠페인 등이 있다.

G. 브루스 보이어가 1987년 『뉴욕 타임스』에 기고한 기사 「카키」: "인도 외부에서 공식적으로 카키색('먼지 색'을 의미하는 힌두어 칵khak에서 유래)을 수용한 최초의 부대는 남아프리카 카피르 전쟁(1851~1853) 때 타탄 무늬 바지에 카키색 제복 상의를 입은 스코틀랜드 74 보병 연대였다. (…) 또한 카키색은 군인 덕분에 민간인 사이에서도 사용되었다. 2차 대전 이후 대학으로 돌아간 참전 용사들이 카키색 제복을 캠퍼스에도 가져갔던 것이다. (…) 페니 로퍼에 옥스퍼드 버튼 다운 셔츠와 크루넥 스웨터를 입고 카키색 옷을 걸치는 것이 하나의 스타일로 자리 잡았다. (…) 1950년대 아이비 리그 스타일이 도래할 무렵 카키색은 와이셔츠와 넥타이부터 손목 시계 줄, 벅스킨 신발, 뱃대끈 모양의 벨트에 이르기까지 모든 제품의 기본 색이 되었다."

* 햄튼은 오랫동안 뉴욕의 부유층이 여름 휴양지로 방문하는 곳이었으나 1980년대에 기업가와 유명인 등 새로운 부유층이 유입되기 시작했다. 이에 랄프 로렌은 전통성과 향수 등의 이미지를 현대성이나 혁신 등의 이미지와 결합해 시대를 초월하는 럭셔리 브랜드 이미지를 구축했다.

탑승구 직원이 탑승 준비가 완료되었다고 알린다. 한 남자가 주위를 둘러본다. 한 여자가 달려오고 있다. 여자는 줄곧 자기를 주시하고 있던 남자 뒤에 선다. 남자는 주변 사람들이 눈에 들어오지도 않는 양 여자에게 쏘아붙인다. "당신 바보야?"

'바보'라는 말은 주변의 모든 눈동자가 일제히 두 사람을 향하게 만드는 일종의 수사적 학대를 가한다. 그리고 두 사람은 서로를 곁눈질하는 일조차 없이 '바보'라는 말을 공기처럼 받아들인다. 남자와 여자는 백인이며, 여자는 염색한 금발에 구찌 로퍼와 칠부 바지, 그리고 세트로 된 니트 나시와 카디건 차림을 하고 있어 마치 랄프 로렌 광고에서 튀어나온 사람 같다. 옷차림은 계급을 경유해 인종을 알린다. 여자의 옷차림은 그동안 누구나 수없이 본 것이라 '시간을 초월하는'이라는 문구가 낡았다고 느껴질 정도다. 키가 180센티미터 정도인 남자는 1950년대에 교외 거주 중산층 백인의 상징이다시피 했던 카키색 옷을 입고 있으며 매무새가 단정하다. 중산층이나 상류층으로 보이기는 하는데, 뭐 실제로 어떤지는 누가 알겠나?

남자의 질문에 여자가 대꾸하지 않은 이유는 자기 자신 혹은 남자를 보호하기 위해서였는지도 모른다. 어쩌면 유감스럽지만 일상적으로 두 사람을 찾아오는 그런 순간에 남들의 이목을 집중시키고 싶지 않았는지도 모른다. 그 여자가 그 질문 외에 들은 적 있을 법한 다른 질문들에 비하면 이건 남자가 살짝 선을 넘은 수준인지도 모른다. 어쩌면 여자가 자기 행동에 대한 남자의 판단에 동의하는지도 모른다. 하지만 이런 것은 그냥 누구나 할 수 있는 추측이다.

두 사람 뒤에는 백인 여자가 서 있다. 이 여자는 남자가 자신에게

텍스트 그동안 나는 백인이 흑인들을 특정한 흑인 남자 한 명이 아닌 상상 속의 특정한 흑인 남자 한 명으로 (…) 깎아내리는 것을 지켜봐 왔다.

설명 및 출처 1996년 힐러리 클린턴은 한 연설에서 '초포식자'superpredator라는 표현을 사용했다.* 그로부터 1년 전에는 학자 존 J. 딜룰리오가 『위클리 스탠더드』에 기고한 ('장광설'이 더 정확한 표현일지도 모를) 기사에서 다른 논평자들과 더불어 청소년 범죄의 급증을 예상하며 초포식자 표현을 사용했다(흥미롭게도 딜룰리오는 백악관에 가서 클린턴 대통령과 대화를 나눈 일도 묘사한다). 딜룰리오는 저작 『사상자 수: 도덕적 빈곤—미국이 범죄와 마약에 대한 전쟁에서 승리를 거두는 방법』에서 초포식자 개념을 하나의 이론으로 발전시키기도 했다. 이와 같은 일들이 있은 후 청소년 범죄에 대한 양형법은 미국 전역에서 점점 더 가혹한 수준으로 강화되었다. 『뉴욕 타임스』에 따르면 초포식자 개념은 "각 주가 13~14세 청소년에게 성인 범죄자에 준하는 형벌을 내릴 수 있도록 하는 법률을 잇달아 제정하는 동안 그런 움직임에 더욱 활력을 불어넣었다. (…) 수백 명의 청소년이 종신형을 선고받고 수감되었다". 이와 같은 논리를 분석한 보다 최근의 자료로는 알렉스 비탈의 『뉴욕 타임스』 기사 「새로운 '초포식자' 신화」를 참고하도록 한다. 또한 딜룰리오가 전 상원 의원 바이든 등을 앞에 두고 교도소 시스템에 대해 증언한 1990년대 중반 미국 의회 청문회 기록도 참고하도록 한다.

---

* '초포식자'는 무자비한 청소년 범죄가 증가하는 문제를 다루기 위해 존 J. 딜룰리오가 고안한 용어다.

시선을 돌릴 때까지 그를 쳐다본다. 나를 포함한 나머지 사람들은
그 여자를 관찰하다가 남자의 반응을 주시한다. 남자가 여자에게
뭔가 알아들을 수 없는 말을 한다. 여자는 남자의 연인과 마찬가지로
묵묵부답이다.

좌석을 찾아 앉는 동안에도 내 머릿속에는 조금 전 들은 남자의 말이
물음표를 남기며 떠다닌다. 이미 지나간 순간에 몰두해 있던 나는
또다시 귓가에 들리는 남자의 목소리를 인지한 후에야 두 사람을
향해 고개를 돌린다. 왜인지 알 수 없지만 나는 바보stupid라는 말과
압운이 맞는 단어들을 찾아 헤매는 중이다. 큐피드cupid. 적합한suited.
오염된polluted. 배제된excluded. 바로 그때, 남자의 연인이 많은 감정이
느껴지는 눈빛으로 내 옆을 지나간다. 나는 남자가 정말 "당신
바보야?"라고 물은 것이 맞는지 여자에게 묻고, 여자는 "아, 맞아요,
그랬어요"라고 대답한 후 가던 길을 간다. 우리는 모두 남서부로
향하고 있다. 브렛 캐버노*의 인사 청문회가 모든 미국인의 대화와
정신을 장악하고 있을 때 말이다.

보통 나는 특정한 백인 남자 한 명이 백인 남자 전체를 대표한다는
말을 절대 입에 올리지 않는다. 그렇게 말하기엔 아는 것이 많아서다.
그동안 나는 백인이 흑인들을 특정한 흑인 남자 한 명이 아닌 상상
속의 특정한 흑인 남자 한 명으로, 상상 속의 동물로, 상상 속의
물건으로, 상상 속의 무식자로, 상상 속의 악인으로, 상상 속의
범죄자로, 상상 속의 침략자로, 상상 속의 초포식자로, 상상 속의
성 매매자로, 상상 속의 가난한 동성애자로, 상상 속의 아기 만드는

* 2018년 9월 27일에 열린 이 청문회의 주요 쟁점은 캐버노가 강력히 부인한 총 다섯
건의 성 폭력 및 성 추행 의혹이었다.

텍스트 물론 이런 부류의 백인들이 (…) 시험 성적을 매기고, 학교에 돈을 대고, 은행 대출을 허가하 (…) 지만 않는다면 그런 폄훼가 문제가 되지는 않을 것이다.

설명 및 출처 미국 교사 대부분이 백인이다. 2015~2016년 미국 교육 통계 센터가 발표한 데이터에 따르면 초중등 교육 교과 과정을 담당하는 공립 학교 교사의 81퍼센트, 자율형 공립 학교 교사의 71퍼센트가 백인이었다. 가장 최근에 발표된 정부 데이터에 따르면 고등 교육 수준에서는 인종이 파악된 전임 교원 중 76퍼센트가 백인이었다. 학교에 대한 자금 지원과 관련해서는 니콜 해나 존스가 『프로퍼블리카』에 실은 「오늘날의 인종 분리」, 『뉴욕 타임스』에 발표한 「제퍼슨 카운티의 재분리」, 『디스 아메리칸 라이프』에 게재한 「우리 모두가 안고 살아가는 문제」 등을 참고할 수 있다. 한편 은행 대출과 관련해 노동 통계청이 제공한 2018년 데이터에 따르면 신용 상담사와 대출 담당자의 85.5퍼센트가 백인이었다. 고용, 해고, 갈등과 관련해 노동 및 고용 연구소가 실시한 2016년 연구는 매니저가 흑인이 아닌 백인일 경우 흑인 직원이 승진할 가능성은 감소하고 해고당할 가능성은 증가한다는 사실을 발견했다. "이 연구는 미 전역에 수백 개의 매장을 갖춘 전국 수준의 대규모 유통업체로부터 확보한 패널 데이터를 분석한다. 데이터 세트에는 1996년부터 1998년까지 30개월간 1,500명 이상의 매니저와 100,000명의 직원을 대상으로 사측이 매일 작성한 인사 기록이 포함되어 있다." 살인과 관련해서는 흑인을 살해한 뒤 해당 흑인 피해자를 비인간화하며 묘사한 백인의 최근 사례 가운데 마이클 브라운을 살해한 다음 대런 윌슨이 남긴 말을 참고할 수 있다. "그 남자를 붙잡고 있었을 때의 느낌은, 마치 헐크 호건에게 매달린 다섯 살배기가 된 것 같았다고밖에 말할 길이 없네요. (…) 그러더니 그 남자가 저를 올려다보았는데 얼굴에서 그 무엇도 견줄 수 없을 만큼 격렬한 공격성이 느껴졌어요. 이렇게밖에 설명 못 하겠네요. 어찌나 격분했던지 악마를 보는 것 같았어요."

기계로, 공기와 물을 비롯해 백인에게 속한 모든 것을 필요로 하면서
공기와 물을 비롯해 백인에게 속한 것과 존재하지도 않는 상상 속의
누군가에게 속한 그 밖의 온갖 것을 죄다 훔치는 상상 속의 열등한
존재로 깎아내리는 것을 지켜봐 왔다. 물론 이런 부류의 백인들이
시험을 전략적으로 써먹고, 시험 문제를 내고, 시험 성적을 매기고,
학교에 돈을 대고, 은행 대출을 허가하고, 자산 처분을 통제하고,
법을 제정하고, 유권자를 탄압하고, 판결을 내리고, 고통을 평가하고,
수업을 가르치고, 주인 서사를 창조하고 영속화하는 데 더해 저희가
상상한 나를 고용하고 해고하고 좌천시키고 죽이지만 않는다면 그런
폄훼가 문제가 되지는 않을 것이다.

제도적 백인성은 흑인성을 정형화했고 그렇게 정형화된 특정
이미지를 살인에 활용했다. 이와 같은 과정이 진행되었음을 고려할
때 정녕 필요한 것이 체계적인 변화라고 한다면, 시인 오드리 로드가
각고의 노력을 다해 우리에게 전했듯 "주인의 연장으로는 결코
주인의 집을 허물 수 없다". 따라서 나는 그 백인 남자가 백인 남자
전체를 대표한다고 보지 않으려 머리에 힘을 꽉 주고 있다. 그 백인
남자를 아주 오랫동안 이런저런 비공간에서 반복적으로 마주친
사람들과는 무관한 한 명의 개별자로 보기 위해 애쓰고 있다. 지금의
미국 대통령이 없었더라면, 캐버노 대법관이 없었더라면, 미투 운동이
없었더라면, 나는 제도적 권력을 대표하는 사람들이 보이는 패턴과
이런 폭언을 연관 짓거나 그 가능성을 떠올려 볼 때조차 신중을
기했을 것이다. 하지만 지금은 그러지 않을 수가 없다.

당신 바보야? 다 큰 성인이 다 큰 다른 성인에게 이런 질문을 던지는
건 흔한 일이 아니다. 적어도 내가 경험한 공공 장소에서는 그랬다.
남자 주변에 서 있던 모든 사람에게 주어진 과제는 이 특정한 백인

남자가 그 특정한 백인 여자에게 던진 폭언을 수용하고 정상적인 일로
받아들이는 것이었다. 네 시간의 비행 동안 최대한 노력해 보지만
자꾸만 캐버노와 그 남자가 번갈아 떠오르며 내 머릿속을 어지럽힌다.
나는 '바보'의 동의어를, '멍청이'idiot 같은 단어를 떠올려 본다.

그리스어 이디오테스idiōtēs는 '자기만의, 사적인'을 의미하는
이디오스idios에서 비롯한 단어로 '자기 자신을 잘 드러내지 않는 사람,
비전문가, 무식자'를 의미한다. 어쩌면 연인인 두 사람은 자기들의
상호 작용이 공공 장소에서 벌어지기는 했어도 둘만의 사적인
교류라고 생각했을지 모른다. 공공 장소에서 벌어지는 모든 대화가
어느 정도는 그런 것도 같다.

승무원이 기내 방송으로 혹시 승객 중에 의사가 있느냐고 묻는다.
비행기 꼬리 쪽 좌석에 탑승한 승객이 고통을 호소하고 있다. 의사
한 명이 산소 마스크와 혈압 측정 도구를 들고 달려간다. 어떤 일이
벌어지고 있든 내 뒤에서 벌어지고 있다. 나는 승무원이 얼마나
근심하고 있는지 파악해 보려 그의 표정을 살핀다. 승무원은 동요
없이 승객들에게 음료를 가져다주고 농담을 던진다. 지금 어떤 일이
벌어지고 있든 그 승무원에게는 대단히 심각한 일이 아니다. 그러니
정해진 업무를 조정하지 않고 계속 하던 대로 할 수 있는 것이다.

피닉스의 스카이 하버 국제 공항에 착륙하자 우리는 환자가 먼저 내릴
수 있도록 일단 자리에 앉아 있어 달라는 요청을 받는다. 비행기에
탑승한 응급 구조사들이 앞서 백인 남자를 쳐다봤던 백인 여자를
부축하며 급히 비행기를 빠져나간다. 백인 여자는 활짝 열린 문을
통해 비행기에서 내리기 직전에 잠시 발걸음을 멈추고 내게 이렇게
말한다. "참 민망하네요." 나는 여자가 정말로 괜찮은 상태인지

'캐버노를 지지하는 여자들' WOMEN FOR KAVANAUGH 문구가 적힌 티셔츠를 입은 여자들

궁금하지만 "몸 조심하세요"라는 말만 건네고 만다. 그 백인 남자에게 무슨 말을 들었던 건지 알고 싶다. 여자가 내리는 모습을 지켜보고 있으니 그 남자와 나눈 대화가 지금의 편치 않은 몸 상태와 연관되어 있는지 궁금해진다. 정체 모를 감정이 엄습하며 인내심이 바닥을 친다. 그냥 우연의 일치인가? 그 남자가 뭐라고 말했을까? 그 진실을 나는 절대 알지 못할 것이다.

비행기에서 내리자마자 미국 국회 의사당 앞에서 열린 시위에 참여한 백인 여성 친구에게 전화를 건다. 친구는 캐버노를 성 폭력으로 고소하고 그의 공청회에서 "해마에서 지워지지 않는 건 웃음 소리입니다. 왁자지껄한 〔…〕 저를 놀려댄 웃음 소리"라고 진술한 크리스틴 블레이시 포드의 지지자이기도 하다. 왜 이런 세부적인 내용까지 떠오르는 걸까? 모르겠다. 뭔가를… 벌떡이는 심장을 가진 뭔가를 잃은 느낌이다.

친구는 전화를 받자마자 내게 묻는다. 괜찮아? 나는 비행기에서 만난 연인과 여자에 대해 말해 주기 전에 대답부터 한다. 나? 나는 괜찮아. 그러고는 혹시 요즘 정치 풍토에서는 여자들이 남자들의 학대 행위에 덜 관대한 태도를 보이냐고 묻는다. 친구는 많은 여자가 '캐버노를 지지하는 여자들' 티셔츠를 입고 시위에 참여했다고 말한다. 그들은 때로 '정당하게 법대로', '우리의 아들을 지킵시다'라고 호소하는 팻말을 들기도 했다. 친구는 텔레비전 방송에 출연해 수차례 인터뷰를 하다 보면 여자와 엄마 들이 이렇게 말하는 것을 듣게 된다고 말한다. "남자들이 원래 다 그렇잖아요."

명백한 논리도 없이 자기 아들을 캐버노로 만드는 것 아닌가 싶지만 어쨌든 그렇다고 한다. 딸 가진 여자는 없는 거야? 나는 묻는다. 딸은 중요하지 않은 거야? 실제 현실에서든 상상 속에서든, 일터에서든 제단에서든, 중요한 것은 부, 권력, 그리고 근접성이 제공해 주는

텍스트 구태여 말할 필요도 없지만, 그 남자들이 흑인이겠나 백인이겠나?

설명 및 출처 미국 회계 감사원은 2018년 『흑인 학생, 남자 청소년, 장애를 가진 학생 사이의 학업 성취도 불균형』을 출간했다. 회계 감사원의 분석에 따르면 2013~2014학년도에 "모든 공립 학교 학생 중 흑인 학생의 비율은 15.5퍼센트였지만 그중 39퍼센트가 학교에서 정학을 당했다". 징역 프로젝트Sentencing Project는 "2001년 흑인 청소년은 백인 청소년에 비해 투옥될 가능성이 네 배 높았다"라고 보고했다. 그러나 2015년에는 흑인 청소년이 백인 청소년에 비해 투옥될 가능성이 다섯 배 높았다. 전미 사회 복지사 협회가 발표한 보고서『소년 범죄자 이관에 드리운 색깔』에 따르면 "전체 청소년 인구 중 흑인은 약 14퍼센트지만, 소년 법원에서 유리한 판결을 받을 수 없으리라는 판사의 판단에 따라 성인 법원으로 이관되는 청소년 중에서 흑인의 비율은 47.3퍼센트다. 2015년 개인 범죄로 기소된 청소년 중 흑인과 백인의 비율은 각각 40.1퍼센트, 40.5퍼센트로 동일한 수준임에도 개인 범죄로 기소된 후 성인 법원으로 이관된 청소년 중 흑인 비율은 53.1퍼센트다". 다섯 명의 심리학자가 발표한 2014년 연구「순수의 본질: 흑인 청소년 비인간화가 불러온 결과」는 "흑인 청소년의 경우 동일한 연령의 백인 청소년에 비해 나이가 더 들고 덜 순수해 보이며 유년기의 핵심 개념과 다소 거리가 먼 생활을 한다고 간주되고 있음을 보여 주는 수렴적 증거converging evidence"를 발견했다. "추가로 우리의 연구 결과는 흑인과 유인원을 연결 짓는 행위가 청소년에 대한 경찰의 폭력과 관련해 실제로 인종 차별을 유발한다는 사실을 입증한다." 아무런 명분 없이 폭력적인 저지나 체포를 당한 남자 청소년 가운데 해당 사건이 세상에 널리 알려진 당사자 중에는 다음과 같은 이들이 있다.

- 브레넌 워커
- 타미르 라이스
- 트레이번 마틴
- 칼리프 브로더*

* 브레넌 워커는 2018년 통학 버스를 놓치고 학교까지 가는 길을 묻기 위해 인근 주민의 집 현관문을 두드렸다가 총에 맞았다. 당시 그는 14세였다. 타미르 라이스는 2014년 장난감 총을 가지고 있다가 누군가가 총을 들고 있다는 신고를 받고 출동한 백인 경찰관의 총에 사망했다. 당시 그는 12세였다. 트레이번 마틴은 2012년 자신이 술이나 마약에 취해 있다고 오인한 라틴계 백인 남자이자 경찰 지망생인 조지 짐머먼에게 쫓기다 그에게 총을 맞아 사망했다. 당시 그는 17세였다. 2010년 16세의 칼리프 브로더는 파티에 갔다가 귀가하던 중 절도 혐의로 경찰에 체포되었다. 보석금을 내지 못해 3년간 억울하고 가혹한 수감 생활을 하다 석방된 그는 22세에 자살로 사망했다.

접근성 같은 것임을 알면서도 나는 그런 질문을 던진다. 구태여 말할 필요도 없지만, 그 남자들이 흑인이겠나 백인이겠나? 너무 단순한 문제 아니냐는 생각이 들기 시작한다. 이런 사태의 표면적인 단순함이 바로 권력의 역학 관계를, 백인의 권력을 유지시킨다는 사실을 어느 정도 알고 있으면서도.

공모하는 자유들

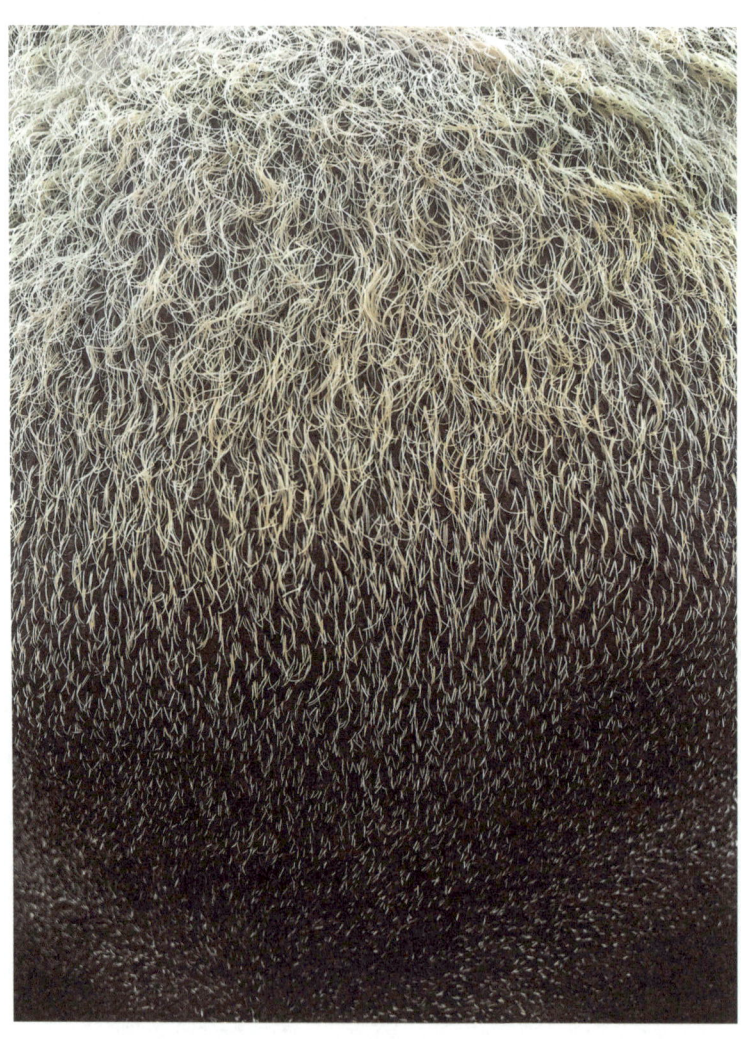

정찬의 격식이 깨진 순간은 길쭉한 식탁의 한쪽 끝에 앉은 사람이
그날 초대받은 손님을 향해 말을 걸자 나머지 모두가 두 사람의
대화에 귀를 쫑긋 세웠을 때였다. 식탁 한쪽 끝에 앉은 사람이 금발로
탈색하는 흑인 여학생들에게 뭐라 말해 주어야 하느냐고 내게 물었을
때 모든 초대 손님이 그 말을 들었다는 소리다.

학술 행사에서 유색인이 북적이는 식탁에 앉게 되는 것은 이례적인
일이지만, 그때 나는 친밀한 식사 자리인 듯한 분위기를 꾸며 내는
정찬 자리에서 다른 흑인 여자들 그리고 몇몇 흑인 남자에게 둘러싸여
있었다. 때로 이런 정찬 시간은 한자리에 모인 교직원들이 그동안
듣지 못한 서로의 자녀 소식이나 각 학과의 골칫거리, 또는 그다지
특별할 것 없는 일상적인 일화를 나누는 기회다. 그러나 때로는 정찬
시간으로 위장한 질의 응답 시간이 되기도 한다.

내게 질문한 교수는 본인이 담당하는 과목명을 밝히지 않았지만
나는 '흑인 시민권 운동의 역사'나 '앤절라 데이비스에서 오드리 로드

텍스트 벨 훅스가 뭐라고 했는지 떠올려 보다 '바로잡다'라는 표현이 생각났다. 그런데 그건 그 에세이에 나오는 표현이 아닌 것 같다.

팩트 체크 그렇다. 그 표현은 「곱슬머리 펴기」에 나오지 않는다.

설명 및 출처 벨 훅스는 『내 영혼을 뒤흔들다: 흑인과 자부심』에서 그 표현을 사용한다. "자기 책임이란 우리가 '바로잡을' 의향을 갖고 있고 우리의 언행 즉 우리가 하는 말과 우리가 하는 일에 기꺼이 책임을 진다는 것을 의미한다."

그리고 킴벌리 크렌쇼에 이르기까지: 저항의 정치학', '베키 위드 더 굿 헤어*: 21세기의 고발 문화' 같은 과목명을 내건 강의실에 금발의 흑인 학생들이 들어차 있는 광경을 상상했다. 내게 질문을 던진 교수는 학생들이 그렇게 치장하는 이유가 자신의 강의 그리고 당연히 그 강의와 긴밀히 연관된 자신의 존재 자체 때문이기라도 하듯 아주 예민하고 근심이 역력한 표정을 짓고 있었다.

아몬드 빛깔을 띤 교수의 두 눈이 답변을 기다리고 있을 때 다이닝 룸 전체가 그 교수와 함께 답변을 기다렸다. 나는 우리가 서로에게 너무 많은 것을 기대한다고 말할 수도 있었지만 그건 제대로 된 답변이 아니었나. 아니면 이에 벨 훅스가 「곱슬머리 펴기」에서 그 문제를 상당 부분 다루고 있다고 말하면서 스리슬쩍 답변을 피할 수도 있었다. 벨 훅스가 뭐라고 했는지 떠올려 보다 '바로잡다'라는 표현이 생각났다. 그런데 그건 그 에세이에 나오는 표현이 아닌 것 같다.

질문에 답변하는 대신 나는 훈계 대상이 된 학생들과 나를 동일시하며 방어적인 태도를 취했다. 학생들이 타고난 모발 색을 없애 버리는 것이 그들의 주체성과 자유를 지키는 것과 동등한 중요성을 갖느냐며 질문보다는 주장에 가깝게 들리는 말투로 되물은 것이다. 프랭크 오션의 노래 가사를 인용해 "뭐, 학생들이 '금발의 삶'을 누린다고 해서 모든 걸 가질 수 있는 것도 아니지 않나요?"**라고 되묻는 내 말이 어쩌면 학생들이 수업을 들으러 오기만 하면 됐지 무슨 상관이냐는

---

*   비욘세의 『레모네이드』 앨범에 수록된 「미안」의 가사 중 일부로, 남편 제이지의 불륜 상대인 백인 여자를 가리킨다. '굿 헤어'는 흑인 공동체 내에서 곱슬기 없이 반듯하고 긴 머리카락을 뜻한다.
** 지은이는 프랭크 오션의 노래 「자기 통제」에서 "금발의 삶"이라는 가사를 인용하고 있다.

텍스트 〔…〕 엄마든 이모든 교사든 미셸 오바마처럼 마담 C. J. 워커의 모발 뷰티 제품으로 흑인답지 않게 어깨까지 흘러내리는 직모를 휘날리는 상황 〔…〕

설명 및 출처 카리나 스폴딩, 「브랜디에서 비욘세까지: 1992년 이후 셀러브리티와 흑인 모발 관리 산업」, 『로드니 킹 이후 아프리카계 미국인의 문화와 사회: 도발, 시위, 진보, 그리고 '탈인종주의'』: "자연모에 관한 웹사이트가 성장하면서 '자연모 운동'이라 불리는 것이 부상하기 시작했다. 나날이 높아지는 자연모의 인기가 수사적인 차원에도 반영되고 있는 것이다."

텍스트 우리는 수십 년간 이 믿음을 접했지만 누구도 우리에게, 말인즉슨 흑인 여자에게 직접 그렇게 말한 적은 없다. 〔…〕 "모든 여자는 백인…"이기 때문이다.

팩트 체크 그렇다. 아래 제목에서 따온 구절이다.

설명 및 출처 아카샤 (글로리아 T.) 홀, 퍼트리샤 벨 스콧, 바버라 스미스 엮음, 『모든 여자는 백인이고 모든 흑인은 남자이지만 우리 중 일부는 용감하다: 흑인 여성학 연구』.

투로 들렸을지도 모른다. 그런 식으로 나는 교수에게 역으로 질문을 던졌고, 교수는 백인 우월주의자 테러리스트가 자기 동네 번화가에서 시위를 벌이려 안달일 때 그 앞에서 미국 수정 헌법 1조를 읊는 사람이 하듯 고개를 주억거렸다. 어떤 건 다른 것보다 더 중요해야 하잖아요, 법이 어떻든, 개인의 자유가 어떻든, 어쨌든 그래야 하잖아요―교수가 그런 말을 큰 소리로 내뱉은 것은 아니지만 고개를 주억거리며 전달하고자 했던 그의 속마음은 그것이었다. 교수가 침묵하자 내 입은 다시금 근질거렸지만 어떻든 우리는 다른 사람들과 같은 공간에 있는 상황이었고 이내 누군가가 정중히 우리의 관심사를 디저트로 전환했다.

어쩌면 이 모든 것의 기저에는, 그리고 이 모든 것에도 불구하고― 모든 것이 '엄마든 이모든 교사든 미셸 오바마처럼 마담 C. J. 워커*의 모발 뷰티 제품으로 흑인답지 않게 어깨까지 흘러내리는 직모를 휘날리는 상황'을 의미한다고 할 때―금발인 사람이 더 많은 것을, 뭐가 됐건 더 많은 것을 취한다는 끈질긴 믿음이 자리하고 있는지도 모른다. 우리는 수십 년간 이 믿음을 접했지만 누구도 우리에게, 말인즉슨 흑인 여자에게 직접 그렇게 말한 적은 없다. 십자 포화처럼 쏟아지는 텔레비전 광고, 영화, 홍보 인쇄물을 통해 미디어가 겨냥하는 '우리'라는 젠더 범주에 우리 즉 흑인 여자들이 속함에도 "모든 여자는 백인…"이기 때문이다. 금발은 인간을 의미할 필요도, 여성성을 의미할 필요도, 백인계 미국인Anglo이나 천사angel를 의미할 필요도 없으며, 모발 색을 바꾼다고 해서 흑인의 몸이건 아시아인의 몸이건 백인의 몸이건 원래의 몸이 사라지는 것도 아니라는 점에서

* 아프리카계 미국인 여성으로, 획기적인 모발 제품을 만들어 미국 최초로 자수성가한 여성 백만장자가 되었다.

텍스트 〔…〕 나는 프레드 모튼이 "인류를 위한 거짓 싸움"이라고 부른 싸움, 즉 지난 400년 동안 이어져 왔으며 우리의 시민권을 위한 것도 아닌 싸움으로부터 벗어나기 위해 전력을 다할 때마다 우리 모두가 일종의 메타시각적 유머를 갖추기를 간절히 바란다.

설명 및 출처 제임스타운*에 관한 원본 자료—"그는 다만 스무 명의 이상한 검둥이만 데려왔다"—와 『워싱턴 포스트』 특집 기사 참고. 1619년부터 1864년에 이르는 기간을 북미 노예 제도로 구성된 시간적 풍경으로 비판하고 대안적 개념화들을 제시한 작업으로는 사이디야 하트먼의 『어머니를 잃고: 대서양 노예의 길을 따라가는 여정』, 그리고 크리스티나 샤프의 『여파』에 나오는 "여전히 진행 중인 대서양 노예 제도의 여파 속에서 살아가는 디아스포라 흑인에 관한 그리고 그러한 흑인을 위한 개념적 틀로서의 반항"이라는 구절을 참고할 수 있다.

---

* 영국이 버지니아주에 건설한 최초의 식민지. 1619년 버지니아주 포인트 컴포트 해안으로 이송된 최초의 흑인 노예들이 제임스타운으로 끌려갔다.

분명 백색의 순수성을 의미하지도 않는다. 모발 색이 어떻건 결국 어리사 프랭클린*은 솔의 어머니 Mother of Soul로 남아 있지 않은가.

자연모를 바꾸기 위해 들이는 모든 돈과 시간과 잠재적 손상은 현재 취할 수 있고 소유할 수 있는 것을 손에 넣는 성취가 지니는 의미와 비교해 보면 궁극적으로 별것도 아니다. 공모하는 자유들. 그게 문제라도 되나? 학생들의 금발이 이상적인 미에 결부된 인종 차별적 선전에 맞서는 대담함일지도 모르는 일이다. 여기서 흑인의 금발을 기본 요소로 한 방정식 하나가 만들어진다. 등호의 한쪽 변에 어떤 값을 넣든 한 가지 값이, 즉 이것이 바로 내가 원하는 거라는 값이 도출되는 방정식 말이다. 엿 먹어. 나도 엿 먹을게. 자 그다음. 너 말이야, 검둥이! 존재할 자유. 손에 넣을 자유. 속일 자유. 경박하게. 용기 따윈 엿 먹으라고 해. 재밌게. 재밌잖아. 끝내주게 좋잖아.

물론 제로섬 게임인 경우에는 문제가 달라져 어떤 값을 넣든 방정식 값은 0으로 도출되며, 우리는 여기 미합중국에 남아 우리가 내린 모든 선택과 우리에게 주어진 모든 거짓 주권 속에서 여전히 줄을 서고 여전히 공모한다.

그 자체로 하나의 답변이기도 한 질문이 번뜩 머릿속에 떠올랐다. 프란츠 파농이라면 뭐라고 대답했을까요? 내가 묻자 교수는 웃었고, 그 웃음은 나를 기쁘게 했다. 무엇 하나 놓치지 않으려던 그가 그 순간 모든 것을 깡그리 잊은 듯했기 때문이다. 사람들이 유머 감각 하나 없는 태도를 버렸으면 하는 마음이 내 결점 중 하나일지도 모르지만, 나는 프레드 모튼이 "인류를 위한 거짓 싸움"이라고 부른 싸움, 즉

* 미국의 흑인 싱어송라이터이자 피아니스트로 갈색으로 염색한 적이 있다.

지난 400년 동안 이어져 왔으며 우리의 시민권을 위한 것도 아닌 싸움으로부터 벗어나기 위해 전력을 다할 때마다 우리 모두가 일종의 메타시각적 유머를 갖추기를 간절히 바란다.

내가 늘 품고 있는 우려는 정의를 향한 끝없는 싸움에서 지칠 줄도 모르고 거창한 이야기를 줄기차게 늘어놓는 동안 우리가 이미 죽어 가고 있다는—즉 우리가 사는 삶과 함께 끈덕지게 존속하는 사회에서 이미 죽어 있다는—것이다. 아차, 혹시 그 학생들은 예외적인 흑인성을 보여 주는 수행, 이를테면 평범한 백인성을 행하는 일로부터 벗어나게 만들지는 못할 수행에서 손을 떼고 그 모든 인위성과 수행성을 억으로 진유 하기로 결정한 걸까?

텍스트 정신 분석적 저술들을 통해 내면화된 반흑인 인종 차별주의를 다룬 파농을 언급한 이유는 여학생들의 내면에 검은 피부색과 자연모에 대한 자기 혐오가 부지불식간에 가득 차오르고 있다는 교수의 우려를 내가 이해하고 있음을 보여 주기 위해서였다.

팩트 체크 그렇다. 아름다움, 백인성, 내면화된 인종 차별주의에 관한 파농의 문장을 아래 인용한다.

설명 및 출처 리처드 필콕스가 옮긴 『검은 피부, 하얀 가면』: "나는 백인이다. 다시 말해 나는 아름다움과 미덕을 갖춘 사람이고 그것들은 한 번도 검은색이었던 적이 없다. 나는 대낮의 색이다."

찰스 마크먼이 옮긴 『검은 피부, 하얀 가면』: "나를 검게 태우는 이 모든 백색. 불가에 앉아 있는데 내가 입은 제복이 눈에 들어왔다. 그 전까지는 의식하지 못했다. 참으로 흉하다. 나는 거기서 생각을 멈춘다. 생각해 봐야 아름다움이 무엇인지 누가 내게 말해 줄 수 있겠나?"

찰스 마크먼이 옮긴 『검은 피부, 하얀 가면』: "나는 백인이다. 무의식 속에서 나는 내가 가진 흑인성을, 즉 나라는 존재를 통째로 불신한다. 나는 흑인이지만 물론 그 사실을 알지는 못한다. 내가 바로 그 흑인이기 때문이다."*

---

* 각각 프란츠 파농, 『검은 피부, 하얀 가면』, 노서경 옮김, 여인석 감수, 문학동네, 2022, 47, 114, 185쪽.

우리는 단순히 자기 심판의 최종 단계에, 즉 이러지도 저러지도
못한 채 심판받고 심판하는 단계에 도달해 있는지도 모른다. 이
단계에 유머가 끼어들 여지라곤 없으며 나는 그게 두렵다. 나로선
이런 상황이 머리를 금발로 염색한 사람보다도, 금발이 담고 있는
상징성—금발은 단순히 자기 혐오와 낮은 자존감을 가려 주는
것이 아니라 앎 너머의 무언가를, 존재의 야생성에 관한 무언가를
의미한다는—보다도 두렵다. 내 우려는 금발이라는 특정한 모발
색이 흑인 여자들에게 '그 세상'을 약속한다는 것, 그 세상을 선사할
수 없음에도 그러고 있다는 데서 비롯한다. 금발의 흑인들은
금발을 갖게 되면 자기 존재가 세상에 드러날 수 있다고, 어쩌면
닌생치음 인간으로, 혈기 왕성한 청년으로, 아름다운 존재로, 그리고
인간으로—인간이라는 말은 이미 썼던가?—보이리라고, 그리고 자기
두 눈에 그 누구보다 비극적인 존재로 보이리라고 믿는 걸까?

정신 분석적 저술들을 통해 내면화된 반흑인 인종 차별주의를 다룬
파농을 언급한 이유는 여학생들의 내면에 검은 피부색과 자연모에
대한 자기 혐오가 부지불식간에 가득 차오르고 있다는 교수의 우려를
내가 이해하고 있음을 보여 주기 위해서였다. 나는 그 교수에게 시각
예술가 캐리 메이 윔스가 일명 '거울아, 거울아, 벽에 걸린 거울아'로
불리는 거울을 들여다보는 작품을 보여 주고 싶었다. 그런데 윔스는
벽 거울이 아니라 휴대용 손거울을 사용했다. 교수는 그 작품을
강의실에 걸어 놓을 수도 있을 것이다. 윔스의 작품 제목은 『나는
들여다봤고 또 들여다봤고 당신을 겁에 질리게 만든 것을 끝내 보지
못했다』인데, 제목 자체가 질문에 대한 대답이 될 수 있었음에도
나는 교수에게 그 작품을 아느냐고 묻지 않았다. 모르긴 몰라도
강의 시간에 윔스의 물음이 소개되었다면 모발을 탈색하는 것 혹은
탈색하지 않는 것에 관한 토론이 촉발될 수 있었을지도 모른다.

궁극적으로 모든 것은 우리 문화에서 반복되는 것들을 흡수하고 소화하는 교수와 학생들의 경계하는 눈초리 뒤에서 벌어진 일 혹은 벌어지고 있는 일에 달려 있다.

지금 추측하기로 그 교수는 우리—중년 흑인 여자들—가 모범적인 행실을 보이고 자연모를 유지하고자 노력했음에도 문화가 학생들에게 해를 입혔다는 점에 우려를 표했던 것 같다. 이와 같은 선상에서 우리 중년 흑인 여자들은 망연자실해 있다. 젊은 흑인 여자들은 문자 그대로의 뜻은 아니더라도 우리의 딸이며, 우리가 '검은색은 아름답다'라는 수사를 수시로 활용하더라도 우리의 거짓된 주권 의식 깊은 곳에서는 흑인 여성성에 대한 백인의 감시로 인해 흑인 페미니즘 비전이 여전히 제약받고 있을지도 모르기 때문이다.

본인이 무얼 원하지 않는지를 스스로 깨달을 때까지는 학생들이 하고 싶은 대로 하도록 두는 것이 중요한 것 같다고 내가 말하자 교수는 또다시 고개를 주억거렸다. 나는 자식을 둔 엄마지만 나 자신이 아이였던 시절의 기억을 갖고 있는 딸이기도 하다. 저녁 식탁 맞은편에 앉은 누군가가 자기는 발이 아픈데도 하이힐을 신고 다녔다고 말했다. 그러셨군요. 우리 중엔 안 그런 사람들도 있어요, 라고 다른 여자가 말했다. 이런 말을 듣고 있다 보면 내가 영영 알 수 없을 어떤 숨겨진 이야기가 있으리라는 생각을 하지 않을 수가 없다. 하이힐이 나은지 코 수술이 나은지에 관한 이야기일까? 아니면 다른 것들에 관한 이야기려나? 하이힐은 여자들이 선망하는 삶을 구성하는 걸까 아니면 백인 문화에 적응하는 삶을 구성하는 걸까? 코 수술은 동화의 한 형태일까? 미백은 피부색을 하얗게 만드는 것이 목적이라는 점에서 확실히 동화에 해당하는데, 금발도 그럴까?

텍스트 〔…〕 '여성적 아름다움의 본보기' 〔…〕

설명 및 출처 금발과 아름다움의 연관성과 관련해서는 『머리카락: 헝클어진 사회사 풀기』에서 페니 하월 졸리가 쓴 장 「이상적인 여자」와 이보다는 연관성이 다소 덜한 「머리카락 권력」을 참고하도록 한다. 이 책의 첫 장은 중세부터 시작된 금발에 대한 이상화를 유럽사와 미국사를 통해 설명한다: "여성의 머리카락에 결부된 두 가지 이상, 즉 길이가 길어야 하고 색깔은 금색이어야 한다는 이상은 서구 사회에서 놀라울 정도로 오랫동안 생명력을 발휘했다. 〔…〕 이탈리아 르네상스 작가들 또한 금발의 여성을 완벽한 여성으로 간주했고, 여성의 금발이 결백함과 순수함을 표현한다고 생각했다. 물론 이는 모발이 대체로 검은색인 이탈리아 여성이 달성하기에는 어려운 이상이었다. 심지어 다양한 민족적 배경을 가진 사람들이 뒤섞인 오늘날 미국에서도 자연 금발을 가진 여성은 17퍼센트에 불과하다. 금발을 선호하는 고전 및 중세 문헌에서 영감을 받은 14세기 시인 페트라르카는 근대 서구 전통에 널리 퍼진 금발 선호를 표현했다. 그는 사랑하는 여자 라우라에 대한 찬사를 늘어놓으며 '태양이 질투로 차오르게 만들 수밖에 없는 이 금빛 댕기 머리'라고 썼다."

금발은 하이힐, 코 수술, 미백 중 어떤 것에 대응할까? 이 중 무엇과도 상관없는 걸까? 우리를 만든 것은 이 문화며, 우리는 처신을 바르게 하건 아니건 누군가가 항상 우리를 지켜보고 있음을 안다. 그 말에 저도 동의해요, 라고 나는 말하지 않았다. 남자 넷이 이미 겉면의 다크 초콜릿이 녹아내리고 있는 바닐라 아이스크림 케이크 트레이를 들고 나타난 참이었다. 케이크와 달리 인생은 늘 그리 달지만은 않다.

미술관에서 친구를 기다리는 동안에도 나는 계속 그 교수 그리고 교수가 던진 질문을 생각했다. 시간을 때우려는 생각으로 주변에 보이는 사람 중에서 금발로 탈색한 여자 수도 세어 보았다. 자연 금발, 흰색에 가까운 금발, 백금색을 띠는 금발, 은색에 가까운 금발, 버터색을 띠는 금발, 크림색을 띠는 금발, 모근만 검은 금발, 황금색으로 음영을 넣은 금발, 우유색을 띠는 금발, 모래색을 띠는 금발, 뿌리에서 머리끝으로 갈수록 색이 단계적으로 변하는 금발, 꿀색을 띠는 금발이 보였다.

이윽고 친구가 도착했고, 나는 기다리는 동안 금발로 염색한 여자 수를 세어 보니 총 열두 명이었다고 말했다. 친구는 자기 머리를 담당하는 미용사가 언젠가 해 준 말이 생각난다고, 결혼식을 앞둔 많은 여성 고객이 금발로 염색한다더라고 했다. 결혼 사진에 자기 자신을 변치 않는 금발의 아름다움을 간직한 사람으로, 백금색에 가까운 금발을 가진 사람으로 박제해 앞으로 영원히 그 모습을 볼 수 있게 만들고는 모발 색을 원래대로 되돌린다고.

금발은 성 매매부터 '여성적 아름다움의 본보기'에 이르기까지 온갖 것과 결합되었지만 처음부터 늘 희귀한 것으로 간주되었기 때문에 금발이라는 단어는 타고난 모발 색을 의미하는 동시에 모발을

텍스트 〔…〕 '금발이 된'은 '염색된'을 의미하는 고대 영어 단어였다.

팩트 체크 그럴 수도 있다. 복수의 출처에 따르면 '금발'의 어원은 불분명하지만, 상당수는 '금발이 된'이라는 단어 자체가 어원일 가능성이 있다고 본다.

설명 및 출처 고대 영어 사전 편찬의 토대가 되는 두 가지 주요 자료로는 보스워스-톨러 사전과 토론토 대학교에서 더 최근에 출간한 『고대 영어 사전』이 있다. 나와 이메일을 주고받은 한 학자는 이렇게 말했다. "'금발이 된'이라는 단어는 〔…〕 (현존하는 300만 개 이상의 고대 영어 단어가 수록된) 고대 영어 말뭉치에 등장하지 않는 것 같습니다. 이 사실을 고려하면 '금발이 된'은 보스워스-톨러 사전에 포함되어 있다 할지라도 그 존재를 증명할 만한 확실한 증거가 없는 유령어 중 하나인 듯합니다."

텍스트 〔…〕 언론인 크리스티나 코터루치가 보고한 "금발을 가진 사람은 전 세계 인구의 단 2퍼센트, 미국에 거주하는 백인 중에서는 5퍼센트에 불과하지만, 미국 여성 상원 의원의 35퍼센트와 스탠더드 앤드 푸어스 500대 기업의 여성 CEO 중 48퍼센트가 금발이다. 대학 총장인 여성도 금발일 가능성이 매우 높다"라는 내용〔…〕

팩트 체크 그럴 가능성이 있다. 인용 자체는 정확하지만, 아래 내용을 참고하도록 한다.

설명 및 출처 제니퍼 버달: "금발인 여성 상원 의원과 CEO의 비율은 우리가 통계 자료를 발표한 2016년 이후에 바뀌었을 수도 있다."

염색하는 행위도 의미했다. 조지프 보스워스와 토머스 노스코트 톨러가 편찬한 『앵글로색슨 사전』에 따르면 '금발이 된'beblonden은 '염색된'dyed을 의미하는 고대 영어 단어였다. 지금 우리가 알고 있는 모발 염색약이 있기 전에는 말의 소변, 레몬즙, 그리고 햇볕이 금발을 갖고 싶은 염원을 충족시켜 주는 수단이었다.

분명 교수의 질문은 금발이 곧 백인성을 의미하는지 여부였던 것 같다. 그런데 백인들에게도 그럴까? 머리를 금발로 염색하는 것이 하얗고 기분 좋은 쾌락의 환상 속에서 무언가를, 누군가를, 다른 신체를 갈망한다는 것을 의미할까? 금발이 더 많은 즐거움을 보장해 준다는 소리가 모두의 머릿속에서 지긋지긋한 멜로디처럼 반복되고 있다. 어쩌면 클레롤*이 보장해 주려는 것은 더 많은 부일지도 모른다. 클레롤 홍보 문구에 따르면 금발은 이목구비가 더 부드럽고 더 젊어 보이게 함으로써 모발에 에너지를 불어넣어 준다(무슨 뜻인지는 영 모르겠다). 클레롤 웹사이트에는 이렇게 적혀 있다. "이제 사람들이 당신을 보면 깜짝 놀라며 두 눈을 비비고 다시 쳐다볼 거예요, 내가 아는 사람이 맞나 하고요!" 클레롤은 "내가 아는 사람이 맞나 하고요"라는 문구 뒤에 느낌표를 붙인다. 왜냐하면 우리는 그 사람이 당신이 아님을, 진짜 당신이 아님을 알고 있고 실제로 큰돈 들이지 않고 살짝 손만 댄 변화에 과장된 찬사를 보내려면 늘 느낌표가 필요하기 때문이다.

무엇보다 확실한 사실은 금발의 의미가 머리색에서 그치지 않는다는 것이며, 이는 언론인 크리스티나 코터루치가 보고한 "금발을 가진 사람은 전 세계 인구의 단 2퍼센트, 미국에 거주하는 백인 중에서는

* 모발 염색 및 관리 제품을 판매하는 브랜드.

5퍼센트에 불과하지만, 미국 여성 상원 의원의 35퍼센트와 스탠더드 앤드 푸어스 500대 기업의 여성 CEO 중 48퍼센트가 금발이다. 대학 총장인 여성도 금발일 가능성이 매우 높다"라는 내용에 따르면 분명 무시할 수 없는 문제다. 이와 관련해 코터루치는 2016년 전미 경영학회 연례 회의에서 "금발의 과잉 대표성은 지도자층에 대한 인종 및 연령 관련 편견이 반영된 결과로 해석할 수 있다"라고 발표한 연구자 제니퍼 버달과 나탈리아 알론소의 공적을 인정하기도 한다. 한편 언론인 에밀리 펙은 "버달과 알론소는 남성 CEO가 금발 여성과 결혼할 가능성이 매우 높다는 사실 또한 발견했다. 고액 연봉을 받는 남성 CEO의 43퍼센트가 금발의 배우자와 결혼했다"라고 보고한다. 버달은 여기서 더 나아가 연구를 통해 수집한 사진 속 여성 배우자의 40퍼센트에 대한 통계를 다시 살펴보았고, 알론소와 공동 수행한 연구를 통해 금발이 "백인만 타고나는 모발 색깔이고 유년기가 지나면 갈색으로 변하는 경향이 있기 때문에 금발을 가진 여성 지도자에 대한 선호는 인종 차별적인 동시에 성 차별적인 현상이라고 볼 수 있다. 백인(스러운) 그리고 아이(스러운) 이미지를 가진 여성은 짐작건대 현재 권력 관계에 덜 위협적이라는 점에서 지도자로 선호되는 듯하다"라는 결론에 도달했다.

텍스트 먼로는 본디 고동색 모발을 타고난 사람임에도 대중이 먼로의 초기 영화를 소비하기 시작한 지 얼마 되지 않은 시점부터 머리가 텅 빈 금발 여자라는 미소지니적인 고정 관념과 그런 여자의 아름다움을 체화한 페르소나가 되었다.

설명 및 출처 매릴린 먼로에 관한 두 자서전 모두 그가 1946년 2월에 금발로 염색했다고 전한다. 내가 찾은 자료에 따르면 먼로가 처음으로 영화에 출연한 해는 1947년이다.

로이스 배너, 『매릴린』: "(에멀린) 스니블리와 사진 작가들 또한 노마 진이 머리카락을 금발로 염색하기를 원했다. 자연 고동색보다 금발이 그의 창백한 피부에 더 잘 맞는다고 생각했기 때문이다. 하지만 노마 진은 자연적인 모발 색을 유지하기를 원했고 모발을 직모로 펴고 염색하는 데 드는 비용을 염려했다. 1946년 2월 광고 모델로 노마 진을 물망에 올린 한 샴푸 회사는 그에게 머리를 금발로 염색하고 직모로 펼 것을 요구했다. 광고 촬영을 담당한 사진 작가가 머리 손질 비용을 대겠다고 제안했을 때 노마 진은 묵묵히 그의 말을 따랐다."

상위 1퍼센트에 속하지 않는 평범한 사람들도 머리를 금발로 염색한다. 평범한 사람들 말이다. 금발 염색은 백인의 삶이 평범한 삶의 표준이라는 생각에 의식적으로 혹은 무의식적으로 공모하는 행동인 셈이다. 그렇다면 금발을 향한 갈망은 평범함을 갈망하는 동시에 비범함―비범한 유머, 비범한 아름다움, 비범한 매력 등―을 향한 소망도 놓지 못하는 마음인 걸까? 다이애나 비, 제임스 딘, 그리고 비욘세 모두 그런 비범함을, 곧 모든 것을 상징하는 인물이다.

검색창에 '금발'을 입력하면 검색 엔진 알고리즘이 백인 여성 사진을 줄줄이 보여 주는데 화면을 아래로 내리면 할리우드식 금발을 상징하는 머리를 한 매릴린 먼로가 나타난다. 먼로는 본디 고동색 모발을 타고난 사람임에도 대중이 먼로의 초기 영화를 소비하기 시작한 지 얼마 되지 않은 시점부터 머리가 텅 빈 금발 여자라는 미소지니적인 고정 관념과 그런 여자의 아름다움을 체화한 페르소나가 되었다.

텍스트 〔…〕 2차 대전 이후 서독에서 유명 만화 캐릭터를 바탕으로 제작된 섹시한 『빌트 릴리』 인형이 이발소와 술집에서 판매되었다.

설명 및 출처 『바비 인형 연대기: 마흔이 된 살아 있는 인형』에 수록된 미술사학자 캐럴 오크먼의 에세이 「바비 인형, 부그로를 만나다: 20세기 후반에 걸맞은 이상적 신체 만들기」: "핸들러는 독일 여행길에 올랐다가 주로 담배 가게에서 핀업 걸 사진을 3차원으로 구현해 판매한 일명 빌트 릴리 인형을 발견한 듯하다. 빌트 릴리는 독일 신문 『빌트 차이퉁』에 등장한 연재 만화 인물에 바탕해 제작된 인형으로, 말총머리를 하고 하이힐을 신은 채 상황마다 옷을 바꿔 입는다. 만화의 주요 서사는 거의 헐벗다시피 한 릴리가 남자에게서 돈을 뜯어내는 상황을 보여 주는 식으로 구성되어 있다. 바비 인형과 달리 아동이 아닌 성인 남성을 위해 제작된 빌트 릴리를 남자들은 자동차 계기판에 올려놓았고, 말로 하자니 더 엽기적으로 들리기는 하지만 여성인 연인에게 꽃이나 초콜릿 대신 빌트 릴리를 선물하기도 했다. 핸들러는 이 포르노적인 풍자 만화를 모든 미국인을 위한 소녀로 재발명하겠다고 결심했다."

『뉴욕 타임스』: "바비 인형의 창시자이자 마텔 설립자인 루스 핸들러는 저속한 표현이 난무하는 난잡한 신문 연재 만화 등장 인물에 바탕해 제작된 독일 인형 빌트 릴리를 본떠 모래 시계처럼 홀쭉한 허리를 가진 인형을 만들었다."

길거리를 걷는데 한 여자가 아이의 손을 잡고 앞서 걸어가고 있다. 여자도 아이도 금발이 아니지만 아이가 손에 쥐고 있는 인형은 긴 금발을 갖고 있다. 금발 바비 인형의 역사를 연구한 역사학자들의 발견에 따르면 2차 대전 이후 서독에서 유명 만화 캐릭터를 바탕으로 제작된 섹시한 '빌트 릴리' 인형이 이발소와 술집에서 판매되었다. 빌트 릴리는 최초의 바비 인형에 영감을 준 것으로 알려져 있다. 마텔*은 나치 정권 붕괴 후 독일인들이 만들어 낸 최초의 서사를 제외하고 릴리만 복제할 권리를 사들였다.

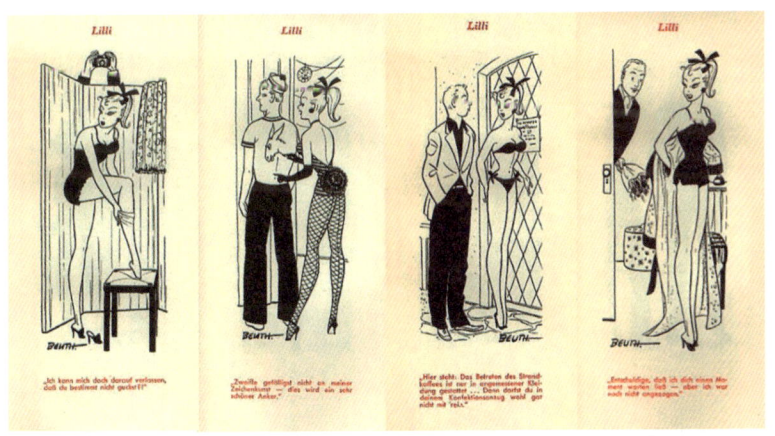

"저는 당신이 훔쳐보지 않을 거라고 믿어요."

"제 작품을 의심하지 마세요—무척 아름다운 닻을 갖게 될 테니까요."

"여기 쓰여 있네요. 적절한 복장을 갖춘 사람만 해변 카페에 입장할 수 있습니다. …그럼 그 양복 차림으로는 못 들어가시겠네요."

"죄송하지만 잠깐 기다려 주세요—아직 옷을 다 못 입었어요."

주변을 둘러보고 있다 보니 문득 궁금해진다. 백인임에도 금발로 탈색한 사람들의 경우, 그렇게 얻은 금발이 자신의 백인성을 한층 부각하고 민족성은 지워 준다고 생각하는 걸까? 19세기와 20세기에

* 바비 인형을 제조하는 미국의 완구업체.

미국 내 백인 앵글로색슨인들은 아직 스스로 백인이라고 주장할 수 없었던 이탈리아인과 아일랜드인을 박해했다. 표면상 이유는 종교였다. 그들은 여권에서도 흑인으로 분류되었는데, 어쩌면 일부는 검은 모발 때문에 비백인이라는 위치에 놓였을 수도 있다. 백인 우월주의자들이 내 집 마당에 있는 십자가를 불태워 버리고 싶은 충동을 품지 않게 막을 수 있는 유일한 방법이 머리를 금발로 탈색하는 것이라면 정말 그렇게 해 볼 수도 있을 것 같다. 45대 미국 대통령과 그의 가족은 '미국을 다시 위대하게 만들겠다'는 선거 유세에서 금발이라는 기표가 갖는 중요성을 분명 이해하고 있었다.

병원에서 대기하는 동안 나는 에이미 라로카가 쓴 기사 「정치적 표백인 금발의 특권」을 읽는다. 기사에는 대중에 알려져 있거나 정지 또는 언론계에 속한 백인 여자들의 사진이 연이어 등장하는데 전부 놀라울 정도로 비슷한 금발을 갖고 있다. 가히 '표백의 국가'라 말할 수 있을 정도다.

텍스트 국회 의사당에서 볼 수 있는 많은 의원처럼 한때 고동색 모발을 갖고 있었던 힐러리 클린턴도 정계에 진출하면서 금발로 염색했다.

팩트 체크 사실이 아니다. 한때 고동생 모발이었던 것은 맞지만 아래 사진을 보면 남편 빌 클린턴이 아칸소 주지사였던 시절에도 고동색 모발이었던 것으로 보인다.

설명 및 출처 힐러리 클린턴이 아칸소 주지사 아내였던 시절을 담은 『프런트라인』 영상 자료는 그가 모발을 염색한 이유가 어느 정도는 아칸소 시절에 받은 압박 때문이었다고 설명한다(4분부터 확인).

국회 의사당에서 볼 수 있는 많은 의원처럼 한때 고동색 모발을
갖고 있었던 힐러리 클린턴도 정계에 진출하면서 금발로 염색했다.
『프런트라인』프로그램은 클린턴이 압박에 못 이겨 염색한 것이라고
전한다. 그는 계속 금발을 유지했지만 2016년 대선에서 패배한 후에는
우리가 금발과 연관 짓는 품위를 내려놓고 자연적으로 자라난 백발
그대로 대중 앞에 섰다.

희극인이자 텔레비전 방송 진행자인 엘런 드제너러스가 금발로
염색하지 않았다면 그의 퀴어함이 동성애 혐오적인 주류 미국
사회에서 받아들여지지 못했을까? 동성애자임을 밝히는 것은 위험
요소로 간주되었고 이를 상쇄할 수 있는 것은 백인을 상징하는
금발이었다. 엘런의 배우자도 금발이어야 했다. 그리고 미국 중서부
지역* 사람들에게 주어진 과제는 자신이 떠올리는 인간상과 흥겨운
몸짓으로 자신의 거실에 등장하는 엘런이라는 여자 사이의 유일한
차이점이 섹슈얼리티뿐이라는 사실, 금발 머리와 하얀 피부가 아니라
사내아이 같은 옷차림을 통해서만 알 수 있는 섹슈얼리티뿐이라는
사실을 이해하는 것이었다. 엘런이 진행한 스탠드업 코미디 쇼**의
제목 '공감 능력자'Reletable는 언뜻 호감도가 얼마나 중요한지를
말하는 상징 같기도 하다.

금발로 염색하는 동기에 주목하다 보면 금발로 염색하는 사람들이
꿈꾸는 삶, 또는 그들이 공모하는 자유의 수동성에 대해 묻게 된다.
금발은 우리가 소유하고 있지 못하다고 느끼는 것에 접근할 권리를
부여하는 것일 수도 있고, 그냥 마음 내킬 때 해 보는 것일 수도

---

* 다른 지역보다 보수적인 가치관과 전통적인 사회적 규범이 강하다.
** 한국에서는 『엘런 드제너러스: 공감 능력자』로 번역 소개되었다.

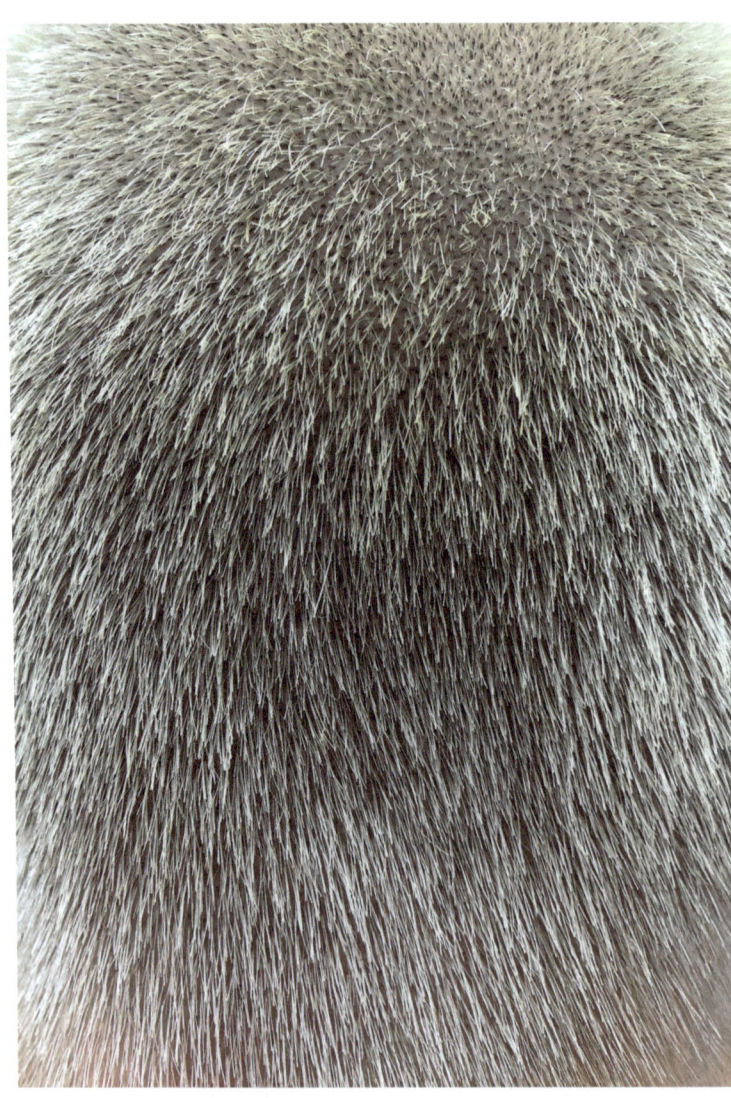

있다. 금발이 백인 우월주의가 중시하는 가치와 일치한다는 사실은 유감스러운 부차적 결과지만 그렇다고 해서 금발 염색을 아예 단념할 정도는 아니다. 또한 금발에 대해 이렇게 생각해 볼 수도 있다. 우리가 결코 가닿을 수 없음에도 계속 우리 자신을 보내 보는 어딘가일 수도 있고, 혹은 어떻게 해서든 가닿을 수밖에 없는 어딘가일 수도 있다고.

계산대에 있는 백인 여성 계산원에게 질문을 던지자 그는 머리를 금발로 염색했더니 남자들이 더 잘 대해 준다고 대답한다. 남자들의 시선에 신경 쓰는 사람이라는 평가를 받으려나 싶었는지 아니면 그냥 그런 남자들과의 만남을 더듬고 있었는지는 모르겠지만 계산원은 잠시 침묵한 후에 이렇게 말한다. 여자들도 더 친절하게 대해 주고요.

사람들이 좇는 것은 정중함, 즉 백색의 순수성에 바쳐지는 정중함일까?

뉴욕의 한 식당에서 본 여자가 자기는 어릴 때 금발이었다며 핸드폰에

저장된 영상을 보여 준다. 내가 어떤 판단을 내리고자 질문한 것이 아님에도 그는 현재 우리의 고발 문화 속에서 고발당한 기분을 느끼며 진위를 증명해야 하는 처지에 놓여 있다. 적어도 내 생각에는 그렇다. 그가 머리에 무슨 짓을 하든 그건 내 관심사가 아니다. 내가 그에게 관심을 갖는 이유는 오로지 금발 그리고 금발이 환기하는 맥락에 대한 깨우침을 얻고 싶어서일 뿐이다. 금발이 이를테면 소속감을 불러일으키나요? 무엇에 대한 소속감이죠? 이런 뻔하디뻔한 질문을 던지고 싶을 뿐이다. 그는 사춘기가 시작되면서 금발이 사라져 버렸다고 회한에 잠긴 듯 말한다. 영상을 보니 자매들의 모발은 고동색이다. 어쩌면 그는 금발 덕분에 어린 시절 가정 내에서 특별 대우를 받았을지도 모른다. 그런데 지금은 왜 염색을 하는 거예요? "왜냐고요?" 그는 이해 능력이 떨어지는 사람을 대하듯 내게 거듭 되묻는다. 그러면서 "참 이상한 질문이네요"라고 덧붙일 뿐 대답하지는 않는다.

또 다른 식당에 가서 자리를 안내받기를 기다리고 있는데 그곳에는 머리 전체를 금발로 염색해 모근에만 살짝 본래의 고동색이 남아 있는 여자가 한가득이다. 한 친구는 그 여자들이 사치스럽다고 말한다. 손톱부터 매니큐어, 그리고 피부 탄력에 이르기까지 관리하지 않은 부분이 하나도 없다는 이유에서다. 나는 일행을 기다리고 있는 한 여자에게 다가가 묻는다. 왜 금발로 염색하셨어요? 여자는 우호적인 사람이고 낯선 사람이나 진실을 말하는 상황을 두려워하지 않는다. 금발을 하면 더 밝고 환해 보이거든요, 라고 여자가 대답한다. 새하얀 옷 입는 것도 좋아해요, 라고도 덧붙인다. 금발과 같은 선상에 존재하는 '하얀'이라는 단어를 사용하는 것에 나는 놀라고 만다. 한 치의 망설임도 없이 그 단어를 입 밖에 꺼낸 사람을 처음 본 터다. '하얀'white이라는 단어가 순전히 '밝은'bright이라는 단어와

운율이 맞아서 쓴 걸까, 아니면 '하얀'이 옷에서부터 모발 색 그리고 피부색으로까지 연결되면서 인종을 구별해 주기 때문에 쓴 걸까? 이내 여자의 일행과 함께 여성 종업원이 다가오면서 우리의 대화를 사실상 거기서 끝내 버린다.

얼마 지나지 않아 나는 다른 백인 여자에게 왜 머리를 금발로 염색했느냐고 묻는다. 여자는 금발이 자기가 생각하는 젊음을 되돌려준다며 보다 분명하게 설명한다. 이 여자도 유년기에는 금발이었을까? 그렇진 않았다고 그는 대답한다. 금발의 유년기에 대한 그의 향수는 자기 삶에 한 번도 존재한 적 없었으나 미디어를 통해 마음속에 고이 간직해야 할 무언가로 거듭 학습한 결과물이다. 본래 홍채 색깔이 무엇이든 푸른색으로 바꾸는 사람은 많지 않다는 생각에 나는 금발과 마찬가지로 아무 제약 없이 자유롭게 백인성을 표상하는 또 다른 단일한 기표를 떠올려 보려 한다. 내 머릿속에는 아무것도 떠오르지 않지만, 어떤 사람들은 좋은 교육을 받았거나 재산을 소유하고 있음을 보여 주는 증거가 한눈에 알아보기 쉬운 백인성의 기표라고 믿는다. 어쩌면 정말 그렇게 단순한 문제일지도 모른다. 금발은 한눈에 알아보기 쉽고, 직접적으로 백인성을 가리키지 않나.

또 다른 날 우연히 만난 백인 여자는 머리를 금발로 염색한 것이 일종의 반항인 것 같다고 말한다. 무엇에 반항하고 있는 건데요? 내가 묻는다. 제 정상성이요. 그가 대답한다. 일터에서 허용되지 않는 문신을 몸에 새기고 있고 검은 눈썹 그리고 모발 끝부분으로 갈수록 색이 밝아지는 금발을 가진 그는 유행에 민감한 사람처럼 보인다. 펑크 음악 하는 로커처럼요? 내가 묻는다. 블론디*처럼요? 금발 중에는 티가 별로 안 나게 약간만 탈색하는 스타일도 있지만 삼십

텍스트 금발 등 아리아인이 품은 이상과 그들이 동원한 기표가 우월한 것으로 여겨졌고 뉘른베르크 인종 법의 핵심을 이루었다.

설명 및 출처 뉘른베르크 인종 법 자체는 표현형phenotype(검은 홍채나 갈색 홍채 등 유전자와 자연 환경의 영향을 받아 겉으로 드러나는 특성으로 유전형과 대비된다―옮긴이)을 언급하지 않지만, 그 대신 소위 독일인 또는 순수 혈통과 '유대인'의 차이를 구별한다. 그러나 이 법이 '독일인'의 특성을 격상하는 선전 운동과 현장 실습에 동원되었다고 해도 전혀 과언이 아니다.

나치의 인종학이 금발을 이상향으로 받아들인 것과 관련해서는 팻 시프먼의 『인종주의의 진화』 중 「히틀러처럼 금발인」을 참고하도록 한다. 십먼은 또한 금발에 푸른 눈동자를 가진 사람들이 독일의 주류였던 적이 없다고 반박하는 연구를 인용한다: "대부분의 독일인이 금발도, 푸른 눈동자도 갖고 있지 않았음을 보여 주는 루돌프 피르호의 조사가 그런 보편적인 신념에 미친 영향은 무시해도 될 수준이었다."

주목할 만한 또 다른 사실은 '아리아인'의 자질을 갖춘 인간을 더 많이 생산하기 위해 그러한 여성과 남성을 징집하는 '레벤스보른'Lebensborn 프로그램이 시행되었다는 것이다. 『뉴욕 타임스』에 실린 마크 랜들러의 「나치의 비밀스러운 교배 프로그램이 불러온 결과: 평범한 사람들」에 따르면 "레벤스보른 프로그램에 수용되려면 임신한 여성의 경우 올바른 인종적 특성―금발과 푸른 눈동자―을 통해 아무런 유전 질환이 없음을 증명해야 했고, 이와 유사한 기준을 충족하는 생물학적 아버지의 신원도 증명할 수 있어야 했다. 또한 나치즘에 충성을 맹세해야 했다. 그들은 레벤스보른에 머무는 동안 히틀러의 이념을 세뇌받았다".

대인 그가 하고 싶어 할 만한 스타일은 아니다. 그러니 이해한다. 그의 명쾌함이 마음에 든다. 다만 반항이라는 말은 오용되고 있는 것 같다.

머리를 금발로 탈색하는 이유 중에는 고동색 머리에 싫증이 났다는 게 가장 흔하다. 기분 전환을 하고 싶으면 금발로 염색해야 하는 것이다. 변화를 위해 금발로 염색하는 것은 이제 평범한 행동으로 간주된다. 너무나도 많은 사람이 금발을 갖고 있다. 그런데 그걸 보는 다른 사람들은, 아마도 남자일 그들은 그에 싫증을 느끼지 않는 듯하다. 이건 또 하나의 문제를 제기한다. 그렇다면 백인 우월주의자의 이상은 평범한 갈망일까? 나는 금발이 다른 모발 색보다 더 매력적이고 그러므로 금발로 탈색하는 것은 그저 상식적인 선택이라는 말을 곱씹어 본다.

사회적 다윈주의자들은 그릇된 등가어를 동원해 아리아인을 과하게 칭송하는 방식으로 세상을 이끌었다. 금발 등 아리아인이 품은 이상과 그들이 동원한 기표가 우월한 것으로 여겨졌고 뉘른베르크 인종 법의 핵심을 이루었다. 그런데 그런 기표가 백인 또는 흑인 여자에게 필수적일까? 아니면 내 앞에서 도로를 건너고 있는 백인 여자 그리고 그와 똑같은 금발로 내 옆을 지나고 있는 아시아인 여자, 대지의 그림자처럼 검은 뿌리를 가진 그 두 여자에게 필수적일까?

한 친구는 금발을 백인성 그리고 백인 우월주의와 결부시키는 것이 터무니없다고 주장한다. 그냥 대부분의 여자에게 금발이 더 나은 것뿐이야, 라고 친구는 말한다. 나는 백인이 아니므로 친구가 가진

---

* 1970년대 후반에 주로 활동한 미국의 뉴 웨이브 밴드로, 프런트 우먼이자 보컬인 데비 해리의 머리가 금발이다.

사용법 — 안전한 사용을 위한 경고문

중요: 모발 염색제는 경우에 따라 심각한 알레르기 반응을 야기할 수 있습니다.

색상: 자연스러운 금발

주의 사항: 본 제품은 경우에 따라 피부 자극을 유발할 수 있는 성분을 포함하고 있으므로 첨부된 지침에 따라 사전 테스트를 먼저 진행해야 합니다. 본 제품을 속눈썹이나 눈썹 염색을 위해 사용하는 행위는 실명을 유발할 수 있으니 하지 마시기 바랍니다.

전성분: 물·트리데세스-2 카복사마이드엠에이·프로필렌 글라이콜·헥실렌 글라이콜·PEG-2 올레아민·폴리글리세릴-4 올레일 에테르·수산화 암모늄·올레일알코올·변성 알코올·포리글리세릴-2 올레일 에테르·올레산·소듐 다이에틸아미노프로필 코코아스파타마이드·펜타소듐 펜테테이트·아세트산 암모늄·파르퓸/프래그런스·메타중아황산소듐·에리토브산·레조르시놀·p-아미노페놀·p-페닐렌디아민·알파-아이소메틸아이오논·유제놀·m-아미노페놀·리날로올·시트로넬롤·하이드록시프로필 비스(N-히드록시에칠-P-페닐렌디아민) HCL. F.I.L

#D33266/2. U.S. 특허: 7,402,108

갓투비사의 '헤드 터너' 임시 염색 스프레이 패키지 경고문

확신을 그대로 받아들여 보려 한다. '더 낫다'와 '금발'이 한 덩어리로 묶이는 이유를 파고들지 않는 친구의 태도가 흥미롭다. 친구의 말을 뒤집으면 '흑인은 아름답다'라는 말도 가능하다. 나이지리아 작가 치마만다 응고지 아디치에의 소설 『아메리카나』에서 주인공은 집요할 정도로 모든 흑인 여자가 아름답다고 말하는 백인 고용주를 묘사한다. '아름답다'라는 단어로 '흑인'을 지칭하는 식이다. 어쩌면 '금발이 더 낫다'와 '흑인은 아름답다' 모두 일종의 강력한 선언일지도 모른다. 다만 후자는 인종 차별 때문에 대중의 상상 속에 자리 잡기를 거부당하는 선언인 데 반해, 전자는 백인 우월주의 덕분에 상식으로 받아들여지는 것인지도 모른다. 모르겠다. 나는 그저 탐구하고 있을 뿐 뭔가를 주장하고 있는 것이 아니다. 내 친구는 이제 다른 얘기로 넘어가자는 의미의 손짓을 해 보인다.

어쩌면 얼굴 주변을 온통 금색으로 치장하고 있어야 세상이 더 좋은 대우를 해 주고, 더 많은 급여를 주고, 더 부유한 배우자와 결혼할 수

텍스트 어쩌면 얼굴 주변을 온통 금색으로 치장하고 있어야 세상이 더 좋은 대우를 해 주고, 더 많은 급여를 주고, 더 부유한 배우자와 결혼할 수 있게 해 주기 때문에 많은 백인 여자가 서서히 금발로 염색하게 되는 것일지도 모른다.

팩트 체크 그렇다. 오스트레일리아 연구자 데이비드 존스턴은 금발의 여성이 결혼하는 시기를 언급하지는 않지만, 그의 연구 결과에 따르면 금발의 여성은 그렇지 않은 여성보다 수입이 높으며 보다 부유한 배우자와 결혼한다. 아래 내용을 참고하도록 한다.

설명 및 출처 존스턴, 「외양과 급여: 금발이면 더 많은 것을 누리는가?」: "회귀 분석 결과에 따르면 금발 여성은 급여 면에서 학교 교육을 1년 더 받은 만큼의 금액을 더 받는다. 금발이 미치는 중대한 영향은 결혼 시장에서도 명백하게 드러난다. 금발 여성은 혼인 가능성이 다른 사람보다 더 높지도 낮지도 않지만, 그들의 배우자가 받는 급여는 금발이 아닌 여성의 배우자가 받는 급여보다 약 6퍼센트 높다."

있게 해 주기 때문에 많은 백인 여자가 서서히 금발로 염색하게 되는 것일지도 모른다. 거기다 영화 배우나 뉴스 해설자나 정치인이나 유명 테니스 선수, 그리고 백인 남자, 비백인 남자, 백인 여자, 비백인 여자, 논바이너리인 사람들로부터 욕망의 대상이 되는 직업을 가진 사람이면 검은 모근이나 뒷머리를 염색하는 수고까지 감수한다. 이건 터무니없고 또 터무니없지 않은 일이다.

터무니없지 '않다'는 말은 여자들이 자기 머리가 금발이 아니면 실패한 삶을 사는 것이라는 은근한 의심에 시달릴지도 모른다는 의미다. 금발 덕분에 진정한 제가 됐어요, 라고 많은 사람이 말한다. 재밌는 일이다. 당신이 진정한 내가 되고 싶다고 말했을 때 문화가 중요한 건 금발을 가진 자아라고 대답한다면, 그건, 아아, 뭐랄까— 참으로 안타깝고—어쩔 도리가 없다. 빌어먹을. 결국 누가 인간답고, 젊고, 아름답고, 인간다워 보이는지에 대해—인간답다는 말은 이미 했나?—모두가 같은 의견을 갖고 있다.

앤드리아 청이 쓴 『뉴욕 타임스』 기사 「수많은 아시아계 미국인 여성이 금발로 염색하는 이유」는 청이 성장기를 보낸 미국 교외의 백인 사회에서 아시아인 정체성으로 인해 소외감을 느꼈던 옛 기억을 회상하며 시작한다. "처음으로 아시아인 정체성을 인지했을 때 엄마에게 왜 나는 금발이 아니냐고 물었다. 당시 나는 다섯 살이었고 내가 사는 곳은 백인이 절대 다수일뿐더러 아시아계 미국인은 한 줌에 불과한 미시간 교외 지역이었다." 소속에 대한 갈망, 남들과 똑같은 금발을 갖고 싶다는 갈망은 미국 내 일부 아시아인으로 하여금 장장 열두 시간에 달하는 시간과 400달러가 넘는 비용을 들여 머리를 금발로 염색하게끔 부추긴다. 청은 "미용실을 방문할 때마다 200달러 이상이 들 것을 각오"해야 금발을 유지할 수 있다고 덧붙인다. 또한

텍스트 기사에는 에린 쿠에 닌 교수가 새로운 아시아계 미국인 정체성 형성에 관해 논하는 내용도 실려 있다. 그런데 닌 교수가 인종에 대해 어떤 말을 했건 혹은 하지 않았건 백인성이라는 요소가 저변에 깔려 있음에도 청은 백인성을 직접 화두에 올리지 않는다. 기사는 한때 금발이었던 한 여자가 머리를 금발로 염색하려는 아시아계들의 동기가 무엇일지 추측하면서 그건 어쩌면 '나를 좀 보세요'라고 말하는 방식일지도 모른다고 말하는 내용으로 마무리된다. 그런 말을 호소로 듣지 않기란 참 힘든 일이다.

팩트 체크 그럴 수도 있다. 기사에는 교수 두 명이 언급되는데 그중 누구도 백인성을 언급하지 않는다.

설명 및 출처 에린 쿠에 닌은 백인성을 명시적으로 언급하지 않지만 기사에서 밝힌 견해에 백인성이라는 요소가 암시되어 있다고 볼 수도 있다. "우리는 항상 너희 나라로 돌아가라는 말을 듣는 집단인데, 부분적으로 이는 우리 이민자 집단의 인구수가 매우 많아 이민 4세대건 1세대건 모든 사람에게 그저 한 덩어리로, 즉 외국인으로 보이기 때문이죠."

아시아계 여자들은 그렇게 구세대와 이별함으로써 더 자신감을 얻게 되었다며 염색이라는 실험이 가져다준 이점에 대해 말한다고 전한다. 기사에는 에린 쿠에 닌 교수가 새로운 아시아계 미국인 정체성 형성에 관해 논하는 내용도 실려 있다. 그런데 닌 교수가 인종에 대해 어떤 말을 했건 혹은 하지 않았건 백인성이라는 요소가 저변에 깔려 있음에도 청은 백인성을 직접 화두에 올리지 않는다. 기사는 한때 금발이었던 한 여자가 머리를 금발로 염색하려는 아시아계들의 동기가 무엇일지 추측하면서 그건 어쩌면 '나를 좀 보세요'라고 말하는 방식일지도 모른다고 말하는 내용으로 마무리된다. 그런 말을 호소로 듣지 않기란 참 힘든 일이다.

백인 우월주의와 백색의 순수성을 가지고 노골적으로 장사해 온 국가에 속한 백인 여자들은 어쩌면 진정한 백인성을 고집하는 체계

속에 갇혀 있는지도 모른다. 그들은 자기가 갇혀 있다고 느낄까? 머리끝부터 중간 정도까지만 금발인 옴브레 헤어 스타일이 인기를 끄는 이유는 백인성이라는 지표를 통해 자신이 부여받은 자격을 유지하면서도 어느 정도 스스로를 자유롭게 해방시킬 수 있고, 나이든 여자 입장에서는 흰머리가 가려지면서 젊음의 지표까지 취할 수 있기 때문인 걸까?

머리를 염색하는 것이 다른 사람이 되는 것을 의미하고 이 다른 사람이 나를 더 나답게 만든다면, 이건 백인성이 내 진정한 정체성이라는 의미일까? 금발에 결부된 백인성은 얻어 내야 하는 것, 소유물, 속성, 살고자 한다면 반드시 있어야 할 무언가인 걸까? 금발을 갖는 것은 일종의 속성인 백인성에 접근하거나 백인성을 소유하는 하나의 방법인 걸까? 금발 염색은 단 한 차례의 과정을 통해 세상의 주류에 속하는 동시에 고유한 존재가 됨으로써 내 가치를 상승시키는 투자인 걸까?

우려스러운 것은 이 특정한 모발 색이 여자들에게 '세상'을 약속한다는 사실이다. '세상'이라는 게 누가 주거나 할 수 있는 건가?

백인 우월주의와 반흑인 인종 차별주의가 여전히 여러 국가에서 통치 수단으로 동원되는 근본적인 구조적 폭력 양식이라면, 금발은 우리가 따르는 가장 수동적이고도 유동적인 공모 양식일 수 있다. 사람들이 의식적으로 받아들이건 그렇지 않건, 금발이 가리키는 방향에는 백인 권력 그리고 그 권력이 바람직하다고 내세우는 가치들이 있다. 여자들이 금발로 탈색하면 얼굴이 밝아 보이고 여자와 남자 모두에게 더 호감을 살 수 있게 된다고 누누이 말할수록, 금발로 염색하고 매만진 새로운 헤어 스타일이 이목구비를 선명하게 살려

준다고 말할수록, 비백인들이 다른 방식으로는 도무지 가질 수 없는
권력의 기표를 소유함으로써 주체성을 느낄수록, 사람들이 흰머리를
감추고 값진 젊음을 좇을수록, 이 세상이 가치 있다고 여기는 것들을
그대로 따를수록, 우리의 자유가 백인 우월주의자들이 내세우는
가치에 공모하는 것과 밀접하게 얽혀 있지 않은 척하기가 점점 더
어려워진다.

집 근처 도로에서 대학생 정도 된 듯한 젊은 흑인 여자를 쳐다보고
있다. 내가 이런 식의 질문을 연달아 던지도록 촉발한 사람이 딱
그와 같은 젊은 여자였던 터라 나도 모르게 그를 뚫어져라 쳐다본다.
그러다 정말 멋져 보인다고 말한다. 실제로 그렇기 때문이다. 그의
얼굴에 설핏 꾸밈없는 미소가 번진다. 나는 묻는다. 그냥 궁금해서
물어보는 건데요, 흑인인데 왜 머리를 탈색한 거예요? 모발 염색이
삶의 방식과 관련된 하나의 선택이자 소소한 즐거움일 수 있다는
생각과 백인 우월주의를 떠받치는 해묵은 관습일 수 있다는 생각을
양립시키는 것은 어려운 일이다. 어때서요, 라고 그가 대답한다. 이건
질문이 아니다. 나는 그의 말을 되풀이하며—어떤데요?—도로 질문을
던지되 그의 말을 똑같이 따라 한 것이 아님을 드러내기 위해 말끝을
올린다. 젊은 여자는 가던 길을 계속 가고, 혼자 남겨진 나는 곰곰
생각한다. 어쩌면 이것이 쉴 틈 없이 역사에 맞서는 상황으로부터
자유로워지기 위해 우리가 우리를 자유롭게 하는 방법인지도
모르겠다고. 어때서요.

택시, 여기요.

미백

경고: 여기에 제시된 피부 미백 방법은 강력하고 효과가 오래 지속되고, 피부색을 5단계 이상 밝게 하고 싶은 사람에게만 권장합니다.

시청자의 주의가 필요합니다.

피부색 때문에 자존감이 낮아져 고통스러우신가요? 피부색 때문에 이성에게 매력 없는 사람처럼 보이는 것 같고 삶에 아무 발전도 없는 것 같나요? 효과적이지도 않고 대체로 위험하기까지 한 미백 크림에 거금을 들이는 것이 지긋지긋한가요?

그렇다면 이 놀라운 영상을 통해 집에서 단 30분 만에 편안하고 자연스럽게 피부색을 5단계 하얗게 만드는 기법을 확인해 보세요.

이 혁신적인 미백 기법은 지금껏 인터넷에 한 번도 공개된 적이 없으며, 모든 자연식 매장에서 구할 수 있는 소량의 재료만 갖추면 집에서 혼자 따라 할 수 있습니다. 이제 영구적인 피부 손상과 색소 침착, 심지어는 중독까지 야기할 수 있는 독한 화학 물질과 피부 표백제 없이 안전하게 피부를 하얗게 만들 시간입니다.

본격적으로 피부 미백 기법을 설명하기에 앞서 저에 대한 간략한 소개와 함께 제가 이 오래 지속되고 자연스러우며 혼자서 따라 할 수 있는 궁극적인 미백 기법을 발견한 일화를 말씀드리겠습니다.

저는 하얀 피부를 갖게 되면 더 많은 자신감과 매력을 갖게 되리라고 확신했습니다. 마침내 다른 사람들이 저를 어떻게 볼지 걱정하지 않고 제 삶과 경력에서 발전을 이뤄 낼 수 있으리라고 믿었습니다. 하지만 안타깝게도 당시에는 한낱 꿈에 불과했습니다.

저와 나이도 같고 조건도 같지만 저보다 피부가 하얀 여자들은 전부 고액 연봉을 받는 직업과 매력적인 파트너를 얻는 데 성공한 반면 저는 여전히 혼자였고, 여전히 취업의 문턱을 넘지 못한 채 허덕였으며, 더욱이 깊은 우울의 나락에 빠져들고 있었습니다.

저는 많은 여자가 미백을 위해 쓰고 있는 독한 화학 물질과 피부 표백제의 존재를 알고 있었지만 그들 중 상당수가 병에 걸리고 영구적인 해를 입는 것을 지켜보면서 이렇게 생각했습니다. "안전하고 자연스러운 미백 방법만 있었더라면."

다행히 미백 연구를 향한 제 열망은 통제 불가능한 수준으로 계속 커졌습니다. 그리고 마침내 의과 대학을 졸업하고 멜라닌 세포라 불리는 것을 공부하기 시작하면서 삶을 변화시키는 중요한 사실을 발견했습니다.

여러분도 알고 계시겠지만 피부색은 피부 속 멜라닌 세포의 활동에 따라 달라집니다. 멜라닌 세포가 많을수록 생성되는 멜라닌도 더 많습니다. 멜라닌은 피부 염료이며 피부색의 명도를 결정합니다.

흥미로운 점은 대부분의 사람이 피부색이 어두운 사람일수록 멜라닌 세포를 더 많이 갖고 있다고 생각한다는 것입니다. 그런데 사실 피부색이 어두운 사람과 밝은 사람 모두 정확히 똑같은 개수의 멜라닌 세포를 갖고 있습니다. 피부색의 명도를 결정하는 것은 그 세포의 실제 활동입니다.

멜라닌 세포가 활동적일수록 더 많은 멜라닌이 생성됩니다. 피부색이 어두워지는 것은 바로 그 때문입니다.
이 사실을 발견하고 나자 멜라닌 세포와 결합되었을 때 그 세포의 활동에 직접적인 영향을 미치는 천연 성분을 찾아야 한다는 점이 아주 명확해졌습니다. 그런 성분이 분명 존재할 것이라는 깊은 확신이 있었지만 실제로 그게 무엇일지는 찾아봐야 했습니다.

숨이 턱 막힐 정도로 놀라운 발견이었고, 처음에는 제 눈앞에 펼쳐진 광경을 믿을 수 없었습니다. 누구나 구할 수 있는 성분들이 피부 세포에 직접적인 영향을 미치고 있었으니까요!
자연 성분으로 만들어진 안전한 크림이라는 사실을 알고 있었기 때문에 저는 주저 없이 그 크림을 일주일간 제 피부에 발라 보기로 했습니다.

그로써 제가 평생을 기다린 꿈이 실현되었습니다. 단 일주일 만에 저는 더 자신감 있고 외향적인 사람이 된 기분을 느끼게 되었습니다. 제가 발견한 미백 기법은 바로 이렇게 시작되었습니다.
이내 친구들과 가족들이 어떻게 이렇게 달라졌냐고 물어 왔습니다. 일터에서도 사람들이 하나둘 저를 조금 더 중요한 사람으로 대하기 시작했고요. 심지어 이성에게 데이트 신청까지 받기 시작했답니다!

제가 가진 것을 모두가 원하고 있었습니다.
제가 만든 이 흔치 않은 자연 미백 크림은 지금까지 100퍼센트의 성공률을 보였고 피부색이 어두워던 제 친구들은 모두 엄청난 효과를 경험했습니다.

밝아진 피부가 다시 어두워질 걱정도 할 필요가 없습니다. 크림은 멜라닌 세포에 직접적인 영향을 미치기 때문에 결과는 영구적이며 단 며칠 만에 뚜렷한 효과를 볼 수 있습니다.

그럼 다음 슬라이드를 확인해 보세요!

메이크업 아티스트인 친구와 잡담을 나누다 인종별로 고객이 원하는 것이 어떻게 다른지 묻는다. 러시아 여자들은 입술이 두터워 보이길 원하지, 라고 친구는 말하면서 손을 입 가까이에 갖다 대고 손가락을 별 모양으로 쫙 펼친다. 아시아 여자들은 가능한 한 하얘 보이려 하고. 그러더니 이렇게 덧붙인다. 그 사람들 마음도 이해가 돼. 친구는 나처럼 흑인이고 어두운 피부색을 갖고 있다. 그러므로 아시아 여자들을 이해한다는 말은 각 인종 집단이 피부색을 가지고 어떤 차별을 하든 밝은 피부를 가진 사람이 문화적으로 선호되는 현상을 이해한다는 말일 것이다.

친구의 목소리에 서린 체념이 예전에 가르친 한 아시아인 학생을 상기시킨다. 어머니에 대한 글을 쓰고 싶으냐고 물었더니 내 책상을 향해 고개를 푹 떨궜던 학생. 감정의 진폭이 상당해 혹시 어머니께서 돌아가신 건지, 그래서 내가 의도치 않게 상처를 준 것인지 걱정될 정도였다.

학생은 나와 눈을 마주치지 않은 채 본인의 어머니가 인종차별주의자라고 말했다. 나는 가급적 감정이 묻어나지 않는 덤덤한 목소리로 물었다. 정말요? 어떤 식으로 그런 생각을 표현하세요? 재능 있는 작가이자 타고난 이야기꾼인 그 학생은 갑자기 생기를 띠며 말했다. 어머니는 아버지가 굉장히 잘생겼다고 말해요, 백인의 피가 섞인 것이 분명하다면서요.

나는 어머니께서 학생 본인에 대해서도 그런 말을 하셨는지는 묻지 않았다.

그거 말고 다른 일도 있었어요, 라고 학생은 덧붙였다.

그렇군요, 라고 나는 대답했다. 그렇군요.

2016년 중국의 한 세제 광고는 흑인 남자가 세탁기에 처박혔다가 흑인성이 씻겨 나간 모습으로 나타나는 장면을 송출했다. 반흑인 인종 차별주의는 미국이나 유럽 혹은 남아프리카에 국한되지 않는다. 미백 산업은 21세기 아시아, 남미, 아프리카 전역에서 번창하고 있다. 무엇이 가치 있다고 여겨지고 보상받는지를 모두가 이해하고 있는 것이 분명하다. 백인성과 세계화는 어쩌면 한 덩어리인지도 모른다. 아니, 어쩌면 백인성과 세계화는 그냥 흑인성을 제외한 모든 것일지도 모른다.

나는 아시아계 흑인인 테니스 천재 나오미 오사카를 보면서 어머니가 아이티인 남자를 사랑한다는 이유로 부모와, 즉 나오미의 조부모와 남남처럼 지냈던 사실을 그가 어떻게 받아들이고 있을지 곰곰 생각한다. 현실에서 이런 일이 드물지 않다는 것을 알고 있으면서도 나는 나오미가 열한 살이 될 때까지 15년 동안 지속된 부모 자식 간의 불화에 여전히 질겁한다.

어떻게 자식이 사랑하는 사람 때문에 장장 15년 동안 자식에게 배신감을 느낄 수 있는 걸까? 외국인의 피가 전염병처럼 섞여 드는 것이 수치스러운 걸까, 아니면 순수 혈통이 흑인의 피에 오염된다고 느끼는 걸까? 아마 둘 다일 것이다. 참 영화에서나 볼 법한 이야기 아닌가. 여전히 나는 흑인과의 교제, 그리고 흑인과의 교제에 대한 생각 자체가 어떻게 본인이 낳은 아이, 본인이 유년기 전체를 책임지고 돌본 아이와의 절연보다 나쁠 수 있는 건지 이해가 되지 않는다. 나는 내 아이를, 내 삶을 풍요롭게 해 준 내 아이의 삶과 사랑을 생각한다. 그리고 모든 것을, 모든 사람을, 그 단 한 사람을

잃게 되더라도 내 정체성을 일절 잃지 않는 것이 가치 있는 일이라는 생각에 맞서 타협이 불가능한 사랑 편에 서 본다.

어떤 인종을 너무 혐오하다 못해 온 세상이 내 손주를 받아들이는 때가 와야만, 그래야만 비로소 나도 내 손주를 받아들일 결심을 할 수 있는 상황을 상상해 보자. 어찌나 비일비재하게 벌어지는 일인지, 내게는 그리 충격적이지도 않다. 어쩌면 여전히 많은 사람이 이토록 깊은 혐오를 이해하지 않으려 하고 있는지도 모른다.

별의별 터무니없는 상황이 펼쳐진 2018년 US 오픈에서 오사카는 세리나 윌리엄스를 누르고 승리를 거머쥐었다. 오사카가 그랜드 슬램에서 우승한 바로 다음 주, 오스트레일리아의 한 만화가는 많은 사람이 전형적인 인종 차별로 생각할 만한 방식으로 윌리엄스를 그리고 오사카는 금발로 표현했다. 오사카가 테니스계에서 부상한 이래 그의 피부가 하얗게 표현되는 일은 당사자인 오사카가 직접 의견을 내지 않을 수 없을 만큼 역동적으로 진행되었다. 일본 스폰서

중 하나인 닛신 식품이 낸 광고는 흰색 테니스 유니폼을 입고 테니스채를 휘두르는 오사카의 피부를 오스트레일리아의 만화가와 마찬가지로 밝게 표현했다. 그런데 유감스럽게도 의도치 않게 인종차별적인 생각을 내비친 쪽은 오사카였다. "제 피부는 햇볕에 타서 그런 거예요. 너무 당연한 일이죠.〔…〕하지만 다음번에 절 그리실 땐 먼저 얘기해 주셔야 할 것 같아요." 오스트레일리아 만화가와 달리 닛신 식품은 적어도 오사카를 금발로 만들지는 않았지만 오사카는 머리끝을 금색으로 염색한 적이 있다. 어때서요.

한 트위터 사용자는 적어도 스폰서들은 오사카를 '흑인화'하지 않고 있다고 지적했다. 피부를 까맣게 하는 것보다는 하얗게 하는 것이 이떤 면에서는 덜 해로운 일이라고 은연중에 암시하는 듯한 말이었다. 어쩌면 오사카의 스폰서들은 그의 피부를 하얗게 만듦으로써 일본인들이 내비칠 것으로 예상되는 반흑인 인종 차별주의로부터 오사카 선수와 자사 제품을 보호하려던 것뿐이었는지도 모른다. 그렇다면 정당한 조치인 걸까? 오사카가 자신의 출생지이자 시민권 보유국인 일본의 토레이 팬 퍼시픽 오픈에서 2019년에 우승을 차지한 후, A맛소 A Masso로 알려진 코미디 팀은 한 행사에서 이렇게 말했다. 오사카에게 "미백이 좀 필요한 것 같다"고. 메이샤 카이가 『루트』에 게재한 기사에 따르면 그동안 하푸hāfu 또는 혼혈인은 '검둥이'에 해당하는 일본어인 쿠롬보kurombo로 지칭되었다고 한다.* 오사카가 당대의 세리나 윌리엄스로 각광받기 시작한 후로 우리는 세리나를 가두었던 것과 유사한 인종 차별적 틀을 오사카에게 그대로 덧씌우고 있다.

---

* 하푸는 '반'半을 의미하는 영어 단어 half를 바탕으로 부모 중 한쪽이 일본인인 사람을 지칭하는 표현이고, 쿠롬보는 흑인을 비하하는 일본어 표현이다.

연이은 기자 회견에서 오사카는 자신을 향한 인종 차별적 수사에 대응한다. 오사카의 신중함을 눈여겨보는 동안 내 머릿속에는 그가 아이티계 필리핀인, 아이티계 중국인, 아이티계 베트남인, 아이티계 한국인, 아이티계 인도인 등이었더라도 같은 대우를 받았을까 하는 궁금증이 피어오른다. 흑인성이 더해져도 자국의 '기원 설화'가 더럽혀지지 않는다고 생각하는 아시아 국가는 어디일까? 사람들이 불안을 품고 있다면 그 불안은 흑인성이 백인의 상상 속에서 구현되는 방식과 얽혀 있으리라고 나는 생각한다. 그렇다면 이 가능성을 염두에 두었을 때 자기 자신을 백인 우월주의 구조 안에 받아들여진 소위 '하급 파트너'로 생각하는 아시아인은 누구일까? 2008년과 2012년 대통령 선거 당시 오바마 전 대통령이 아시아계 미국인으로부터 얻은 득표율은 각각 62퍼센트, 73퍼센트였다. 그들은 미국 최초의 흑인 대통령이 자신을 위해 무엇을 지켜 줄 수 있다고 믿었던 걸까?

(무)경계 공간 iii

텍스트 이론가 바버라 존슨은 현존하는 모든 서사는 "이미 읽힌" 서사라는 의견을 제시했다.

설명 및 출처 바버라 존슨, 「중대한 차이: 바르트/발자크」: "먼저, 이는 한 번의 독서는 이미 읽힌 적 있는 내용으로 구성되며 한 텍스트를 처음 읽을 때 우리는 텍스트 안이 아니라 우리 안의 무언가를 확인한다는 것을 암시한다. 이를테면 우리 자신이 하나의 정형, 즉 이미 읽힌 적 있는 텍스트인 한, 우리는 한 텍스트에서 우리 안에 존재하는 것을 읽어 낸다. 그리고 이미 읽힌 적 있는 내용이 텍스트에 포함된 경우에 한해서만, 텍스트가 어떻든 읽히기 위해 독자와 공유하는 부분을 가진 경우에 한해서만 우리는 텍스트 안에 존재하는 것을 읽어 낸다."

기원 설화가 가진 중력은 극복하기 어렵다고 친구가 말한다.

나는 백인 우월주의를 생각하는 중이다.

백인의 상상계 속에 흑인을 위한 서사는 몇 개나 있을까?

이론가 바버라 존슨은 현존하는 모든 서사는 "이미 읽힌" 서사라는 의견을 제시했다.

나는 결국 모든 서사는 N으로 시작하는 단어로 흑인을 명명하며 끝난다고 덧붙이고 싶다. 그 단어는 간호사Nurse일 수 있다. 유모Nanny도 가능하다. 아무도 아닌No one일 수도 있다.

우리는 무력하지 않지만 브라이언 스티븐슨의 표현을 빌리면 "무관심해지도록 길들여졌다". 지난 수년간 백인이 같은 동네의 흑인을 의심하고 고소하고 살해한 사건이 법의 테두리 안에서 수시로 발생했다. 린치 사진이 인쇄된 엽서들도 미국 우체국을 통해 배달되었다.

"911이죠, 길 건너편에서 흑인 남자가 현관문을 열고 있어요. 서둘러 주세요."

내 머릿속의 회상 메커니즘은 벽화와 옥외 광고판에서 봤던 의문문과 평서문을 꺼내 놓는다.

이제 얼마나 됐을까?

텍스트 타네하시 코츠가 우리에게 바라는 것은 하다못해 배상이 어떤 식으로 이루어질 수 있는지에 대해서라도 서로 대화를 나누는 것이다.

설명 및 출처 2019년 6월 19일 하원 법사위원회에서 타네하시 코츠가 한 증언: "배상과 관련된 문제는 변상 및 직접 보상과 관련된 문제인 동시에 시민권과 관련된 문제이기도 합니다. 흑인 노예 후손 배상 연구 법안 H.R. 40에 따르면 본 위원회는 2009년 노예제에 사죄하는 동시에 말로만 떠벌리는 애국주의를 거부하고, 미국이라는 국가의 모든 공로와 과실을 말할 기회를 갖고 있습니다. 토머스 제퍼슨이 중요하다면 샐리 헤밍스(토머스 제퍼슨의 노예이자 정부였던 여성—옮긴이)도 마찬가지로 중요합니다. 디데이(기밀 작전의 '공격 개시일'을 뜻하는 군사 용어로 2차 대전 당시 노르망디 상륙 작전 시행일이 '디데이'이기도 했다—옮긴이)가 중요하다면 블랙 월 스트리트도 마찬가지입니다. 밸리 포지(미국 독립 전쟁 당시 대륙군의 세 번째 주둔지이자 1778년 2월 말경까지 2,500명에 가까운 미합중국 군인이 사망한 장소—옮긴이)가 중요하다면 포트 필로(1864년 남북 전쟁 기간에 흑인이 주축이 된 북군 부대가 학살된 곳—옮긴이)도 마찬가지입니다. 진짜 문제는 우리가 과거의 어떤 것들에 얽매일 것이냐가 아니라 우리가 과거 전체에 얽매일 만큼 충분히 용감하냐이기 때문입니다. 감사합니다."

타네하시 코츠, 「배상 소송」, 『애틀랜틱』:

"그리고 우리는 반드시 새로운 국가를 상상해야 한다. 배상—우리의 공동 전기collective biography와 그 결과를 온전히 받아들이는 것—은 우리 자신을 정직하게 마주 보기 위해 치러야 할 대가다. 회복 중인 알코올 중독 환자는 남은 평생 질병을 안고 살아가야 할지도 모른다. 그러나 적어도 취중 거짓 속에서 살아가지는 않는다. 배상은 우리로 하여금 교만에 도취하기를 거부하고 미국을 있는 그대로, 즉 오류를 범할 수 있는 인간들의 결과물로 보게 만든다.

배상이 우리를 분열시키지는 않을까? 이미 분열되어 있기에 더 분열시킬 수는 없을 것이다. 빈부 격차는 우리가 실감하고 있지만 말로 표현할 수는 없는 사실, 즉 미국의 번영이 부정하며 선택적 분배를 통해 이루어졌다는 사실을 수치로 보여 줄 뿐이다. 우리에게 필요한 것은 가족의 비밀을 숨김없이 털어놓고 오랫동안 배회한 유령들과 합의하는 것이다. 우리에게 필요한 것은 미국적 정신을 치유하고 백인의 죄책감을 떨쳐 버리는 것이다. (…) 배상은 미국의 의식을 개혁하는 것, 그리고 위대한 민주화 주체라는 우리의 자아상을 역사적 사실들과 화해시키는 것을 의미한다."

미래에 흑인들이 있다.

타네하시 코츠*가 우리에게 바라는 것은 하다못해 배상이 어떤 식으로 이루어질 수 있는지에 대해서라도 서로 대화를 나누는 것이다. 코츠가 다루는 대상은 역사적 기억, 보관된 기록들, '백인 우월주의 논리', 백인 우월주의 논리가 빚은 미국 대중, 백인 우월주의 논리가 빚은 구조적 현실, 그리고 미치 매코널** 혹은 백인 우월주의 논리가 빚은 매코널의 발언 "저는 현재를 살아가는 우리 중 그 누구에게도 책임이 없는 150년 전 일에 배상하는 것이 좋은 발상이 아니라고 생각합니다"가 상징하는 바다.

매코널의 발언은 거듭 되풀이된 전략적 발언이다. 반복은 고집이 되고, 고집은 수용되는 그리고 수용될 수 있는 입장으로 변신한다. 도와주세요, 도와주세요.

코츠는 이와 같은 반복과 자신이 "정작 필요할 때는 보이지 않는 애국심"이라 명명한 것에 대응하기 위한 본보기를 구상하고 있다. 우리를 일상적인 굴복에서 끌어내 백인 우월주의에 내재한 폭력 앞으로 끌고 가는 것이다.

말해 보라, "제 몸에는 인종 차별주의자의 뼈가 없어요".

말해 보라, "저는 피부색은 보지도 않아요".

* 아프리카계 미국인 기자이자 작가로 『세상과 나 사이』, 『워터 댄서』, 『블랙 팬서: 우리 발아래의 국가』, 『메시지』 등을 집필했고 『애틀랜틱』, 『타임』 등에서 아프리카계 미국인과 관련된 글을 발표했다.
** 미국 공화당 소속의 상원 원내 대표.

텍스트 고통에 시달리다 죽게끔 설계된 이주 구금 시설의 콘크리트 바닥에서 아이들이 잠을 청하는 모습을 보며 편안함을 느끼는 그들의 마음을 내가 어떻게 해석해야 할까?

설명 및 출처 마샤 겟센, 「상상을 초월하는 미국 강제 수용소의 현실」, 『뉴요커』: "한쪽에서는 늘 홀로코스트보다 해로운 것은 있을 수 없으므로 무엇도 그에 견줄 수 없다고 주장하고, 다른 한쪽에서는 그때와 지금의 유사성을 인정해야만 우리에게 경종을 울리는 역사적 교훈을 배울 수 있다고 주장한다. 그러나 이런 논쟁은 사실 우리가 역사를, 우리 자신을, 역사 속 우리 자신을 어떻게 인식하는지에 관한 것이다. 우리는 역사란 이미 일어난 일, 다른 사람에게 일어난 일로 생각하도록 교육받는다. 잊힐 수밖에 없는 세부 사항으로 가득 찬 우리의 역사적 순간은 항상 다른 사건과 비교하면 사소해 보이고 (…) 히틀러나 스탈린은 동시대 사람들을 인간으로 볼 줄 몰랐던 이차원적 악당처럼 보이게 된다. 홀로코스트나 강제 노동 수용소는 너무도 잔학무도한 사건인 터라 채도를 어떻게 조정하든 그런 사건을 구현하는 상상마저도 잔학무도하게 느껴진다. 이는 본질적으로 그런 사건을 상상 불가능한 무언가로 만들어 버리는 효과를 발휘한다. 결코 일어나서는 안 되는 일에 관한 이야기를 직조하는 동안 우리는 전혀 일어날 수 없는 일에 관한 이야기를 꾸며 내게 된다. 혹은, 아주 약간 맥락에서 벗어난 표현을 쓰자면, 여기서는 벌어질 수 없는 일에 관한 이야기를."

텍스트 "좋든 싫든 그 아이들은 우리 아이가 아니에요. 동정을 표할 수는 있어요. 하지만 트럼프 대통령이 아이다호나 텍사스 주민에게 이러고 있는 게 아니잖아요. 그 아이들은 다른 나라 사람이에요."

설명 및 출처 브라이언 킬미드.

말해 보라, "저는 인종 차별주의자가 아니에요, 단지 흑인에게 투표하는 게 익숙하지 않을 뿐이에요".

말해 보라, "제겐 흑인 친구가 있어요".

그런 다음 미국의 투표 패턴을 살펴보라:

2016년 미국 대통령 선거에서 또다시 그런 형태의 폭력을 통해 대표되기를 택한 유권자 가운데 백인 남자가 62퍼센트, 백인 여자가 47퍼센트로 최대 다수를 차지했는데 나는 그들을 어떻게 이해해야 하는 걸까?

그들의 기원 설화를 내가 어떻게 이해해야 할까?

고통에 시달리다 죽게끔 설계된 이주 구금 시설의 콘크리트 바닥에서 아이들이 잠을 청하는 모습을 보며 편안함을 느끼는 그들의 마음을 내가 어떻게 해석해야 할까?

그런 다음 미국에서 수용되는 규범들을 살펴보라:

"좋든 싫든 그 아이들은 우리 아이가 아니에요. 동정을 표할 수는 있어요. 하지만 트럼프 대통령이 아이다호나 텍사스 주민에게 이러고 있는 게 아니잖아요. 그 아이들은 다른 나라 사람이에요."*

＊ 트럼프 행정부가 법적 허가 없이 미국에 입국한 아이 2,500명 이상을 부모로부터 분리하는 정책을 내놓자 폭스 뉴스 앵커인 브라이언 킬미드가 이를 두둔하며 한 발언.

텍스트 업기브헷신드롬

설명 및 출처 레이철 아비브, 「국외 추방의 트라우마」, 『뉴요커』.

텍스트 "사람들은 그들이 살아 있다고 말하기를 주저한다. 무언가를 이해하는 것이 불가능할 정도로 지쳐 있어 죽음을 앞두고도 두려움을 느끼지 않는 그들의 죽음을 죽음이라 말하는 것도 주저한다."

설명 및 출처 프리모 레비, 『이것이 인간인가』, 스튜어트 울프 옮김.*

---

* 프리모 레비, 『이것이 인간인가: 아우슈비츠 생존 작가 프리모 레비의 기록』, 이현경 옮김, 돌베개, 2007, 136쪽.

우리의 일상을 유지시키는 안일한 무신경을 어떻게 이해해야 할까?

우리 모두가 눈길을 돌리며 외면하는 현실을 어떻게 이해해야 할까?

테주 콜은 이렇게 쓴다. "난민은 없다. 우리가 인정하는 데 실패한 권리를 가진 동료 시민만이 있을 뿐이다."

어떻게 이 아이들이 비슷한 상황에 처한 유럽의 아이들, 이를테면 스웨덴 같은 나라에 있는 난민들처럼 코마 상태에 빠지지 않는 걸까? '체념 증후군'resignation syndrome으로도 알려진 '업기븐헷신드롬'uppgivenhetssyndrom*으로 고통받고 있는 유럽 아이들은 삶, 조국, 그리고 자기를 거부하는 나라를 포기한다. '부담스럽다'고 느껴지는 삶을 포기한다.

프리모 레비는 나치 수용소에 수감된 이런 부류의 사람들, 일명 무젤만을 이렇게 묘사했다. "사람들은 그들이 살아 있다고 말하기를 주저한다. 무언가를 이해하는 것이 불가능할 정도로 지쳐 있어 죽음을 앞두고도 두려움을 느끼지 않는 그들의 죽음을 죽음이라 말하는 것도 주저한다."

레비의 묘사는 내게 윤리적 외로움을, 즉 질 스토퍼에 따르면 누군가가 "인류에게 혹은 타인의 삶을 쥐락펴락할 수 있는 사람에게 버림받을" 때 경험하는 고립을 상기시킨다.

포기하는 것이 삶 그 자체를 보호하는 행위처럼 느껴진다. 손

* '포기하다'라는 뜻의 스웨덴어를 바탕으로 만들어진 용어.

"이건 모든 사람이 공통적으로 이해하고 있는 내용입니다."

"칫솔이 없으면, 비누가 없으면, 담요가 없으면"

"…안전하지도 위생적이지도 않습니다."

"트럼프 측 변호사, 구금 이주 아동에게는 특별한 위생 용품이 필요 없다고 발언."

들었으니 쏘지 마.*

하지만 포기는 바랄 만한 것이 아니다.

하지만 언젠가 우리 삶을 되돌아보면 포기하는 자세를 취하고 있는 것처럼 보일지도 모른다. 코마 상태에 빠진 아이도 아니고 비쩍 곯아 초주검 상태가 된 무젤만도 아닌, 무력함에 짓눌려 아무 말도 할 수 없는 이들에 대한 무관심과 관용을 보게 될지도 모른다.

그런데 무력함 자체가 관리해야 하는 대상인지도 모르겠다.

어째서 오늘날 미국의 민족주의 정권에 대항하는 투쟁에 모든 사람이 적극적으로 참여하지 않는 걸까?

너무나도 많은 사람이 백인 우위 현상에 너무나도 취약해진 나머지 머릿속에서 상상한 변화로 이어지는 경로조차 우리의 뇌에서 말끔히 지워지고 기본적인 의식은 가장 낮은 수준에서만 활동을 유지하고 있는 걸까? 다시 말해 우리는 더 이상 새로운 유형의 미래를 꿈꿀 수도, 심지어는 현재에 어떤 일이 벌어지고 있는지 제대로 볼 수도 없게 된 걸까?

보스턴 백 배이 기차역의 (무)경계 공간에서 흘러나오는 안내 방송이 다른 여행자들과 내게 상기시킨다. "뭔가를 목격하면 말씀하십시오."

---

* 2014년 퍼거슨에서 흑인 청년 마이클 브라운이 백인 경찰 댈런 윌슨에게 총을 맞아 숨지기 전에 한 말. 이에 사람들은 '손 들었으니 쏘지 마'라는 구호를 외치며 항의했다.

하지만 그 자동 안내 방송은 불현듯 청자의 심정을 이해하기라도 한 것처럼 곧바로 이렇게 덧붙인다. "뭔가란 사람이 아니라 행동을 말합니다."

그 말을 덧붙여야 한다는 걸 누가 알았을까?

감히 그 말을 발설한 사람은 누구였을까?

인종 차별 때문에, 대중은 단일 집단이라는 가정 때문에, 백인 우월주의 때문에, 민족주의 때문에 그 말은 '자기 자신 먼저 돌아보십시오'라는 의미를 내포한다.

나중에 다시 백 베이에서 암트랙 열차를 기다리게 되었을 때도 자동 안내 방송이 나왔지만 둘째 문장은 삭제되어 있었다.

왜 빠진 걸까?

가끔 나는 백인 우월주의가 내 낙관주의를 훔쳐 가 버렸다는 농담을 한다.

백인 우월주의에 부담 느끼지 마, 라고 내 친구는 말한다.

오늘날 현실의 '지나침'toomuchness은 때로 유머를 낳지만 구조적이고 침습적인 백인 우월주의가 잔존하고 있기 때문에 분열, 참여에 대한 무관심, 민주적 실천에 대한 참여 거부를 야기할 수도 있다.

백인 우월주의를 지향하는 사고 방식은 보편적인 사고와 객관적인

시각으로 포장되며, 백인 우월주의 사상에 방해가 되는 사람이라면—나라는 실제 존재, 나의 인간성까지—없애 버려야 한다고 역설한다. 그 사람의 존재 양식 자체를 말이다.

다른 사람과 차별화될 수 있다는 생각은 멋진 환상이지만 우리에게는 환상을 품을 여유가 없다.

환상은 목숨을 대가로 요구한다.

보편화된 백인성, 그것의 인종 차별적 상상계는 매 순간 살아 있다.

대부분의 시간을 아무 생각 없이 보내더라도 이 문제는 기꺼이 생각해 보아야 한다.

대부분의 경우 우리는 이미 모든 것과 모든 사람에 대한 판단을 내린 상태지만, 정동 이론가 로런 벌랜트가 썼듯 진정한 사고는 "새로운 탐색과 집중을 요구함으로써 의식의 흐름을 방해한다. […] 억지로 무언가를 생각하는 것은 현재 시점에 역사에 남을 만하다고 느껴지는 사건을 구체적으로 정립하기 시작하는 것이다".

벌랜트는 우리가 "일상적인 것을 일종의 매끄러운 흐름처럼 보이게 만드는 기계 장치를 망가뜨리기"를 원한다.*

우리는 식탁 앞에 마주 앉은 사람들, 차에서나 비행기에서나 분수

---

* Lauren Berlant, "Thinking about Feeling Historical", *Emotion, Space and Society*, Vol. 1, Issue 1, October 2008, pp. 5~6.

텍스트 〔…〕 사회적 거리 두기의 일환으로 진행되는 줌 화면에서나 기타 장소에서 대화를 나누는 사람들로 관계 속에 존재하고 있지만, 만남이 새롭게 펼쳐지는 순간 우리 사이에는 이미 하나의 대화가 발생한 셈이다.

설명 및 출처 스티브 니블링, 「미시간 인구의 12퍼센트를 차지하는 흑인 중 최소 40퍼센트가 코로나 바이러스로 사망」, 『디트로이트 메트로 타임스』, 2020년 4월 2일: "미시간주 의료 책임자인 조나이 칼둔은 '코로나 바이러스가 소외된 집단과 가난한 공동체, 특히 유색인 공동체에 더욱 심각한 영향을 미치고 있다는 데는 의심의 여지가 없습니다'라고 『디트로이트 메트로 타임스』에 전한다. '코로나 바이러스는 인종이나 계급과 무관하게 누구나 감염될 수 있는 질병이지만 아프리카계 미국인은 역사적으로 미국 내에서 심장병, 당뇨, 암 같은 만성 질환을 앓을 가능성이 훨씬 높은 집단입니다. 우리는 이러한 기저 질환을 가진 사람들이 코로나 바이러스에 걸릴 경우 심각한 상황에 처할 가능성이 더 높다는 사실을 알고 있습니다.'"

옆에서나 이주 구금 시설에서나 감옥에서나 소풍 장소에서나
일터에서나 이웃으로서나 기차 안에서나 대기실에서나 교실에서나
침대 머리맡에서나 택시에서나 지하철에서나 상점에서나 거리에서나
병원에서나 우체국에서나 차량국에서나 사회적 거리 두기의
일환으로 진행되는 줌 화면에서나 기타 장소에서 대화를 나누는
사람들로 관계 속에 존재하고 있지만, 만남이 새롭게 펼쳐지는 순간
우리 사이에는 이미 하나의 대화가 발생한 셈이다.

이미 우리의 기본적인 입장과 노선은 흑인 여성인 내가 상상하는 것
따위는 중요하지 않다고 말하고 있는지도 모른다.

백인들이 진정한 변화의 가능성을 현실로 받아들일 수 있으려면
그들의 환상에 무얼 접목해야 하는 걸까? 진정한 평등?

2008년과 2012년에 ('기타' 범주로 묶인 중동인과 원주민을 제외한)
흑인, 아시아인, 히스패닉 범주의 유색인은 백인 다수가 백인
후보자에게 표를 던졌음에도 결국 흑인 대통령을 탄생시켰다.

흑인 후보자가 대통령에 당선되자마자 백인들은 인종 차별주의가
종식되었다고 주장했다. 두 차례의 대통령 선거에서 백인 대다수가
흑인 후보자에게 표를 던지지 않았음에도 말이다. 그럼에도,
난데없이, 근거도 없이, 흑인 후보자의 승리는 백인의 성취이자
진보가 되었다.

오바마가 있잖아? 내가 미국에서 백인 우월주의가 유지되는 현실을
지적할 때마다 지겹도록 들은 말이다.

텍스트 2008년과 2012년에 ('기타' 범주로 묶인 중동인과 원주민을 제외한) 흑인, 아시아인, 히스패닉 범주의 유색인은 백인 다수가 백인 후보자에게 표를 던졌음에도 결국 흑인 대통령을 탄생시켰다.

설명 및 출처

인구 통계 집단에 따른 2008년 대통령 선거 득표율

인구 통계 집단	오바마	매케인	기타	총 득표율
총 득표율	53	46	1	100
인종				
백인	43	55	2	74
흑인	95	4	1	13
아시아인	62	35	3	2
히스패닉	67	31	2	9
기타	66	31	3	2

인구 통계 집단에 따른 2012년 대통령 선거 득표율

인구 통계 집단	오바마	롬니	기타	총 득표율
총 득표율	51	47	2	100
인종/민족				
백인	39	59	2	72
흑인	93	6	1	13
아시아인	73	26	1	3
히스패닉	71	27	2	10
기타	58	38	4	2

오바마가 있다고? 나는 그렇게 되물은 다음 핸드폰에 저장해 둔 득표율을 다시 확인한다.

행위성을 새롭게 상상해 보는 대화를 나누고 싶다. 어떻게 하면 '우리 모두'가 우리의 양도 불가능한 권리를 다시 믿을 수 있을까?

행위성은 바로 거기에 있고 나는 그걸 거리낌 없이 발휘하고 싶다.

무지에 닻을 내린 채, 나는 가능성을 제한하는 구조 속에서 내 고유의 무력함이 불러일으키는 불안을 떨쳐 내기를 갈망하고 있다.

그래서 당신들에게 묻고 싶다. 아니, 묻기 전에 그냥 이유를 말해 줘도 좋고 우리가 어떻게 하면 좋을지 말해 주면 더 좋다.

그런데 이 '우리'는 누구지?

'우리'를 이룬다는 게 가능하기는 한가?

이게 질문이기는 한가?

에 플루리부스 우눔 E pluribus unum*은 미국이 저지른 최초의 국가적 실수일지도 모른다.

'하나'라는 것이 있고 나머지 사람들은 그 하나를 위해 길을 터 주거나

---

* '여럿에서 하나로'라는 뜻의 라틴어로 미국의 대문장大紋章에 새겨져 있다. 열세 개 주로부터 하나의 국가가 탄생했음을, 여러 구성원이 모여 미국인이라는 하나의 정체성을 갖게 되었음을 의미한다.

완전히, 전적으로 재앙에 가까운 골칫덩이일 뿐 아니라 전 세계 그 어느 곳과 비교해도 최악이고 가장 부패하고 무능하기까지 한 정부를 가진 국가들(이런 국가의 정부가 정부 기능이라도 할 때의 일이지만)에서 온 '진보적인' 민주당 여자 국회 의원들이 지금 시끄럽게 떠드는 꼴을 보고 있자니 참 재미있다.

…게다가 지구상에서 가장 위대하고 강력한 나라인 미국 국민에게 정부를 어떻게 운영해야 하는지에 대해 적대적인 태도로 설교하고 있다니. 자기네 나라로 돌아가 완전히 폐허가 된 채 범죄가 들끓는 곳을 재정비하는 일이나 돕지 왜 저러는 걸까. 그렇게 하고 나서 우리에게…

…어떻게 했는지 보여 주면 되지 않나. 거기서는 당신네 도움을 간절히 필요로 하고, 이렇게 미적거릴 때도 아니다. 확신하건대 낸시 펠로시는 아주 기쁜 마음으로 돈 한 푼 받지 않고 당신들이 속히 떠날 수 있게 도울 것이다.

2019년 7월 14일. 오전 5시 27분

20,909 리트윗 112K 마음에 들어요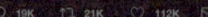

19K   21K   112K

지도에서 저 나름의 위치를 찾아야 하는 건가?

그리고 그 서약이 이루어지면 우리는 무엇의 시민이 되는 걸까?

우리 인민은 무엇의 시민인가?

내 말문을 막는 '무엇'에 대해 다시 말하지는 않을 생각이지만 그 대신 여기에 프레드 모튼의 말을 인용해 보겠다. "우리를 해한 살인자들 그리고 우리가 당한 살인을 분석하는 것은 우리가 살해되지 않았음을 볼 수 있게 하기 위함이다. 우리는 생존한다. 그러다 불현듯 우리 자신의 모습을 흘끗 보면서 몸서리를 친다. 산산조각 나 있기 때문이다. 아무것도 생존하지 않는다. 우리가 공유하는 무만이 진짜다. 우리가 보여 주려는 게 바로 그 무다. 무를 보여 주는 것이 우리가 하는 끊임없는 연구이고 그래야만 한다."

적절한 말이다.

에 플루리부스 우눔으로 살아가는 것이 가능한가?

귀화한 시민인 나는 나를 미국 시민으로 지정하는 민주적 절차만큼이나 '네 나라로 돌아가'라고 혹은 '저 여자 돌려보내요'라고 말하는 사람들과 연결되어 있다. 그리고 다른 누구도 온전히 알 수 없는 존재인 한에서 나는 영원토록 다른 모든 사람과의 관계 속에 존재한다.

나는 '하나'의 일원이 아니라 '하나'다.

한 친구가 『그냥 우리』 마지막 장을 읽고 나서 내게 단호한 말투로 말했다. 이 책엔 전략이 전혀 없어. 전혀? 내가 물었다. 친구의 마음속에 자리한 초조함은 구체적인 형태의 조치를 향한 갈망과 맞닿아 있었다. 친구에게 어떻게 말해야 할까, 응답이 내 전략이라고. 끝없는 응답과 연구와 적응과 타협이 모여 하나의 삶이 된다. 친구에게 하지 않았지만 해야 했던 말은 백인 우월주의에 어떤 새로움이 있어서, 내 질문에 어떤 새로움이 있어서 그것들에 다시 개입하려고 내가 책으로 돌아가는 것이 아니라는 말이었다.

우리의 침묵, 불편을 거부하는 우리의 태도, 우리의 고의적인 무지, 개입을 거부하는 폐쇄적인 감정, 응답의 복잡성을 보지 못하게 만드는 분노 또한 전략이다. 대답과 새로운 전략을 필요로 하는 것도 전략이다. 전략에 대한 요청도 하나의 전략이며, 나는 그런 요청의 필요성을 존중하고 또 이해한다.

우리 중 누군가에게, 그리고 내게 일상적인 소란 속에 계속 머무는 것은 또 다른 전략이 새로운 길을, 기존 구조가 더 이상 복제되지 않게 하는 '아직 상상된 적 없는' 길을 제시해 줄 때까지 정직성을 유지하는 하나의 방법이다. 그런 순간이 오기 전에 다시 시도하고, 다시 대화하고, 다시 말을 걸고, 다시 질문하고, 다시 경청하는 능력을 상실하는 것은 변하지 않는 구조가 우리 모두의 살아 있음과 부단한 움직임에 맞서 저지르는 폭력에 공모하는 것이다.

나는 장기전에 함께하겠다고 약속한 충직한 이들의 존재를 이런 식으로 내게 상기시킨다. 그들은 어쩌면 종교적 관점을 취하는 시민권 운동가들이 가장 존경해 마지않을 존재들일지도 모른다. 스스로 '백인성 문화'라고 명명한 것에 개입하기를 멈추지 않기로 결심한 루비 세일즈 같은 사람들은 늘 내게 사그라지지 않는 존경을 불러일으킨다. 1965년 세일즈는 톰 콜먼이라는 백인 남자가 자기를 향해 총을 쏘았을 때 조너선 대니얼스라는 다른 백인 남자가 자기를 밀쳐 쓰러뜨리고 대신 총알에 맞은 일을 두고 자신이 우리의 민주주의가 선사할 수 있는 최상의 것과 최악의 것 사이에 있었다고 말한다.

우리가 나란히 존재할 때 드리우는 어둠은 우리에게 앞으로 나아가라고 요청한다. 나는 내가 여기 있다는 사실을 잊고 싶지 않다. 어느 순간에든 우리는, 우리 각자는, 민주주의가 선사할 최상과 최악 모두를 보여 줄 수 있는 다른 누군가와 나란히 존재한다.

시민권을 넘어서는 것은 없다.

한 낯선 이가 자기 목표는 타인과는 다른 자기 자신을 이해하는 것이라고 생각했지만 결국 자기와 타인이 공유하는 동일성을 이해하게 되었다고 내게 말한다. 자기가 백인이 아닌 이들과도 더불어 살아가고 있음을, 그들의 권리를 박탈하기 위해 설계된 구조 속에서 살아가고 있음을 헤아리게 된 것이다.

아서 자파*가 말했듯 "흑인으로서 백인성이 무엇인지 알고 그걸 경험하고 있는 상황에서 어떻게 그 백인성과 내가 알고 사랑하는 백인들을 받아들일 수 있을까요?" 나는 자파가 한 말을 내가 알고 사랑하는 모든 사람에게도 적용할 수 있을 것 같다. 한 사람씩. 한 번에 한 사람씩.

우리 삶은 우리 각자가 누구인지를 면밀히 독해하는 사랑을, 즉 아직 상상할 수 없는 미래의 모호하지만 감각할 수는 있는 무명의 대중을 통해 새로이 형성되고 새로이 잉태되는 '하나'를 향한 사랑을 구현할 수 있다.

내가 아는 사실은 우리 시대를 구성하고 있는 것처럼 보이는 미래가 아닌 다른 미래를 향한 어설픈 욕망이 나로 하여금 어떤 테이블에든 앉아서 몸을 앞으로 기울이고, 귀 기울여 듣고, 반응하고, 타인의 대답을 기다리게 한다는 것이다.

말해 줄래요, 한마디, 그 한마디, 내게 한번 말해 줄래요.

* 미국의 흑인 촬영 감독 겸 비디오 아티스트.

감사의 말

「(무)경계 공간 i」은 이 책이 출간되기에 앞서 『뉴욕 타임스』 종이 신문에 「백인 남자들과의 짧은 만남」으로, 온라인 신문에 「백인 남자들이 자신의 특권에 대해 어떻게 생각하는지 알고 싶었다. 그래서 물어봤다」로 발표되었습니다.

「공모하는 자유들」의 초기 원고는 조 휠러가 연출한 BBC 라디오 프로그램에 「클로디아 랭킨: 백인성에 관하여」라는 제목으로 공개된 바 있습니다.

이 책에 수록한 금발 이미지는 존 루커스와 공동으로 작업하고 파이오니어 웍스에서 선보인 전시 『낙인찍힌』Stamped에 처음 공개된 작품들입니다.

이 책은 제프 쇼츠, 피오나 매크레이, 챈츠 에롤린, 케이티 더블린스키, 그리고 출간을 지원한 그레이울프 출판사의 모든 분이 보여 준 엄격하고도 지지적인 태도가 없었다면 탄생하지 못했을 것입니다.

『그냥 우리』를 집필하는 동안 이 책의 독자로서 각자의 시간과 탁월한 견해를 나누어 준 누아르 알사디르, 캐서린 바넷, 알렉산드라 벨, 로런 벌랜트, 젠 버빈, 세라 블레이크, 제리코 브라운, 제인 캐플리슈, P. 칼, 프루던스 카터, 제프 클라크, 앨리슨 코더트, 휘트니 다우, 테레시타 페르난데스, 애덤 피츠제럴드, 록산 게이, 대프니 가이스마, 루이즈 글릭, 사나 골드버그, 마이클 굿먼, 캐런 그린, 캐서린 군드, 클레어

구티에레즈, 나비드 하페즈, 제임스 헤이먼, 크리스틴 홈, 캐시디 존스, 타이터스 카파, 낸시 쿨, 샬럿 라가드, 디애나 로슨, 월트 레먼, 케이시 루엘린, 베스 로프레다, 트레이시 비가 매클린, 트레이시 미어스, 리아 미라코르, 마리암 I. 파르히즈카르, 마크 피터슨, 애덤 플런킷, 캐스린 포츠, 코리 루지카노, 세라 슐먼, 세라 스미스, 크리스틴 트레이시, 제니퍼 율먼, 매기 윈슬로, 데이먼 자파코스타 등 모든 분께 각별히 감사드립니다.

복잡하게 뒤얽힌 제 일상의 중심이 되어 주는 에밀리 스킬링스, 아나 폴라 시모에스, 앨리슨 그라누치에게도 헤아릴 수 없을 만큼 커다란 감사의 마음을 전하고 싶습니다.

누구와도 견줄 수 없을 만큼 훌륭한 프랜시스 코디에게도 감사를 전합니다.

특히 변함없이 저의 협력자로 함께하며 사그라지지 않는 지원과 사랑 그리고 인내를 보여 주는 존 루커스와 율라 루커스에게 진심 어린 고마움을 표합니다.

옮긴이 후기

2020년에 출간된 『그냥 우리: 미국의 대화』는 1963년 자메이카에서 출생한 미국의 시인이자 극작가, 에세이스트 클로디아 랭킨이 2014년 작 『시민: 미국의 서정시』에 이어 역사적 사건과 개인적 경험을 바탕으로 미국의 인종 차별주의를 이야기한 작품이다. 『그냥 우리』와 『시민』은 소수자 중에서도 흑인으로 간주되는 미국인이 현재 미국에서 경험하는 거대하고 미세한 폭력을 중점적으로 다루었다는 점에서 일종의 연작으로도 볼 수 있다. 두 작품은 예술 작품, 화면 캡처 등 글 이외의 다양한 자료를 배치한 형식적 측면에서도 상당 부분 닮아 있다.

 두 작품의 부제를 통해 유추할 수 있듯 『시민』은 서정시를 떠올리게 하는 대목이 많은 한편, 『그냥 우리』는 대화를 중요한 요소로 다룬다. 다양한 사람들 사이에서 이루어진 혹은 이루어지지 않는 대화가 이 책의 배음으로 흐른다고 말할 수 있을 정도다. 랭킨도 몸소 대화를 나눈다. 한곳에서 다른 곳으로 넘어가는 과도적 (무)경계 공간에서 일면식도 없는 사람들만이 아니라, 오랜 시간을 함께하며 모종의 역사를 공유하고 있다고 믿는 지인들과도 대화한다. 그런데 후자와 나누는 친밀한 대화에서도 그는 일순간 "윤리적 외로움"(255)을 느끼고 때로는 갈등을 빚는다. 대화 상대가 누구건 미국의 대화에는 인종이 끼어들기 마련이며, 그 대화가 인종 차별주의로 점철된 역사와 사실을 의도적으로 망각하거나 왜곡하는 "노예제의 사후 세계"(135)에서 펼쳐지기 때문이다.

 인종의 허구성이 과학적으로 증명된 지 오래임에도, 백인이라는 범주의 모호성과 자의성이 명백함에도, 사람들은 여전히 인간을 외면적 특성에 기반해 백인, 흑인, 갈인 따위로 분류하고 차별한다. 더 이상 미국에서 노예제가 법적으로 허용되지 않는 것은 맞다. 그러나 백인 특권을 영속화하는 인종 개념이 사실상 카스트처럼 작용하면서 백인 우월적, 인종 차별적 국가 미국을 떠받치고 있는 것이 현실이다. 이 현실을 사는 흑인들은 지금도 인류 진화 초기 단계의 원숭이 취급을 받고, 미백과 금발을 좇고, 대화와 관계 속에서 길을 잃고, 자기 공간에서 침입자로 몰려 쫓겨나고, 목숨을 잃는다. 흑인과 백인의 불평등한 위계를 법적으로 유지하는 것이 어려워지면서 인종 차별주의를 악의로 가득 찬 특정 개개인의 의도적인 행위로 축소하는 새로운 현상도 나타나고 있다. 그런데 어느 백인이 "전 피부색은 보시도 않아요"(69)라고 당당하게 말할 수 있다면, 아무 거리낌 없이 다양성 교육을 받고 처음 보는 흑인과 대화를 나눌 수 있다면 인종 차별에 가담하고 있지 않은 걸까? 인종 차별은 개별적인 행위가 아니다. 주관적이고 개인적인 차원의 문제가 아니다.

○

인류학자 겸 작가 조라 닐 허스턴은 이렇게 말했다. "나는 새하얀 배경에 던져졌을 때 가장 새까매진 기분을 느낀다." 그리고 타네하시 코츠는 저서 『세상과 나 사이』에서 "인종은 인종 차별주의의 자식이지, 그 아비가 아니다"*라고 말했다. 이는 인종이 존재하기 때문에 인종 차별이 존재하는 것이 아니라, 인종 차별이 존재하기 때문에 인종이 존재함을 의미한다. 근본적으로 인종 개념은 열등한 존재로 낙인찍고 싶은 대상들을 타자화하기 위한 장치이므로 백인은 흑인 없이 존재할 수 없다. 인종은 만들어진 개념이며, 흑인도 백인도

* 타네하시 코츠, 『세상과 나 사이: 흑인 아버지가 아들에게 보내는 편지』, 오숙은 옮김, 열린책들, 2016, 15쪽.

일종의 허상에 불과하다.

　　흑인과 백인 간의 충돌은 미국에만 한정된 인종 차별주의의 산물이 아니다. 사실상 그 어느 나라도 인종 차별주의로부터 자유롭지 않다. 자의적인 인종 기준을 바탕으로 자행된 인종 청소인 독일 나치의 유대인 학살도, 이스라엘의 팔레스타인인 학살도 인종 차별주의와 무관하지 않다. 나치의 인종 청소 희생자였던 유대인이 팔레스타인인을 학살하고 있는 현실, 이스라엘 내에서도 '흑인'인 에티오피아 유대인이 인종적 위계 구조의 밑바닥에서 차별받고 있는 언뜻 아이러니한 현실도 여전히 굳건한 인종 차별주의와 백인 우월주의를 감안하면 자못 논리적인 귀결이다.

　　일명 '백의 민족'이라는 별칭으로 불린 한민족의 나라, 민족 말살의 위기를 겪은 한국에서도 인종 차별주의는 일상 곳곳에 침투해 있다. 일본의 식민 지배와 독립 이후 급속한 경제 성장을 겪는 동안 한국은 민족주의와 백인 우월주의를 내면화했고, 흑인을 비롯해서 특히 한국보다 경제 수준이 낮은 저소득 국가 출신의 유색인이나 무슬림, 이주민, 난민을 때로는 섬뜩할 만큼 모질게 차별한다. 한국의 인종적 위계 구조의 최상층에는 백인이 자리하며, 그다음에는 한국인이, 그다음에는 흑인과 기타 인종이 놓인다. 백인을 이상적인 인간으로 숭앙하는 동시에 표준적인 인간으로 규정하는 백인 우월주의는 애초 비백인들로 구성된 국가에서조차 무시할 수 없는 힘을 발휘하고 있다.

○

리처드 프라이어는 이 책의 제목과 동명인 공연 「그냥 우리」에서 이렇게 말했다. "정의justice를 찾겠다고 저 밑까지 들어가 봤자 결국 발견하는 건 그냥 우리just us죠"(5). 이 책의 제사로도 쓰인 그의 대사에서 '그냥 우리'는 짐작건대 '흑인'을 가리킬 것이다. 이렇게 보면「그냥 우리」의 대사는 흑인(과 인종)을 둘러싼 정의를 구현하지 않고는 정의를 말할 수 없다는 의미, 노예제의 고통을 새로운 형태의 폭력으로 반복해서 재생산하는 현재 미국에서는 정의를 말할 수 없다는 의미일 수 있다.

그런데 랭킨은 여기서 더 나아가 "이 '우리'는 누구지? '우리'를 이룬다는 게 가능하기는 한가?"(419)라고 묻는다. 미국의 대문장 '에 플루리부스 우눔', 즉 '여럿에서 하나로' 살아가는 것이 가능한지를 묻는다. 백인 우월주의적인 미국이 표방하는 '우리'에 흑인을 비롯한 비백인은 속하지 않는 터다. 단, 그는 '여럿에서 하나로'를 실현해야 한다고 말하지는 않는다. 자신이 직간접적으로 경험한 대화를 면밀히 복기하면서 끝내 엇나가 우리의 대화가 어떤 역사적 현실의 연속선상에 있는지, 어떤 폭력을 재현하는지, 또 때로는 어떤 이해와 공감의 가능성을 기대하게 하는지를 보여 줄 따름이다. 그 과정에서 "대화는 투사된 욕망인가? 대화하기는 춤추기인가? 주고받음 속에서 싹트는 기회인가? 이끄는 건가? 끌려다니는 건가? 짓밟히는 건가? 끝장나는 건가?"(281) 같은 의문이 꼬리의 꼬리를 물지라도 그는 "말해진 것과 말해지지 않은 것을 흐트러뜨리는 위험을 감수하는"(279) 대화를 놓지 않는다.

어쩌면 대화는 랭킨이 시인 에리카 헌트의 말을 빌려 가장 실현 가능한 사랑이라고 말하는 "면밀한 독해"(109)를 행하는 방법일지도 모른다. 랭킨은 우리 삶은 면밀히 독해하는 사랑을 구현할 수 있다고, "우리 시대를 구성하고 있는 것처럼 보이는 미래가 아닌 다른 미래를 향한 어설픈 욕망이 나로 하여금 어떤 테이블에든 앉아서 몸을 앞으로 기울이고, 귀 기울여 듣고, 반응하고, 타인의 대답을 기다리게"(423) 한다고 말한다. 대화를 통해, 면밀한 독해를 통해 그가 다가가려 하는 미래는 어떤 미래일까? 비백인들이 미백이며 금발이며 백인성을 이루는 요소들을 갖추어 백인으로 하나가 된 미래가 아니라 백인이건 흑인이건 갈인이건 어떤 인종이건 그냥 우리로, 아니, 그냥 개별자 '나'로 존재하고 독해되는 미래 아닐까.

○

후기를 맺으며 앞서 랭킨이 시도한 대화들에 내 나름의 대화로 화답하는 의미로, 그리고 인종 차별적이고 백인 우월주의적인 사회라고 말해도 과장이 아닐 한국에서 사람들이 인종에 관한 대화를 나누고 그런 대화를 통해 서로를 면밀히 독해하는 경험을 쌓아 나가기를 바라는 마음으로, 내가 번역과 만나게 된 계기이기도 한 사적인 기억 하나를 꺼내 놓고 싶다.

 중학생이었던 어느 해의 여름, 나는 방학 동안 어머니가 일하던 핸드폰 부품 공장에서 컨베이어 벨트를 타고 내려오는 부품들 가운데 불량품을 솎아 내어 플라스틱 트레이에 담는 아르바이트를 했다. 어머니와 함께 출근해 함께 점심을 먹고 함께 퇴근한 그 시기에 나는 트라우마라고 부를 수도 있을 만큼 뇌리에 선명하게 각인된 일을 몇 가지 경험했다. 그중 하나가 점심때마다 천막에서 함께 점심을 먹던 베트남, 캄보디아 등 동남 아시아 출신의 젊은 여성 노동자 언니들이 누군가의 다급한 목소리를 듣자마자 밥을 먹다 말고 일제히 자리에서 일어나 도망을 친 일이었다. 언니들 어디에 가는 거냐고, 무슨 상황인 거냐고 물었을 때 돌아온 대답은 그들이 '불법 체류자'(미등록 이주민)인데 경찰이 오고 있기 때문이라는 것이었다. 그들은 내가 얼굴을 마주 보고 인사를 나눈 최초의 이주민이었다. 그 일을 계기로 처음으로 인종을 인식한 나는 어느 날 우연인지 필연인지 인종에 관한 번역서 한 권을 집어 들었고, 그 번역서를 통해 번역이라는 작업과 번역가라는 존재를 인지했고, 그 번역서를 읽지 못했다면 몰랐을 것들을 복기하며 번역이라는 것이 참 대단하고 감사한 일이라고 생각했고, 막연히 번역가를 선망했다. 이렇게 번역을 업으로 삼아 살아가는 나의 현재에 결정적인 영향을 미친 계기 가운데 우연찮게도 인종(비백인)이, 불법이라 불리는 사람들이, 부정의가 있었다.

그래서인지 『그냥 우리』 번역 계약서를 작성할 때부터 내 머릿속에서 찰랑이던 이 기억은 후기를 작성하는 동안 내 손끝에 한 가지 질문이 맴돌게 했다. "당신이 처음으로 인종을 인식한 계기는 무엇인가요?"

이미지와 글 출처

22쪽. From the collection of Hermann Zschiegner.
28쪽. © Claudia Rankine
30쪽. © Reflective Democracy Campaign
33쪽. © Claudia Rankine
34쪽. Reproduced with the permission of Reverend Traci Blackmon.
40쪽. Titus Kaphar. *Error of Repetition {where are you?}*, 2011, oil on canvas. Image courtesy of the artist.
44쪽. Manthia Diawara, "Conversation with Édouard Glissant Aboard the Queen Mary II" from *Edouard Glissant: One World in Relation* (August 2009). Translation by Christopher Winks. Used with permission of the filmmaker and translator.
46쪽. © John Lucas and Claudia Rankine
52쪽. Photo © John Lucas
54쪽. © John Lucas
56쪽. © John Lucas
74쪽. Courtesy of Ruby Sales.
74쪽. Courtesy of Virginia Military Institute Archives.
88쪽. © David Gifford / Science Photo Library
98쪽. © Reginald Seabrooks
106쪽. From the Todd-Bingham Picture Collection and Family Papers, Yale University Manuscripts & Archives Digital Images Database, Yale University, New Haven, Connecticut
112쪽. © Paul Graham
120쪽. © Mark Peterson
128쪽. © Bettmann / Getty Images
140~149쪽. Graphic design by John Lucas. Scans courtesy of Beinecke Library, Yale University.
158쪽. © Bettman / Getty Images
162쪽. © Mark Peterson
168쪽. © Mark Peterson
178쪽. © Mark Peterson
184쪽. Hank Willis Thomas, *ALL LIES MATTER*. A special edition to benefit Public Art Fund, 2019. Screen print with UV gloss clear on 270gsm ebony paper. Unframed dimensions: 24 × 18 in.
200쪽. Garry Winogrand, *Laughing Woman with Ice Cream Cone*. © The Estate of Garry Winogrand. Courtesy of the Fraenkel Gallery, San Francisco.
204~205쪽. © M. Evenson
211쪽. © Gordon Parks, Doll Test, Harlem, New York, 1947. Photograph by Gordon Parks. Courtesy of and copyright The Gordon Parks Foundation.
228쪽. © Michael David Murphy
236쪽. © Urban-Brookings Tax Policy Center
238쪽. © Mark Peterson
248, 250, 252, 254, 260쪽. From *Sister Outsider* by Audre Lorde. Published

by Crossing Press. Copyright © 1984, 2007 by Audre Lorde. Used herein by permission of the Charlotte Sheedy Literary Agency.

258~259쪽. Photos © John Lucas

271~274쪽. Graphic design and redaction by John Lucas

288쪽. © Bettmann / Getty Images

296쪽. Photo © John Lucas

304쪽. "Afro-Latino: A deeply rooted identity among U.S. Hispanics," Pew Research Center, Washington, DC. March 1, 2016. www.pewresearch.org/fact-tank/2016/03/01/afro-latino-a-deeply-rooted-identity-among-u-s-hispanics/

310쪽. © Kevin Mazur / Getty Images

310쪽. © Michael S. Schwartz / Getty Images

314쪽. Copyright © 1946. *Los Angeles Times*. Used with permission.

314쪽. From the *New York Times*. © 1954 The New York Times Company. All rights reserved. Used under license.

320쪽. © Matthew Thompson, matthewthompsonphotography.com

334쪽. © Mark Peterson

335쪽. © Mark Peterson

337쪽. © Mark Peterson

342, 343, 351, 354쪽. © John Lucas and Claudia Rankine

360쪽. © Deana Lawson

361쪽. © John Lucas and Claudia Rankine

367쪽. © John Lucas

368쪽. © Lee Balterman / The *Life* Premium Collection / Getty Images

370, 371, 372, 379, 383, 384쪽. © John Lucas and Claudia Rankine

386쪽. © Charlotte Lagarde

404쪽. From the *Atlantic*. © 2014 The Atlantic Monthly Group, LLC. All rights reserved. Used under license.

412쪽. Hank Willis Thomas, *Pledge*. © Hank Willis Thomas. Courtesy of the artist and Jack Shainman Gallery, New York.

416쪽. *The Washington Post* / Getty Images

418쪽. Wikipedia, en.wikipedia.org/wiki/2008_United_States_presidential_election. Used under a Creative Common license.

새로운 대화가 시작되기를 희망하며 —
『그냥 우리』 북펀드에 참여해 주신 분들께 감사드립니다.

Medusa J　　　　　가울이　　　강경화
　　강민형　　　　　　　　강소영
　　곳간　　　금정연　　　　김미선
김미애　　　김민서　　　　김민형
　　김보경　　김보영　　　김수지
　　김영은　　　김태경　　나영정　　　나희영
　　　　　남선미　　댕야핑
독서공동체 들불　　　　무연　　바다　　　박건
　　　박다애
　　　박동수　　　박유정　　　박의연
박참새　　　　　　　　박형원
　　　　　변혜진　　　북스스
불광하우스　　　비버　　　소양　　　　소영
　　　손은선　　　손형선
　　　　　송도영　　　　송섬별
송호박　　　시원　　신연선　　　신재
　　　아밀
안나리　　　안수희　　　안화영
양선화　　엄미영　　엄정원　　　역사학입문
　　　　　　　　　　예지　　우리 봄
　　유리　　　유명주　　　이다미
　　이보형　　　　　이세연

　　　　이수희　　　　　　이예원
　　　　　　이위니　　　　이자영　　　　　　　　이지민
　　　　이지원　　　　　　이한별
임가회　　　　　　　　　　　　임재희　　　　　　　전유진
　　　　　　　　전은재　　　　　　　　　　접촉면
　　　　　　정구원　　　　　　　　　　　정다운
　　　　　　　　정승화　　　　　　　　　　　　정헌목
　　　　　　　　조수아　　　　소은
주문진
　　　　　　　　　　　　진원　　　　　　　　차현지
　　　　천희란　　최가은　　　　최규미　　　최대연　　최이슬기
　　　　　　파니　　　　현지와 현표　　　홍두모　　　　황은주
　　　　　　　　　　황재민　　　　　　　황준하
　　　　외 22명

그냥 우리: 미국의 대화

1판 1쇄 2025년 6월 30일 펴냄

지은이 클로디아 랭킨. 옮긴이 양미래.
펴낸곳 플레이타임. 펴낸이 김효진. 제작 상지사.

리시올. 출판등록 2016년 10월 4일 제2016-000050호.
주소 경기도 고양시 화신로 298, 802-1401.
전화 02-6085-1604. 팩스 02-6455-1604.
이메일 luciole.book@gmail.com.
블로그 playtime.blog.
플레이타임은 리시올 출판사의 문학/에세이 브랜드입니다.

ISBN 979-11-90292-30-6 03800

이 책은 번역 과정에서 스위스 번역 하우스
로렌(Übersetzerhaus Looren)의 재정 지원을 받았습니다.

[loːrən] Übersetzerhaus Looren
Collège de traducteurs Looren
Translation House Looren